Die Sehnsucht der Frau

nach der Frau

Das Buch

Gibt es eine „normale" weibliche psychosexuelle Entwicklung? Ist die sexuelle Orientierung auf den Mann »richtig«, die auf das eigene Geschlecht hingegen »falsch«, Ausdruck von Defizit oder Fehlentwicklung? Die Karriere dieser Weiblichkeitsdebatte, die Anfang des letzten Jahrhunderts begann, zeichnet Barbara Gissrau kritisch nach. Sie entwickelt einen neuen Theorieansatz, der sich auf tiefenpsychologische Interviews mit lesbischen und heterosexuellen Frauen stützt und Anregungen für eine neue Sichtweise von weiblicher Sexualität gibt.

Die Autorin

Dr. Barbara Gissrau, geboren 1943, studierte Psychologie, Soziologie und Philosophie in Konstanz, München und Salzburg. Ausbildung in Psychoanalyse, Gesprächstherapie, Psychodrama und Psychosynthese. Analytische Psychotherapeutin in eigener Praxis, Mitbegründerin des Arbeitskreises feministische Psychoanalyse, des ARKUNA-Frauenbildungszentrums und des FETZ-Frauentherapiezentrums, Stuttgart. Interessenschwerpunkte: Entwicklung der feministischen Therapie, Integration ganzheitlicher Sichtweisen in die Psychotherapie.

Barbara Gissrau

Die Sehnsucht der Frau

nach der Frau

2. Auflage
© 2005 Barbara Gissrau
Satz, Herstellung und Verlag: Books on Demand GmbH
ISBN 3-8311-2179-6

Inhalt

Vorwort	7
1. Frauenbeziehungen in der Geschichte	9
Von der romantischen zur kranken Liebe	10
Die Erfindung der »Homosexualität«	16
2. Vom Sexuellen, der Sexualität und der Identität	23
Sexualtrieb, Libido, Liebe	23
Vom Sexuellen zur Sexualität	30
Identitätsbildung bei Frauen	35
3. Psychoanalytische Konstrukte der heterosexuellen weiblichen Identität	40
Die Heterosexualität nach der Freudschen Schule	40
Die Heterosexualität nach der Londoner Schule	46
Heutige Ansätze zur Erklärung der Heterosexualität	50
Vergleich früherer und heutiger Theorien	53
Die heterosexuelle Frau als Herberge des Mannes oder unabhängiges Subjekt?	55
4. Psychoanalytische Konstrukte der lesbischen Identität	59
Wege in die Homosexualität nach der Freudschen Schule	59
Der Text hinter dem Text	63
Struktur und Funktion dieser unbewußten Phantasie	65
Das Abgewehrte wird sichtbar	67
Zementierung des »Anormalen«	75
McDougalls Theorie: Verleugnen Lesben die Realität?	76
Der Text hinter dem Text: Verleugnet die Realität die lesbische Frau?	78
	78
Elaine Siegels Theorie. Alte Vorurteile neu verpackt	82
Mythen des Heterozentrismus	83
5. Das Ende einer Krankheit	87
Psychologische Forschungsergebnisse der achtziger Jahre	94
Eigenschaftenvergleich	96
Selbstbewußtsein	100
Beziehungen	101

Sexualität 106
Familiärer Hintergrund 112
Psychologische Forschungsergebnisse der neunziger Jahre 118

6. Identitätsbildung in der Kindheit 121
Wissenschaft schafft Realität 122
Meine Untersuchung 125
Die Interviews 126
Durchführung der Interviews 128
Wir sind multierotische Wesen 129
Exkurs in die Biologie 129
Die Plastizität des Sexuellen 133
Mädchenwelt – Jungenwelt 138
Das Urmuster des Liebens ist weiblich 142
Sind Lesben sexuell frühreif? 147
Das verbotene Begehren der Mutter 152
Die Sehnsucht nach der Frau 152
Die Erfindungen des Kindes im Umgang mit frühen Konflikten 162
Spätere Kindheit – zwischen drei und sechs Jahren 169
Die Mutter der späteren Kindheit 169
Der Vater kommt hinzu 176
Kindheit bis Pubertät – das jungen- und das mädchenhafte Mädchen 183

7. Identitätsbildung in der Pubertät 187
Richtung Homosexualität: Es hat sich halt gut angefühlt mit einer Frau 187
Spagat zwischen Geschlechtsrollenforderung und sexueller Identität 195
Richtung Heterosexualität: Das ergab sich halt so 200

8. Sexuelle Lebensstile 211
Heterosexuell leben 211
Exkurs über Orgasmus 214
»Coming out« in der Heterosexualität 216
Lesbisch leben 220
Der lesbische Blick auf die Gesellschaft 228
Freies Begehren 230

Quellennachweis 235

Literatur 236

Vorwort

»Das eigene Wollen dem von außen gesetzten Sollen vorzuziehen« (Chris Paul) sei eine wesentliche Komponente lesbischen Lebens, schreibt die Stuttgarter Psychoanalytikerin und Psychotherapeutin Barbara Gissrau in ihrem Buch. Die Aussage von Chris Paul ist zugleich Leitgedanke dieser psychoanalytischen Studie. Die Autorin zeigt zwei Entwicklungsmöglichkeiten: hin zur heterosexuellen Lebensweise und hin zur lesbischen/bisexuellen Lebensweise. Sie unternimmt als erste Psychoanalytikerin im deutschsprachigen Raum den Versuch, einen neuen Theorieansatz der weiblichen Homosexualität zu entwickeln, der davon ausgeht, daß lesbische Frauen nicht kränker und nicht gesünder sind als heterosexuelle.

Schritt für Schritt – beginnend mit der frühesten Kindheit, der späteren Kindheit, der Kindheit bis zur Pubertät, der Pubertät und dem Heranwachsen – zeigt die Autorin die positiven Aspekte einer sich zum Lesbischen entwickelnden Identität: »Das Urmuster des Liebens ist weiblich« (Kapitel 6), und allen Frauen sind homosexuelle Erfahrungen vertrauter als Männern. Sie zeigt an jeder Entwicklungsstufe, wie sich – oft nur graduell – die psychosexuelle Entwicklung von später hetero- oder homosexuell lebenden Frauen unterscheidet. Sie löst damit ihr Versprechen ein, einen Beitrag zur Entwicklung einer neuen – und damit positiven-tiefenpsychologischen Theorie der weiblichen Homosexualität vorzulegen. Sie bezieht sehr häufig sozialwissenschaftliche Erkenntnisse mit ein, denn seit mehr als zwei Jahrzehnten widersprechen diese den Postulaten der Psychoanalyse.

Mit diesen Postulaten setzt sich der erste Teil des Buches auseinander. Der Aussage »die Prozesse der weiblichen Entwicklung werden auch in der neueren feministischen und analytischen Literatur nicht weniger schauerlich als zu Freuds Zeiten beschrieben«, kann ich nur zustimmen.

Weniger direkt als vielmehr indirekt weist die Autorin auf das Dilemma der Heterosexualität (Kapitel 3) hin. Es ist gar nicht so einfach, als Frau heterosexuell zu werden. Sowohl Lesben als auch Heteras unterliegen einer Dressur, die Erziehung genannt wird. Neben der Entwicklung eines neuen Theorieansatzes zur weiblichen Homosexualität enthält das Buch noch weitere »Rosinen«, wie die sehr durchdachte Darstellung des Coming-out-Prozesses bei lesbischen und heterosexuellen Frauen.

Insgesamt plädiert Barbara Gissrau für die Überwindung von Ängsten – auch Ängsten vor der Liebe zum eigenen Geschlecht – und für eine Vielfalt von Liebes- und Lebensmöglichkeiten. ›Die Sehnsucht der Frau nach der Frau‹ ist nicht nur für PsychoanalytikerInnen und PsychotherapeutInnen, sondern für alle Menschen, die sich für die Vielfalt erotischer Lebensstile und für die weibliche Entwicklung interessieren, ein wichtiges Buch.

Prof. Dr. Ilse Kokula   Berlin, im Juli 1997

1. Frauenbeziehungen in der Geschichte

Wie die lesbische Geschichtsforschung unserer Zeit feststellte, fühlten sich Frauen zu allen Zeiten mehr oder weniger stark voneinander angezogen. Selbst Zeugnisse aus frühesten, vorpatriarchalen Kulturen verweisen in ihren bildhaften Darstellungen vielfach auf rein weibliche Beziehungen.[1]

Es gibt wohl ein erotisches Kontinuum unter Frauen, das von unbestimmten Wohlgefühlen auf der einen Seite über emotionales und erotisches Berührtsein bis zu bewußt gesuchten sexuellen Verhältnissen mit Frauen reicht.[2] Vielleicht ist das Kontinuum in Wirklichkeit eines, das den Grad der Bewußtheit über die sexuellen Erregungen, die in einer Freundschaft mitschwingen, anzeigt. Da unsere Gesellschaft Frauen zwingt, eine Spaltung zwischen ihren Gefühlen der Lust, Liebe, Erotik und bewußter sexueller Erregung zu machen, wenn diese nicht einem Mann gilt, müssen viele Frauen ihre erotischen Gefühle Frauen gegenüber ins Unbewußte verdrängen. Im folgenden Kapitel beschreibe ich, wie Frauen früherer Jahrhunderte mit den ihnen auferlegten Spaltungen ihres Gefühlslebens umgegangen sind.

---

1 Unter den Grabungsfunden von Catal Hüyük, einer der ältesten bekannten frühneolithischen Großsiedlungen, fand Mellart (1965) einige Skulpturen von engumschlungenen Frauenpaaren, die 7700 Jahre alt sind. Er deutete sie als Mutter-Tochter-Darstellungen! Auch Gabriele Meixner fand in ihren Forschungen zur Urgeschichte viele Darstellungen von sich umarmenden, miteinander tanzenden Frauen, die z.T. 30 000 Jahre alt sind. Sie hält es für absurd, darin nur Mutter-Tochter-Abbildungen zu sehen.

2 Ich verwende in diesem Buch die Begriffe sexuell und erotisch oft synonym, weil es zwischen Frauen selten rein genital-sexuelle Handlungen gibt. Emotionale und erotische Gefühle werden häufig sogar als wesentlicher empfunden als Sexuelles. Charlotte Wolff (1973) beschreibt die lesbische Liebe so: »Nicht Homosexualität sondern Homoemotionalität ist das Zentrum und das wirkliche Wesen der Liebe von Frauen füreinander« (S.63).

Von der romantischen zur kranken Liebe

Über Frauenfreundschaften ist in unseren Geschichtsbüchern kaum etwas zu finden. Den meist männlichen Autoren waren sie offenbar nicht erwähnenswert. Erst mit dem Erwachen der zweiten Frauenbewegung begannen Frauen über ihre Freundschaften neu nachzudenken und nach Wurzeln in der Geschichte zu suchen (Fadermann, 1990, Lützen, 1990). Nach ihren Erkenntnissen hing es sehr vom Zeitgeist einer jeweiligen Epoche ab, wie Frauenfreundschaften wahrgenommen, gelebt und entsprechend sanktioniert wurden.

Im 16. und 17. Jahrhundert wurde Erotik unter Frauen nicht sehr ernst genommen. Männer waren sich sehr sicher, daß Frauen ohne den Penis, also ohne Männer, wenig Sexuelles miteinander erleben können. Auch wußten wohl beide Geschlechter, daß es in dieser Zeit für Frauen ziemlich unmöglich war, ohne Männer wirtschaftlich und moralisch zu überleben. Alles, was Frauen zu jenen Zeiten miteinander machen konnten, war also nach Ansicht der Mehrzahl der Männer und Frauen nur lächerliche Spielerei, und das eher zum Ergötzen des Mannes. Bestenfalls konnten diese Spielchen als Vorübungen für die spätere Ehe gewertet werden. Der patriarchale Mann war damals durch Frauen nicht zu verunsichern. Solange Männer die Erotik unter Frauen zu ihrem Vorteil auslegen konnten und solange die Frauen nicht zu sehr über die Stränge schlugen, das heißt insgesamt in ihrer angestammten Frauenrolle blieben, so lange waren diese Frauen vor Verfolgungen sicher. Wenn Frauenfreundschaften als gute Vorübungen für die Ehe gewertet werden konnten, waren sie sogar hoch geachtet.

Anders war es bei den Transvestitinnen, also bei den Frauen, die aus der weiblichen Rolle ausscherten. Sie zogen Männerkleider an, ließen sich in Männerberufen ausbilden, lebten also insgesamt in der Männerrolle. Dies konnte so weit gehen, daß manche von ihnen jahrelang unentdeckt als Mann lebten und auch eine Frau offiziell heirateten. Wenn dann, vielleicht nach einem ehelichen Streit, durch Verrat der »Ehefrau« aufgedeckt wurde, daß der »Ehemann« eine Frau war, dann wurde diese meist hingerichtet oder verbrannt. Offenbar wurde nicht die lesbische Sexualität bestraft, sondern die Anmaßung der Frauen, sich männliche Privilegien anzueignen – zu damaligen Zeiten ein todeswürdiges Verbrechen. Diesen Frauen ging es nach Fadermann weniger um die Erotik mit einer Frau, als darum, die Frauenrolle abzulegen die ihnen zu eng und zu unannehmbar geworden war.

Da es zur damaligen Zeit für eine Frau keine Alternative zur »festgesetzten«, genau definierten Frauenrolle gab, außer in die Männerrolle zu schlüpfen, taten die Transvestitinnen genau das. Sie wollten damit in der Regel nicht bekunden, daß sie sich als Frau ablehnten, sondern nur, daß die Frauenrolle für sie unannehmbar war. Sie fühlten sich nicht als Mann, sie spielten der Gesellschaft nur einen Mann vor, um in den Genuß von Freiheiten und Tätigkeiten zu kommen, die ihnen in der Frauenrolle verwehrt gewesen wären. Sie wurden zum Beispiel Matrosen, Soldaten, Handelsleute. Und da es zur Männerrolle gehört, sich auch eine Frau zu nehmen, haben manche auch offiziell geheiratet.

Heute hingegen, so ist oft zu hören, haben Frauen sich zu nahezu allen Gebieten, die früher ausschließlich von Männern dominiert waren, Zugang verschafft. Dieser Schein jedoch trügt. Frauen rücken auch heute noch meist »nur« in solche Gebiete der Gesellschaft nach, die Männer verlassen, weil sie ihnen nicht mehr besonders wichtig erscheinen, weil sie andere Interessengebiete gefunden haben, die noch attraktiver sind. An manchen Berufen ist dies gut zu erkennen. In früheren Jahrhunderten war der Beruf des Sekretärs eine geachtete Position für Männer. In der Volkszählung von 1871 in England waren keine Sekretärinnen zu finden. 1891 gab es schon 1786 (in: Fadermann, S.198). Zwischenzeitlich, 1873, war die Schreibmaschine erfunden worden. Bald wurde festgestellt, daß Knaben für die Tätigkeit an einer Schreibmaschine zu nervös und ungeduldig seien. Als mit der Industrialisierung der Beruf das Interesse der Männer verlor, weil er zu einseitig wurde, konnten Frauen nachrücken. In der heutigen Zeit stagniert der Prozentsatz der Frauen in Führungspositionen seit 30 Jahren. Er liegt trotz Frauenbewegung nach wie vor bei circa drei Prozent.

Bis zum 18. Jahrhundert häufen sich die literarischen Zeugnisse intensiver Frauenfreundschaften, zum Beispiel in Briefen und Tagebüchern, die in der leidenschaftlichen romantischen Liebe einen Höhepunkt fanden. Wenn ich heute diese Schriften lese, kann ich sie kaum von den Zeugnissen intensiver lesbischer Liebe unterscheiden. Auch in ihnen geht es um »Liebe ohnegleichen«, um Eifersucht, Sinnlichkeit und Zärtlichkeit. In einem Brief an einen Freund schreibt Elisabeth Carter über Catherin Talbot, die sie 30 Jahre lang, bis zu deren Tod, geliebt hat (Fadermann, S.136):

»Miss Talbot ist unbedingt meine Leidenschaft. Ich denke jeden Tag an sie, träume die ganze Nacht von ihr, und irgendwie beziehe ich sie in jedes Thema ein, über das ich spreche...«

Im 17., 18. und 19. Jahrhundert war es Mode, daß Frauen sich leidenschaftlich ineinander verliebten. Der Höhepunkt ihrer Liebe war jedoch »nur« die Erklärung ihrer Liebe. Sexuell miteinander zu verkehren war ihnen verboten, und dieses Verbot wurde wahrscheinlich meist auch eingehalten. Denn es galt, daß nur Frauen der Unterschicht sexuelle Wesen waren. Frauen der Mittel- und Oberschicht gaben sich der reinen Liebe hin. Diese Liebe währte oft ein Leben lang, auch während verschiedener heterosexueller Affären oder sogar während einer Ehe. Elisabeth Mavor meint in ihrer Studie zur romantischen Liebe (1971, zitiert in: Fadermann, S.77), daß solche Beziehungen das Paradies auf Erden sein konnten, »bevor sie biologisch definiert und mit Vorurteilen beladen wurden«. Fadermann meint (S.84):

»Daß ihre Sinnlichkeit, der das Küssen, Liebkosen und Streicheln erlaubt war, je ins Genitale ausufern könnte, galt als so unwahrscheinlich, daß es den romantischen Freundinnen sogar in den sexuell repressivsten Zeiten gestattet war, einander ihre physische Anziehungskraft ganz offen zu zeigen – und zwar in einer Form, derer sich heute eine heterosexuelle Frau schämen würde.«

Karin Lützen ist sich nicht so sicher, ob diese Freundinnen nicht auch sexuell miteinander zusammen waren. Nun, herauszufinden, ob sie miteinander geschlafen haben oder nicht, interessiert heute wohl nicht mehr so sehr. Wichtig ist, daß das Sexuelle zwischen ihnen noch nicht den markanten Stellenwert hatte, wie er für heutige Frauenfreundschaften – eher von der Gesellschaft als von den Frauen selbst – behauptet wird. Wenn es sexuelle Gefühle zwischen den damaligen Frauen gab, dann wurden sie nicht benannt, wahrscheinlich auch gar nicht als solche erkannt. Was sie wahrnahmen, beschrieben sie als Liebe, und Liebe unter Frauen war bis Anfang des 19. Jahrhunderts toleriert. Erst mit der Entwicklung der Sexualwissenschaft und der Psychoanalyse wurde »entdeckt«, daß »normale« Frauen auch sexuelle Gefühle haben und daß es pathologisch sei, diese auf Frauen zu richten.

Da die romantische Liebe heterosexuelle Privilegien in der Regel nicht in Frage stellte, wurde sie gesellschaftlich toleriert, ja oft sogar hochgepriesen – als Zeit der Veredelung der Seele, als Vorbereitung für eine intensive heterosexuelle Beziehung. In der Realität verlief die Richtung häufig gerade umgekehrt.

Im 18. und bis ins 19. Jahrhundert hinein war es Frauen nahezu unmöglich, sich einen Ehemann selbst auszusuchen. Die Ehen wurden von den Eltern arrangiert, um Reichtum und Ansehen möglichst zu vermehren. Das Wort Liebe wurde im Zusammenhang mit Ehe kaum benutzt. Die »Welten«, in denen Männer und Frauen lebten, entfernten sich mit aufkommender Industrialisierung und Arbeitsaufteilung in einen produktiven und einen reproduktiven Bereich immer weiter voneinander. Die Geschlechter wurden getrennt erzogen, erfuhren eine völlig unterschiedliche Bildung und hatten unterschiedliche ethische Prinzipien. Frauen wurden immer mehr von der Außenwelt ferngehalten. Sie sollten sich nur noch der Reproduktionsarbeit in der Familie widmen, was in früheren Jahrhunderten nicht der Fall gewesen war.

Da Frauen der Mittel- und Oberschicht Bedienstete hatten, wurden sie nun sogar zum Nichtstun erzogen. Frauen, die sich bildeten, die ihr Leben mit etwas Sinnvollem verbringen wollten, wurden der Lächerlichkeit preisgegeben. »Gute« Frauen durften keine sexuellen Regungen zeigen, während Männer ihrer Triebhaftigkeit freien Lauf lassen konnten. Die Jungfräulichkeit war höchstes Gut der Frau vor der Ehe. Wenn sie dem Liebeswerben eines Mannes vor der Ehe erlag, war das ein Beweis für ihre Schlechtigkeit. Sie bewies dem Mann, daß sie nicht standhaft sein konnte, daß sie es daher wohl in der Ehe auch nicht sein würde, weshalb derselbe Mann, dem sie sich hingegeben hatte, sie verachtete und nicht heiratete. Lady Montagu (vgl. Fadermann, S.97) beschrieb die Situation zwischen Mann und Frau folgendermaßen: »Jeglicher Verkehr dieser Art zwischen Mann und Frau gleicht jenem zwischen Knaben und Fröschen, für Euch ein Spiel, für uns der Tod.«

Offenbar verfügten nur verheiratete Frauen über einige Freiheiten. Sie konnten der tyrannischen Kontrolle der Eltern entfliehen. Sie waren wirtschaftlich abgesichert und konnten in beschränktem Maß ihre eigenen Wege gehen. Deshalb akzeptierten wohl die meisten Frauen die Ehe, in der sie jedoch häufig ein von ihren Männern getrenntes Leben führten. Viele intelligente und anspruchsvolle Frauen merkten, daß sie Respekt und Liebe von ihrem Gatten nicht erwarten konnten. So begannen sie sich auf ihr eigenes Geschlecht zu beziehen und entwickelten das, was wir heute die »romantische Liebe« zwischen Frauen nennen.

Obwohl sich die Leidenschaftlichkeit ihrer Gefühle von heutigen lesbischen Beziehungen nicht unterscheidet, gibt es doch Unterschiede. Die Frauen des 18. und frühen 19. Jahrhunderts mußten sich wahrscheinlich kaum mit den sexuellen Aspekten ihrer Beziehung auseinandersetzen. Sie blieben in dem von der Gesellschaft abgesteckten Rahmen ihrer weiblichen Rolle. Sie machten dem Mann seine sexuellen Vorrechte nicht streitig, weshalb dieser sich durch solche Beziehungen nicht bedroht fühlte. Dies wirft ein makabres Bild auf die Psyche des Mannes. Ihm war der physische Akt der Sexualität, das Eindringen des Penis in die Vagina, von höchster Bedeutung, und was damit zusammenhing, die Fortpflanzung. Es ging um Anspruch auf Besitz von materiellen Gegenständen, was Haus, Felder, Frauen, Kinder einschloß. Qualitäten der Gefühle oder des Geistes (ausgenommen des Intellekts), wie Liebe, freiwillige Hingabe und Fürsorge, echter Austausch zwischen Subjekten, seelische Erfüllung und Bereicherung, schienen ihm nicht so wichtig, dies konnte er offenbar den Frauen überlassen.

Ob sich bis heute daran so viel geändert hat, ist zweifelhaft. Mich wundert immer wieder, wie unterschiedlich die Werte zwischen den Geschlechtern auch heute noch verteilt sind, wie »anspruchslos« Männer sind, wenn es um Güter geht, die nichts mit handfesten Gegenständen und nichts mit Machtpositionen, aber vielleicht mit seelischer Erfüllung und geistigem Wachstum zu tun haben.

Da die Frauen zu Zeiten der romantischen Liebe in ihrer Frauenrolle verblieben, mußten sie sich auch nicht mit gesellschaftlicher Diskriminierung auseinandersetzen, wie es heutige Frauen, die zu ihrer lesbischen

Lebensweise stehen, tun müssen. Die heutige von selbstbewußten Frauen gelebte lesbische Lebensweise stellt die patriarchale Gesellschaft in einer Weise in Frage, wie es romantische Freundschaften nie taten. Daher müssen heute lesbische Frauen auch mit Sanktionen umgehen, denen frühere Frauenfreundschaften nicht ausgesetzt waren.

Im 19. Jahrhundert driftete das Verhältnis zwischen Männern und Frauen noch weiter auseinander, so daß sie sogar anfingen, sich als verschiedene Gattungswesen zu betrachten, Männer frönten ihrer Lust auf materielle Besitzanhäufung und pachteten den Intellekt. Die Frau wurde »das andere Geschlecht«, wie Simone de Beauvoir es nannte, dem alle Eigenschaften zugeschrieben wurden, die Männer verachteten oder fürchteten. Den Frauen zugestandene Werte waren solche der moralischen Reinheit, der Asexualität, des »Herzens« und Gefühls. Und Frauen machten das Beste daraus. Sie schufen den »Kult der wahren Weiblichkeit«[3].

Mitte des 19. Jahrhunderts entstand mit dem Erstarken des Bürgertums, den Demokratisierungsbewegungen in verschiedenen Ländern und mit dem Zerfall der festen Strukturen der Zünfte und Großfamilien durch die Industrialisierung eine erste »Frauenbewegung«. Zum erstenmal gab es für Frauen die Möglichkeit, einen Beruf zu ergreifen und ein Leben in wirtschaftlicher Unabhängigkeit zu führen. Dazu kamen neue Bildungschancen für Frauen, die frühere »Feministinnen« erkämpft hatten. 1837 wurde in den USA das erste Frauenkolleg eröffnet. Seit 1867 konnten sich Frauen an der Universität Zürich einschreiben. Ab 1895 begannen die Universitäten Göttingen und Heidelberg einzelnen Frauen Titel zu verleihen. Ab 1848 entstanden in England die ersten Frauenstimmrechtsorganisationen.

Frauen wurden sich also ihrer rechtlosen und auf vielen Gebieten einengenden Lage bewußt, und sie unternahmen Schritte, diese zu verändern. Dadurch wurden ihre Zusammenschlüsse für Männer bedrohlicher als in früheren Jahrhunderten. Was früher in der Zeit der »romantischen Liebe« oft nur ein Traum war, nämlich unabhängig von Männern zusammenzuleben, rückte nun erstmals in realisierbare Nähe. Allerdings mobilisierten

---

3 Welter, Barbara S.: The Cult of true Womanhood, in: Fadermann, Köstlicher als die Liebe der Männer, 1990

sich daneben sofort reaktionäre Kräfte, die Frauen warnten, sich ausbilden zu lassen oder einen Beruf zu ergreifen, da dieses ihrer Weiblichkeit schade. Es wurde sogar behauptet, daß Denken dem weiblichen Gehirn zu viel Blut zuführe, was bei der Menstruation dann fehle. Solche Frauen verlören ihre Weiblichkeit und würden zu halben Männern oder zu geschlechtslosen Wesen. Sinn des männlichen Aufschrei war wohl einzig und alleine, die Angst einzudämmen, Frauen könnten ihre fürsorglichen, mütterlichen Qualitäten von Männern abziehen und sich zu Rivalinnen um Machtpositionen entwickeln. Bis zum heutigen Tag steckt dieses Motiv wohl in aller männlichen »Sorge« um die »Weiblichkeit« der Frauen.

Die Erfindung der »Homosexualität«

Den reaktionären Kräften paßte es gut ins Konzept, daß nun, gegen Ende des 19. Jahrhunderts, von dem neuen medizinischen Zweig der Sexualforschung frauenliebende Frauen erstmals als krank bezeichnet und mit der neu erfundenen Diagnose »homosexuell« oder »invertiert« klassifiziert wurden. Bis zu diesem Zeitpunkt wurde gleichgeschlechtliche Liebe unter dem Oberbegriff »Sodomie«[4] abgehandelt. Man war in früheren Jahrhunderten nicht sehr genau bezüglich der abweichenden Sexualpraktiken.

Die jetzt entstehende Sexualforschung suchte und fand ein neues Forschungsobjekt, indem sie »abweichende« Sexualität – die jetzt Perversion genannt wurde – sorgfältig studierte, beschrieb, klassifizierte. Was früher ein Fehltritt war, der gesühnt werden konnte, wurde nun essentialisiert. Es »entstanden« Persönlichkeiten mit entsprechend abweichenden Eigenschaften. »Der Sodomit war ein Gestrauchelter, der Homosexuelle ist eine Spezies«, schreibt Foucault (1977, S.58). Ob man eine nahe Verwandte heiratete, ob man eine Nonne verführte, ob man Leichen schändete, sadistisch war oder das gleiche Geschlecht liebte, jedes Verhalten verfestigte sich nun und wurde zum Kennzeichen eines bestimmten Persönlichkeitstyps.

---

4   Sodomie nennen wir heute den Geschlechtsverkehr mit Tieren. Früher war er eher ein Oberbegriff für jegliches von der heterosexuellen Norm abweichendes Verhalten.

Durch die Hochstilisierung eines bestimmten Verhaltens zu Wesenszügen eines Menschen wurden die Perversionen »zum Wachsen gebracht«, meint Foucault (1977, S.61). Eine Folge der »Erschaffung« neuer Persönlichkeiten war, daß das Verhalten nicht mehr bestraft werden konnte, denn es war ja krankhaft. Die Personen konnten nichts dafür, daß sie so waren. Andererseits konnten sie aufgrund ihrer »Krankheit« ausgeschlossen und stigmatisiert werden.

Von nun an war die Liebe zwischen Frauen eine »Perversion«, etwas »Widernatürliches« oder »Degeneriertes«. Homosexuelle Frauen bekamen eine spezifische krankhafte Identität mit einem spezifischen Spektrum an Gefühlen und Handlungen, einer bestimmten Vergangenheit und Kindheit, einer Lebensform, einer bestimmten Morphologie und »noch« rätselhaften Physiologie, womit sie von neuen Verwaltern, den Medizinern, kontrolliert werden mußten.

Die Geburtsstunde der weiblichen Homosexualität könnte mit dem 1869 erschienenen Artikel des deutschen Psychiaters Carl von Westphal über die »conträre Sexualempfindung« angegeben werden. »Die N. leidet angeblich seit ihrem achten Lebensjahr an einer Wuth, Frauen zu lieben, und mit ihnen außer Scherzen und Küssen Onanie zu treiben«, schreibt er. Das Weib fühle sich als Mann, meint Westphal, und dies sei angeboren, womit das spezifische Empfinden der weiblichen Homosexuellen charakterisiert wurde.

Zwei Schüler von Westphal, Richard von Krafft-Ebing und Havelock Ellis, schrieben Bücher über diese neue »Krankheit«, die alle weiteren Ärzte- und Psychotherapeutengenerationen zum Teil bis zum heutigen Tag beeinflußt haben. Sie rückten »Lesbierinnen« in die Nähe von Geisteskranken, die recht gefährlich und sogar kriminell sein konnten. Ellis begann sein Buch mit der Geschichte einer Frau, die ihrer Geliebten die Kehle durchgeschnitten hatte. Krafft-Ebing wies darauf hin, daß Lesbianismus auf Gehirnmißbildungen zurückzuführen sei, die einen ererbten krankhaften Zustand des Zentralnervensystems anzeigten. Auf meiner Suche nach Büchern über die lesbische Lebensweise landete ich bei der Universitätsbibliothek Tübingen in der kriminologischen Abteilung, wo ich fündig wurde. Bis zum heutigen Tag finden also manche Universitätsangehörige, daß das Thema Lesbianismus zur Kriminologie gehört.

Und dabei wollte Krafft-Ebing mit seiner Beschreibung von Homosexualität als einer Art ererbten Geisteskrankheit den Homosexuellen durchaus Gutes tun. Er wollte sie entkriminalisieren, denn bis zum 19. Jahrhundert wurde Homosexualität beziehungsweise Sodomie als Verbrechen verfolgt. Im §143 des preußischen Strafgesetzbuches von 1851 heißt es:

»Die widernatürliche Unzucht, welche zwischen Personen männlichen Geschlechts oder von Menschen mit Thieren verübt wird, ist mit Gefängnis von sechs Monaten bis zu vier Jahren, sowie mit zeitiger Untersagung der Ausübung der bürgerlichen Ehrenrechte zu bestrafen.«

Frauen wurde solches Verhalten offenbar nicht zugetraut, weshalb sie darin nicht erwähnt wurden. Dieser Text wurde fast wörtlich als §175 in das Strafgesetzbuch für das Deutsche Reich von 1871 übernommen und hatte bis zur Nazizeit, in der der Paragraph verschärft wurde, Gültigkeit.

Um Homosexuelle aus dem Strafrecht zu befreien, blieb nichts anderes übrig, als sie für geisteskrank zu erklären, denn Geisteskranke konnten nicht bestraft werden. So plädierte Krafft-Ebing mit seiner Argumentation immer wieder dafür, Homosexuelle als Kranke zu behandeln und sie nicht zu bestrafen. Allerdings kam diese Argumentation später dem Naziregime gelegen. Denn dadurch wurde »belegt«, daß Homosexuelle unheilbar Kranke sind, unwertes Leben, das vernichtet werden mußte. So wanderten während des Naziregimes unzählige Homosexuelle in die Konzentrationslager. Erst jetzt, in den neunziger Jahren, soll in Deutschland das Sexualstrafrecht überarbeitet und sollen die Reste an Diskriminierung, die der immer noch in unserem Sexualstrafrecht existierende §175 festschreibt, beseitigt werden.

Für Ellis war der Zusammenhang von Feminismus und Frauenliebe klar. Er behauptete, daß die Frauenbewegung eine Zunahme an weiblicher Kriminalität und Geisteskrankheit mit sich gebracht habe. Die Frauenbewegung lehrte die Frauen, von ihren Männern unabhängig zu sein und die »alte Theorie« zu verachten, »welche die Frauen in ihrem Haus, einem festungsähnlichen Hof festhielt, wo sie nach einem Mann schmachteten, der nie kam«. Unabhängigkeit führe jedoch häufig zu Homosexualität, erläuterte Ellis, insbesondere, wenn Frauen arbeiten und bei der Arbeit mit gleichgesinnten Frauen in Kontakt kommen und »Liebe finden, wo sie Arbeit finden«.

Diese zwei Sexualforscher »erfanden« das Bild der »echten« Lesbierin, das bis zum Beginn der zweiten Frauenbewegung in den siebziger Jahren des 20. Jahrhunderts unbeanstandet »geglaubt« und verinnerlicht wurde. Nach diesem Bild war eine Lesbierin keine Frau, sondern eine Angehörige des »dritten Geschlechts«. Dieses Geschlecht entstand aufgrund einer krankhaften Degeneration gewisser Gehirnzentren. Die Lesbierin war dadurch gekennzeichnet, daß sie nur flüchtige, unbeständige Liebesbeziehungen eingehen konnte, daß sie von ihrem starken Sexualtrieb besessen war, der sie nicht selten in Mord, Selbstmord oder Wahnsinn trieb. Diese Triebhaftigkeit war auch verantwortlich dafür, daß sie aus der für sie vorgesehenen weiblichen Geschlechtsrolle ausbrach, Männerkleidung bevorzugte und in Nachahmung der Männer nach Bildung und unabhängigem Beruf strebte.

Von nun an wurde eine Flut von »Fällen« von Lesbierinnen veröffentlicht. Nicht mehr Ärzte allein beschäftigten sich mit dieser »Krankheit«, auch die Literaten und die Frauen selbst begannen, dieses neue Bild zu verinnerlichen. Es war eine gute Waffe gegen die Frauenbewegung, mit der Frauen an den häuslichen Herd zurückgezwungen werden sollten. Engagierte Feministinnen wurden nun verdächtigt, Lesbierinnen zu sein, wodurch zwar die Frauenbewegung nicht gestoppt, jedoch erheblich gebremst werden konnte, denn wer will schon zu einem »degenerierten Geschlecht« gehören. Frauenfreundschaften, die in früheren Jahrhunderten ermutigt, geachtet und toleriert wurden, waren nun, da Frauen wirtschaftlich unabhängig leben konnten, eine Gefahr für das soziale Gefüge, weshalb die Beschreibungen der Sexualforscher sehr willkommen waren und eine weite Verbreitung genossen.

Diese Bücher müssen für Frauen, die eine »romantische Liebe« zu einer Frau hegten, wie eine Gehirnwäsche gewirkt haben. Nicht allein waren sie damit konfrontiert, daß ihre Liebe nun etwas Verachtungswürdiges war, es wurde ihnen auch ihr Geschlecht als Frau abgesprochen, und es wurde ihnen unterstellt, daß sie Sexualität mit Frauen lebten, was früher nur unmoralische Frauen, Frauen der Unterschicht und Prostituierte taten.

Das Tragischste war, daß lesbische Frauen nun selbst begannen, diese von Männern erfundene Identität zu verinnerlichen. Ellis beschreibt diesen

Prozeß der Verinnerlichung an einer seiner Klientinnen, Miss M. Sie soll gesagt haben:

»Ich liebe wenige Menschen... Aber in den Fällen, da ich es meinem Herzen erlaubte, mich einer Freundin zu öffnen, habe ich immer die erhabensten Gefühle erlebt. Durch diese wurde ich moralisch, geistig und spirituell besser. Liebe ist für mich Religion. Das Wesen meiner Zuneigung für meine Freundinnen schließt aus, daß dabei irgend etwas vorhanden sein könnte, das nicht völlig heilig ist.«

Sie geriet dann an das Buch von Krafft-Ebing. Nach dessen Lektüre habe sie eingesehen, daß ihre Gefühle »widernatürlich« und »entartet« seien und von der Gesellschaft geächtet würden, schreibt Ellis.

Aus der Essentialisierung der Homosexualität zogen die so Definierten jedoch auch einige Vorteile. »Die Idee einer spezifischen homosexuellen Persönlichkeit ermöglichte ihnen die Konturierung ihres Selbst und vermittelte darüber schließlich die wenn auch nur geduldete Etablierung spezifischer sozialer Orte«, schreibt Dannecker (1989, S.342). Daraus gewannen besonders die Männer die Energie, sich zusammenzuschließen und für ihre Rechte zu kämpfen. Die erste Emanzipationsbewegung entstand hauptsächlich um Hans Magnus Hirschfeld und sein »Wissenschaftlich-humanitäres Komitee«, das Homosexualität als angeborenes und damit unveränderbares Merkmal kennzeichnete. Gesetze, die Homosexualität bestrafen, konnten nun als ungerecht bekämpft werden. Dies spiegelt sich in den Gesetzestexten wider. Denn die die Gesetze begleitenden Begründungen, warum Homosexualität doch noch bestraft werden mußte, wurden immer fadenscheiniger.

Ein Vorteil für die Frauen war, daß sie die sexuellen Gefühle, die vielleicht doch in den Frauenfreundschaften vorhanden waren, nun – wenn auch als etwas Krankhaftes – wahrnehmen und ausleben durften. Denn von nun an, besonders durch den Einfluß der Theorien der aufkommenden Psychoanalyse ab circa 1900, durften nicht nur die »schlechten« Frauen, sondern alle Frauen sexuelle Gefühle haben.

So begannen auch manche Frauen, ihre neu entdeckte »Zugehörigkeit zum dritten Geschlecht« mit einem gewissen Stolz zu leben. Diese »neuen Lesbierinnen« hat Aimee Duc 1903 in ihrem Roman ›Sind es Frauen‹ beschrieben. Beim Lesen fiel mir auf, daß darin Frauen vorkommen, die heutige Feministinnen sein könnten. Ihre Heldinnen sind Frauen, die sich viel Wissen aneignen wollen, die sich intensiv einer anspruchsvollen Arbeit hingeben, die ihr höchstes Ziel darin sehen, sich die Freiheit ihres Ichs zu bewahren. In langen Diskussionen über die Ehe erörtern sie, daß Frauen in der Ehe jegliche Freiheit über sich selbst verlieren. Weil die Autorin von den Sexualforschern gelernt hat, daß »normale« Frauen nicht so denken, nannte sie diese Frauen »kein Gattungswesen«.

In den folgenden Jahrzehnten taten sich besonders die Franzosen darin hervor, Romane und Geschichten zu produzieren, in denen die lesbische Lebensweise mit Qualen, Rausch, Hölle, beißender Eifersucht, Haß und einer sexuellen Unersättlichkeit bis zur Selbstzerstörung gleichgesetzt wurde. In diesen Werken waren Lesbierinnen korrupte Prostituierte, die sich in dunklen Spelunken herumtrieben, um allem Laster zu frönen. Auch Vampirromane waren sehr beliebt, in denen der weibliche Vampir seine Macht über jüngere Frauen genießt, die von ihm egoistisch ausgenützt werden, bis die Opfer im Wahnsinn oder Selbstmord enden. Solche Negativbilder wirkten nun doch massiver auf die »betroffenen« Frauen zurück als die vereinzelten positiven Beispiele wie Ducs Roman. Von nun an begannen sie, sich zu verstecken und zu schweigen.

Spätestens ab 1920 hatte sich lesbische Liebe als Tabu etabliert. Liebesbriefe und Liebesäußerungen von Frauen, wie sie in den früheren Jahrhunderten selbstverständlich gewesen waren, sind nun undenkbar geworden. Die Romane und Biographien von lesbischen Frauen nach 1920 spiegeln entweder den Selbsthaß und die Schuldgefühle, also die Qualen ihres lesbischen Lebens[5], oder wurden verfremdet[6]. Diese Tendenz hielt bis zum Beginn der zweiten Frauenbewegung an und ist auch heute noch nicht gänzlich ausgestorben.

---

5 Radclyff Hall übernahm in ihrem Roman »Quell der Einsamkeit« die Theorien von Krafft-Ebing, wonach lesbische Liebe vererbt ist und Lesbierinnen eigentlich Männer im falschen Körper sind. Diese sind bei ihr bedauernswerte Geschöpfe, mit denen die Gesellschaft doch Mitleid haben sollte. In diesem Werk ist nichts mehr von feministischem Widerstand der ersten Frauenbewegung zu spüren.

6 Gertrude Stein verhüllte ihre Inhalte mit einem höchst stilisierten Sprachstil; z.B. in »Miss Furr und Miss Skeene«, 1922.

Literatur, besonders wenn sie in wissenschaftlichem Gewande daherkommt, wurde und wird bis heute mit dem wirklichen Leben verwechselt. Und lesbische Frauen internalisieren die von Ärzten und Schriftstellern erfundene »Homophobie«[7]. Das von Männern erfundene, Männerängste spiegelnde Vorurteil begann sich zu verlebendigen. Alle, auch die Lesbierinnen selbst meinten nun, daß lesbische Frauen so sind, wie Ärzte und Schriftsteller sie beschrieben, und viele »entdeckten« dann auch die Seiten in sich, die ihnen zugeschrieben wurden. Ein Beispiel für die »Ichspaltung«, die lesbische Frauen seit der Jahrhundertwende in sich erzeugen mußten, wenn sie die Vorurteile über lesbische Frauen internalisierten, ist folgende Schilderung:

»In meinen wunderbaren neuen Gefühlen für sie fühlte ich, daß ich mich selbst entdeckt hatte. Ich machte Spaziergänge, feierte die Sonne, den Himmel und die Bäume und mich selbst irgendwie als Mittelpunkt von alldem. Dann hielt ich inne, als ob ich dort in den Wäldern bis an den Rand eines Abgrundes gekommen war. Aus den Tiefen meines Geistes griff ein Wort nach mir. Ich wollte das Wissen nicht, das emporstieg. Mein Wunsch hielt es aber nicht zurück. Der Schrecken des Wortes brach über mich herein. Fast noch bevor das Wort selbst mir in den Sinn kam – krankhaft, pervers, unnatürlich, lesbisch« (s. Abbot u.a. 1972, zitiert in: Fadermann, S.328).

Zusammenfassend muß festgestellt werden, daß die Ausbildung einer lesbischen Identität ein historisch gewordener Prozeß ist, der höchst komplizierte Austauschprozesse zwischen gesellschaftlichen Zuschreibungen und persönlichen Identifizierungen enthält.

So wird frau einerseits zur Lesbierin gemacht, aufgrund spezifischer persönlicher Strukturen ist sie jedoch auch eine.

---

7 Homophobie meint alle Gefühle des Abscheus, des Ekels, der Angst, der Abwertung einer Person gegenüber Homosexualität und Homosexuellen.

2. Vom Sexuellen, der Sexualität und der Identität

Da die lesbische Identitätsentwicklung in der Freudschen Psychoanalyse eng verknüpft ist mit der allgemeinen weiblichen Entwicklung, beschäftige ich mich in diesem Buch mit beiden Entwicklungsverläufen, mit der Entwicklung zur Hetero- und zur Homosexualität. Aber was ist eigentlich das Sexuelle? Und wie beeinflußt Sexualität unsere Identitätsbildung? Da ich als Analytikerin von Freudschen Theorien geprägt bin, beginne ich mit einer kritischen Darlegung der wichtigsten Freudschen Gedanken zur Sexualität.

Sexualtrieb, Libido, Liebe

Freud hat für die weibliche hetero- und homosexuelle Entwicklung einige wesentliche Erkenntnisse beigesteuert. Er entdeckte die Bedeutung der kindlichen Sexualstrebungen. Nach Verbreitung seiner Gedanken »durften« nun auch Frauen sexuelle Triebregungen haben; etwas, was gutbürgerlichen und adeligen Frauen in früheren Jahrhunderten eher verwehrt war. Das »Sexualwesen Frau« war erfunden.

Ein weiteres Verdienst Freuds ist, daß er die Ansicht von der irgendwie biologisch-chemisch gearteten und dadurch nicht weiter hinterfragbaren »Anziehung zwischen den Geschlechtern« in Frage gestellt hat. Er postulierte einen von Personen und Geschlecht relativ unabhängigen Sexualtrieb bei jedem Menschen, der von Geburt an vorhanden sei. Welche weitreichende Bedeutung dieser Gedanke hat, erläutere ich später. Zunächst versuche ich zu erklären, was unter »Trieb« eigentlich zu verstehen ist:

Freud (1915, GW Bd.10) beschrieb den Trieb als einen Reiz aus dem Körperinnern, der ein Ungleichgewicht verschiedener körperlicher Prozesse signalisiere, das zum Ausgleich dränge. Bewußt erlebe der Mensch dieses Drängen als Emotion. Stimmung, Leidenschaft, Vorstellung oder Anstoß zu irgendeiner Form von Aktivität. Die Triebe seien psychisch an ihrer

Eigenschaft des Drängenden erkennbar. Die Quelle oder Entstehung der Triebe liege im biologischen Körpergeschehen.

Ein Trieb wirkt nach Freud immer auf zwei Ebenen, auf der biologischen und der psychologischen. Auf der biologischen Ebene nennt Freud die sexuelle Energie Sexualtrieb, und auf der psychischen Ebene nennt er dieselbe Energie Libido. Freud findet das Studium der Triebe für die Psychologie weniger interessant, denn die Triebe seien nicht direkt beobachtbar. Sie zeigten sich nur durch eine Aktivität. Man könne sie also nur indirekt an den ausgelösten Handlungen studieren.

Das Ziel eines Triebes sei dessen »Befriedigung«, was für Freud durch Aufhebung des Reizzustandes an der Triebquelle erreicht werden könne. Obwohl das Ziel bei jedem Trieb dasselbe sei, nämlich die »Befriedigung« – oder beim Sexualtrieb die Beseitigung der »Erregung« –, könnten die Wege zur Erreichung dieses Ziels mannigfaltig sein. Es kann Hemmungen und Umwege geben, und Einflüsse der Eltern, Lehrer, der gesamten Gesellschaft bewirken, ob und auf welchen Wegen die Libido befriedigt wird.

In der Regel braucht man zur Befriedigung der Libido ein Objekt. Dies kann ein anderer Mensch, ein Gegenstand oder ein Teil des eigenen Körpers sein. Am Beispiel des Hungers, der ein anderes, nicht sexuelles somatisches Ungleichgewicht des Körpers signalisiert, läßt sich der Prozeß der Triebbefriedung vielleicht besser beschreiben. Der Hunger hat seine Quelle in einem bestimmten chemischen Zustand des Körpers. Es fehlen ihm bestimmte Stoffe zur Aufrechterhaltung der Lebensprozesse, was wir direkt nicht wahrnehmen können. Das Hungergefühl ist die psychisch wahrnehmbare Repräsentanz des chemischen Ungleichgewichts im Körper. Wir bekommen den Drang, etwas zu Essen zu beschaffen, worin sich das triebhafte Geschehen äußert. Ziel der Aktivität ist, etwas zu essen. Objekte wären die Nahrungsmittel, die wir auftreiben können. Das Lustgefühl entsteht durch Erreichung der Befriedigung beziehungsweise durch Beseitigung der Reize, also im genannten Beispiel durch die Sättigung.

In ähnlicher Weise sollen nach Freud die Sexualtriebe funktionieren: Sie seien sehr zahlreich, entstammten vielen organischen Quellen und könnten sich am Beginn des Lebens unabhängig voneinander betätigen, meint Freud. Erst später im Leben unter dem Einfluß von Erziehung und

Sozialisation schmölzen sie zu einer mehr oder weniger vollkommenen Synthese in der genitalen Sexualität zusammen. Ursprüngliches Ziel der Sexualtriebe sei die Erreichung einer nicht näher beschriebenen »Organlust«. Erst später, nach vollzogener Synthese, dienten sie der Fortpflanzung. Aber diese sei nicht das »eigentliche« Ziel der Libido. Das Ziel sei Befriedigung oder Lust. Die Fortpflanzung könne ein mögliches Ergebnis der Lust sein.

Die sexuellen Triebe im Freudschen Sinne umfassen weit mehr als die genitalen Sexualwünsche. Mit ihnen sind alle sinnlichen Wünsche eines Menschen gemeint, alles, was Menschen begehrenswert finden können, was ihnen Lust macht. Die Libido kann sich an alle starken Gefühle und Aktivitäten des Menschen anheften. Dazu gehört zum Beispiel das lustvolle Saugen des Säuglings an der Mutterbrust, die Lust am Urinieren, die Selbstbefriedigung, homo- und heterosexuelle Sexualempfindungen, aber auch Temperaturreize, Muskelbewegungen, zum Beispiel Ringkämpfe, Joggen, Eisenbahnfahren. In sublimierterer Form zählen dazu unsere Neugierde, unser Wissensdrang, unsere Lust, uns künstlerisch-kreativ, zum Beispiel durch Malen, Musizieren, Bildhauen, Tanzen, zu erfahren und auszudrükken. Wahrscheinlich ist bei allem, was uns Lust macht, auch ein Quantum sexuelle Erregung mit beteiligt. Ein Kollege von mir erklärte mir einmal, daß wir wahrscheinlich nichts im Leben täten, bei dem nicht etwas Lust mit im Spiel sei. Selbst das Sterben sei wohl von einer bestimmten Form von Lust begleitet.

Freud meinte, daß die »reife« Sexualität im Erwachsenenleben in die Lust nach dem Koitus, nach der Vereinigung von Penis und Vagina münden müsse, womit er von der beschreibenden Ebene der Sexualität zu einer wertenden überging: Die unreifen »Partialtriebe« des Kindes erlaubten ihm, noch an den verschiedensten Betätigungen sexuelle Lust zu empfinden. Das Kind dürfe es erregend finden, mit dem eigenen Kot zu spielen, die Geschlechtsteile anzuschauen und andern zu zeigen, den Körper zu streicheln oder sich streicheln zu lassen. Auch jeder andere Gegenstand, zum Beispiel eine Puppe, ein Auto, oder jedes andere Wesen, vielleicht eine Katze oder eine Blume, könne für ein Kind Anlaß für lustvolle Empfindungen sein.

Ich meine, daß dies nicht nur für Kinder gelten sollte. Aber wenn Erwachsene sexuelle Lust bei Tätigkeiten empfinden, die nichts mit dem Koitus zwischen Mann und Frau zu tun haben, dann schleicht sich oft ein leichtes Schuldgefühl ein. Solcherlei Betätigungen bekommen schnell den Hauch des Verbotenen, des Unnormalen, des Perversen. Dies hänge mit einer allzu ridigen Erziehung zur Geschlechterpolarität hin zusammen, meint Jessica Benjamin (1996). Dabei wird meist vergessen, daß Heterosexualität nur eine Möglichkeit der Kanalisierung des sexuellen Triebes ist, ja mehr noch, Heterosexualität wird »naturalisiert« (Judith Butler, 1992), das heißt die heterosexuelle Sozialisation wird meist so selbstverständlich hingenommen, als ob sie ein Naturgesetz sei.

Das Gefühl der Liebe definierte Freud als das Empfinden der Beziehung des Subjekts zu seinen »Lustquellen«, das heißt zu den »Objekten«, die dem Individuum Lust, also Befriedigung verschaffen. Wenn ein Objekt Quelle von Lustempfindungen geworden ist, so stellt sich eine motorische Tendenz, ein Wollen heraus, diesem Objekt sich selbst anzunähern beziehungsweise es ins eigene Ich einzuverleiben. Wir spüren diese Tendenz als »Anziehung«, die zum Beispiel eine lustspendende Person auf uns ausübt, und sagen, daß wir sie lieben.

Freuds Sexualtheorie bescherte uns einerseits Befreiung durch Sichtbarmachung der weiblichen Sexualität und andererseits auch Begrenzung, die Schuldgefühle nach sich ziehen konnte. Die Sexualität als »reif« zu bezeichnen, wenn man/frau Lust darauf hat, den Penis in der Vagina zu spüren, verstümmelt und reduziert unsere sexuelle Erlebnisfähigkeit. Allerdings wirken Freuds Gedanken zur Sexualität weit weniger ausgrenzend als die vieler seiner Nachfolger und Nachfolgerinnen.

Denn die »Objekte« der Liebe sind nach Freud das Variabelste an dem ganzen Geschehen: Alles, was uns Lust bereitet, also nicht nur eine Person des anderen Geschlechts, kann zum Liebesobjekt werden. Diese Vorstellung halte ich für eine der revolutionärsten in Freuds Gedankengefüge. Er bescheinigt den sexuellen Triebkräften damit eine größtmögliche Variabilität und Freiheit. Nahezu alles kann zur lustspendenden Quelle für eine Person werden. Freud glaubte nicht, daß es irgendein Gen oder einen chemischen Stoff zu entdecken gilt, der für eine spätere Heterosexualität

26

oder Homosexualität verantwortlich zu machen ist. Falls es doch biologische Faktoren gäbe, die die Person in die eine oder die andere Richtung drängen könnten, dann seien diese jedenfalls nicht so stark bestimmend, daß sie alleine die jeweilige sexuelle Orientierung auslösen könnten.

Unser Körper enthält Potentiale; was wir daraus machen, welche davon wir verwirklichen und welche nicht, hängt von allen äußeren Einflüssen ab, denen wir ausgesetzt sind, und davon, wie wir die jeweiligen Erlebnisse innerlich verarbeiten, welche Schlüsse wir daraus ziehen. Das sexuelle Potential, das uns unser Körper zur Verfügung stellt, ist besonders variabel und in die verschiedensten Richtungen lenkbar. Grundsätzlich können wir selbst entscheiden, wie offen wir für erotisches Erleben sind, was wir für liebenswert und was für unangenehm, undenkbar oder unmoralisch halten.

Die revolutionären Ideen Freuds von der Objektunabhängigkeit der Triebkräfte wurden offenbar von vielen KollegInnen und NachfolgerInnen »vergessen«. Freud geht von einer polymorph-perversen Anlage jedes Menschen aus. Daß die Triebkräfte sich je nach Erziehungs- und Umwelteinflüssen zu verschiedenen Lebensstilen entfalten können, ist für Freud offenbar selbstverständlicher als für die nachfolgende Generation von AnalytikerInnen. Er schreibt (1905, GW Bd.5, S.44):

»Die psychoanalytische Forschung widersetzt sich mit aller Entschiedenheit dem Versuche, die Homosexuellen als eine besonders geartete Gruppe von den anderen Menschen abzutrennen. Indem sie auch andere als die manifest kundgegebenen Sexualerregungen studiert, erfährt sie, daß alle Menschen der gleichgeschlechtlichen Objektwahl fähig sind und dieselbe auch im Unbewußten vollzogen haben [...] Der Psychoanalyse erscheint viel mehr die Unabhängigkeit der Objektwahl vom Geschlecht des Objekts, die gleich freie Verfügung über männliche und weibliche Objekte, wie sie im Kindesalter, in primitiven Zuständen und frühhistorischen Zeiten zu beobachten ist, als das Ursprüngliche, aus dem sich durch Einschränkung nach der einen oder anderen Seite der normale wie der Inversionstypus entwickeln. Im Sinne der Psychoanalyse ist also auch das ausschließliche sexuelle Interesse des Mannes für das Weib ein der Aufklärung bedürftiges Problem und keine Selbstverständlichkeit, der eine im Grund chemische Anziehung zu unterlegen ist.«

Die Aufklärung des letztgenannten Problems, warum viele Menschen heute ausschließlich heterosexuell leben und ihre gleichgeschlechtliche Liebesfähigkeit vernachlässigen, hat die Psychoanalyse allerdings bis heute nicht geleistet. Es scheint, daß die Nachfolger Freuds einer irrigen Vorstellung aufgesessen sind, die Freud selbst schon wahrgenommen hat, als er erkannte, daß er früher »die Verknüpfung des Sexualtriebs mit dem Sexualobjekt als eine zu innige vorgestellt habe« (ebd. S.46).

Diesen Text haben offenbar viele Nachfolger Freuds nicht gelesen oder nicht ernstgenommen. Sonst hätten sie nicht von einer sexuellen Wirklichkeit, nämlich der Heterosexualität ausgehen und alle anderen Formen der Sexualität als krankhafte Phänomene beschreiben können, wie dies lange Jahre geschehen ist. So scheint es mir, daß die Mainstream-Psychoanalyse auf dem Gebiet der Sexualitätsforschung (das ja ursprünglich das Herzstück der Psychoanalyse war) in den letzten 50 Jahren eher Rückschritte zu verzeichnen hatte. Denn jahrelang wurde selbstherrlich die »Normalität Heterosexualität« angenommen und »abweichende« sexuelle Lebensstile als krankhaft bezeichnet.

Wer Heterosexualität nicht mehr hinterfragt und nur noch die »Abweichung« für erklärungsbedürftig hält, verläßt den fruchtbaren Boden kritischer psychoanalytischer Erkenntissuche und verfällt gesellschaftlichen Vorurteilen, anstatt diese zu analysieren.

Morgenthaler (1987) ist einer der wenigen Autoren, die Weiterführendes zum Thema Sexualität beigetragen haben. Er betont, daß das Sexuelle (so nennt er die Libido), in welcher Form es sich auch immer zeigt, niemals eine Neurose, Psychose oder sonst irgend etwas Krankhaftes oder »Unnatürliches« sein kann. Denn das Sexuelle selbst sei das ursprünglichste energetische Potential, das wir haben. Die Psychoanalyse nennt die Bewegungen dieser primären, noch nicht durch Erziehungseinflüsse geformten sexuellen Energie auch »Primärprozesse«. Sie seien ungerichtet, ziellos, zeitlos unkonditioniert und unbewußt. Die einzige Tendenz, die das Sexuelle habe, sei Bewegung, die in unseren Emotionen sichtbar und spürbar wird. Und emotionale Bewegung, wie sie sich auch immer ausdrückt, scheint uns Lust zu machen. Er schreibt:

»Die triebhafte Bewegung des Primärprozesses schwingt mit seinem emotionalen Gehalt in allem mit, was wir tun, in jeder Geste, in jedem Gedanken, in allem, was wir vermitteln und was wir erleben. Nur das läßt uns lebendig erscheinen.« (S.142)

Das Sexuelle ist demnach die Kraft, die uns die Lust am Leben jeden Tag vermittelt. Zu den ursprünglichsten sexuellen Aktivitäten gehört das lustvolle Saugen des Säuglings an der Brust. Dann kam die Lust am Urinieren dazu, die Selbstbefriedigung, homo- und heterosexuelle Sexualempfindungen; aber auch auf geistigem Gebiet in unserer Neugierde oder kreativem Tun schwingt das Sexuelle mit. In verfeinerter Form, zum Beispiel im Gespräch, wird es oft als unsere intuitiven, empathischen und kreativen Fähigkeiten empfunden. Mit ihnen haben wir die Möglichkeit, den anderen unmittelbar, ohne Vermittlung durch Sprache »wahrzunehmen«.

Das Sexuelle als eine Art reiner Bewegung darzustellen, die uns eine gewisse Lust an allen Lebensprozessen gibt, hat Freud in dieser Klarheit nicht formuliert. Für ihn hat der Sexualtrieb oder die Libido immer etwas mit zumindest vorbewußt spürbaren sexuellen Gefühlen zu tun. Es gibt bei ihm noch andere, ihrer Natur nach unbekannte Triebkräfte, denen jedoch die Libido zufließen, mit ihnen sich vermischen und wieder entmischen kann.

Freud wandelte seine Ideen von der Libido im Laufe seines Lebens mehrmals. In seiner zuletzt aufgestellten Triebtheorie faßt er verschiedene, das Leben erhaltende Triebe zu den sogenannten Lebenstrieben zusammen (Sexualtriebe, Ichtriebe, Selbsterhaltungstriebe), die er auch Eros nennt. Damit scheint er sich dem Konzept Morgenthalers angenähert zu haben. Allerdings setzt er der lebenserhaltenden Eros-Motivation die lebenszerstörende Thanatos-Motivation entgegen, was bei Morgenthaler nicht zu finden ist. Bei Morgenthaler hat das Sexuelle kein eigenes Ziel, es ist, wie gesagt, reine Bewegung, die sich uns als eine Art Grundstimmung äußert.

Vielleicht besteht der Unterschied nur scheinbar. Denn um das Leben unter den verschiedensten Umweltbedingungen zu erhalten, ist eine sehr bewegliche erotische Energie recht brauchbar. Das Sexuelle wäre unser Potential an »freier« Energie, die es uns erlaubt, immer wieder neue Ideen und Lösungen zu finden, um aus festgefahrenen Situationen auszubrechen oder diese zu verändern. Durch die Kraft eines relativ ungebundenen Eros sind wir starren gesellschaftlichen Strukturen nicht hilflos ausgeliefert. Das Sexuelle liefert uns die Energie für die Prozesse der Wandlung. Wird diese Kraft zu sehr unterdrückt oder abgespalten, führt dies zu massiven psychischen Erkrankungen. Nicht das Sexuelle ist pervers, sondern die Handlungen, die den Fluß dieser Energie unterdrücken wollen. Daher sind Einteilungen, welcher sexuelle Lebensstil als normal und welcher als pathologisch gelten soll, suspekt.

Vom Sexuellen zur Sexualität

Der sexuellen Entwicklung stehen gesellschaftliche Normvorstellungen gegenüber. Unsere Gesellschaft hat offenbar kein Interesse daran, unser erotisches Erleben sich selbst entwickeln zu lassen. Viele Menschen scheinen eher Angst vor dieser »ungezähmten« sexuellen Energie zu haben. Von manchen wird sie als Quelle von Ärger, unreifem Verhalten oder sogar als das Böse schlechthin empfunden. Denn sie ist potentiell eine revolutionäre Energie, die konträr zu den Tendenzen der Sicherheit im ewig Gleichen steht. Um diese Kraft möglichst gut zu kontrollieren, schafft sie sich »Ordnungen der Liebe«. Es sind die Geschlechtsrollenforderungen, durch die festgelegt sein soll, wie und zwischen wem sexuelle Liebe gestattet ist beziehungsweise als »normal« gilt. Erziehung und Sozialisation sollen garantieren, daß diese Ordnungen von allen möglichst früh einverleibt werden, um sie uns quasi als Naturgesetze erscheinen zu lassen.

Die Geschlechtsrollen sind von allen sozialen Rollen die am genauesten festgelegten Verhaltenscodes. In unserer heterosexuellen Gesellschaft gehört zum normierten Code, daß zumindest zum Schluß des sexuellen Spiels der Penis in der Vagina landen muß. Alle anderen Formen von Sexualität, das Berühren der Klitoris mit der Zunge, Analverkehr, Erregung mit der Hand, ohne »Vaginalverkehr«, gehören höchstens zum sogenannten »Vorspiel« und haben häufig noch den Hauch des Unnatürlichen, wenn sie nicht in »ernsthaften Sex«, also den Vaginalverkehr, münden.

Nicht, daß diese Formen kaum Verbreitung fänden. Es wird wohl alles ausprobiert. Jedoch wird dann gerade Lust aus diesem Stück Tabubruch gezogen. Allerdings darf der Tabubruch nicht zu extrem ausfallen. Denn es ist gesellschaftlich festgelegt, welche Tabus gerade noch gebrochen werden dürfen, ohne zu starke Diskriminierung zu erfahren. Masturbation wurde um die Jahrhundertwende als krankmachendes Übel rigoros bekämpft. Heute ist sie am Rande der »ordentlichen« Sexualität angesiedelt. Sich in eine Person des gleichen Geschlechts zu verlieben, erscheint auch heute noch vielen als nicht tolerierbar.

Die bei uns so selbstverständlich gehandhabten Vorstellungen um die Heterosexualität herum werden von Feministinnen als Heterozentrismus bezeichnet[1]. In jedem Film, in jeder Zeitschrift, im Theater, in fast allen Büchern, überall, wo das Geschlechterverhältnis so dargestellt wird, als ob es außer ihm keine anderen erotischen Alternativen gäbe, werden die Vorurteile des Heterozentrismus inszeniert.

Die Sozialisation setzt also den Aufbau einer mehr oder weniger starren Organisation (zum Beispiel des Heterozentrismus) durch, in die die sexuellen Bewegungen einfließen. Andererseits werden die sozialen Strukturen auch von den sexuellen Triebkräften durchdrungen, überformt und verändert. Diese sexuell-sozialen Bewegungen nennt die Psychoanalyse den Sekundärprozeß. Morgenthaler nennt das Ergebnis des Sekundärvorgangs »Sexualität«. Sie wäre somit eine Legierung aus persönlichen sexuellen Wünschen und gesellschaftlichen Rollenforderungen. Das Ursprüngliche, das Sexuelle, steht in gewissem Gegensatz zur Sexualität, die letzteres ja gemäß den Forderungen der Umwelt lenken und ordnen will. Morgenthaler spricht sogar von der »Diktatur der Sexualität«, die oft in Disharmonie zur archaischen sexuellen Bewegung steht. Eine starre heterosexuelle, homosexuelle, fetischistische, pädophile Orientierung zum Beispiel, die alle anderen sexuellen Strebungen verdammen muß, wäre ein solch starres Korsett der Sexualität.

Die Psychoanalyse verfolgt in der kindlichen Entwicklung, wie sich unter anderem das Sexuelle im Laufe der Sozialisation in eine bestimmte Sexualität oder einen bestimmten sexuellen Lebensstil verwandelt. Nach Jessica Benjamin (1996) kann die frühe Entwicklung in fünf Hauptphasen unterteilt werden:

---

1   In Kapitel 4 gehe ich genauer auf die Mythen des Heterozentrismus ein.

1. Die Bildung der geschlechtlichen Kernidentität entsteht in den ersten anderthalb Lebensjahren. Die gesellschaftliche Einteilung in männlich – weiblich wird internalisiert, das heißt, es wird ein Empfinden darüber herausgebildet, ob das Kind Junge oder Mädchen ist.

2. Frühe Differenzierung der Identifikation im Kontext von Trennung und Individuation: Das Kind beginnt eine Unterscheidung zwischen Mutter und Vater zu registrieren, es erkennt erste Spuren dessen, was wir Geschlechtsrolle nennen, und verarbeitet beide Geschlechtsrollen identifikatorisch als Aspekte des eigenen Selbst. In traditionellen Familien repräsentiert die Mutter das Begehren nach Gehalten- und Versorgtwerden, der Vater vertritt das Begehren nach der aufregenden Außenwelt. Das Kind liebt beide Eltern hauptsächlich nach dem Muster: »So will ich auch sein«, oder: »So bin ich auch«, also identifikatorisch.

3. Die präödipale Phase (von circa zwei bis circa vier Jahren) nennt Jessica Benjamin die »alles-einschließende Phase« (1996). Obwohl sie »alles-einschließend« schreibt, scheint sie doch nur die Identifizierung mit den mütterlichen und väterlichen Aspekten in dieser Phase zu meinen. Eva Poluda-Korte (1993) nennt diese Phase den »lesbischen Komplex« und will damit auf die Liebe des Mädchens zur Mutter aufmerksam machen.

Auch diese Bezeichnung halte ich für zu eng. Das Liebespotential umfaßt weit mehr als das eigene oder das andere Geschlecht. Ich meine, daß das Kind nun zu allem und jedem eine Liebesbeziehung eingehen kann. Das Mädchen und der Junge können gleichzeitig die Mutter, den Vater, den Teddybären und die Katze lieben. Deshalb nenne ich diese Phase die multierotische Phase[2].

Es gibt in dieser Zeit keine Trennung zwischen identifikatorischer und

---

2   Freud nannte unser noch wenig sozialisiertes sexuelles Potential der Kindheit »polymorph-pervers« . Ich bemühte mich um einen wertneutralen Ausdruck und nenne es multierotisch. Dieser Begriff weist auch über den Begriff der Bisexualität hinaus. Denn unsere Liebesfähigkeit beschränkt sich nicht auf die Liebe zu Menschen, sondern schließt Tiere, Pflanzen und Steine, also alles-was-ist mit ein.

Objektliebe. Ich vermute stark, daß diese von der Psychoanalyse einge-
führte Trennung in der Realität nicht existiert. Ich nehme an, daß jede
Liebe ein Erkennen von etwas Gleichem voraussetzt. Besonders wenn wir
lieben, versuchen wir den anderen/die andere zu verstehen, was nur gelingt, wenn wir uns ihr Anderssein identifikatorisch aneignen. So stehen
in der Liebe Gleichheit und Differenz in einem dialektischen Spannungsverhältnis. Das eine wird gebraucht, um das andere als anders erkennen zu
können. »Was heterosexuell geliebt werden soll, muß zuvor gekannt und
in gewissem Maße homosexuell verarbeitet worden sein«, meint Benjamin
(1996, S.15).

Ich meine, dies bezieht sich nicht nur auf Menschen, sondern schließt
alles mit ein, das heißt, alles, was wir lieben, lieben wir zunächst in homosexueller Weise als Teil unseres Selbst. Was wir dann als anders erkennen,
projizieren wir auf das andere wieder hinaus. Besonders in der »alles-ein-
schließenden Phase« sind unsere multierotischen Fähigkeiten durch dieses
Spannungsverhältnis geprägt. Die Kinder glauben, alles haben und alles
sein zu können. Gleichzeitig wird der anatomische Geschlechtsunterschied
immer deutlicher. Die Kastrationsangst wird für beide Geschlechter zum
Symbol für den Verlust der Fähigkeiten und Genitalien des anderen Geschlechts.

4. Die ödipale Phase ist die Phase der eigentlichen Geschlechterdifferenzie-
rung. Durch die Zurückweisung der Eltern oder eines Elternteils werden
die komplementären Gegensätze neu aufgeteilt und dem Selbst und dem
anderen zugeordnet. Durch die Dynamik der Zurückweisung muß nun
das Kind die identifikatorische Liebe einem Elternteil gegenüber (meist
ist es der gegengeschlechtliche, jedoch gibt es Ausnahmen) aufgeben, und
die Objektliebe wird aufgebaut. Wie rigide jetzt das eigene Geschlecht
verteidigt und das andere Geschlecht abgelehnt werden muß, hängt sehr
von der gesellschaftlichen Umgebung ab.

Je mehr sich Mädchen und Junge in der multierotischen Phase mit beiden Geschlechtern identifizieren konnten, desto weniger rigide wird die
ödipale Phase verlaufen. Ein Konzept, in dem man sich mit dem anderen
Geschlecht nicht identifizieren darf, ist ein rigides Ideal, das dem Lebens-

prozeß entgegensteht. Die Spannung zwischen Gleichheit und Differenz sollte das ganze Leben hindurch bestehen bleiben. Eine Gesellschaft, die Heterosexualität als einzige »normale« Lebensweise verteidigt, wird die »Lehren der ödipalen Phase« bei ihren Kindern rigide durchsetzen.

5. In der postödipalen Phase könnte wieder eine Lockerung der Identifizierungen mit dem eigenen Geschlecht eintreten, je nachdem, wie tolerant die Gesellschaft mit Identifizierungen umgehen kann. Morgenthaler (1987) verglich unsere gesellschaftlich organisierte Sexualität mit einer Militärmacht, in der alles vorgeplant ist und sich das Individuum mehr oder weniger freiwillig den Bedingungen fügt. Heute, zehn Jahre später, scheint sich die rigide Ordnung der heterosexuellen Gesellschaft zu lockern. Eltern scheinen die Identifizierungswünsche ihrer Kinder toleranter annehmen zu können. Dadurch könnte eine Vielzahl von möglichen Legierungen von identifikatorischer und Objektliebe entstehen. Das erotische Lern- und Wahrnehmungsfeld für Kinder könnte sich erheblich erweitern. Entsprechend reichhaltig und vielfältig dürften im Erwachsenenalter erotische Erlebnisfähigkeiten vorhanden sein.

Allerdings scheint es keine Erziehung fertigzubringen, das sexuelle Potential gänzlich in der »Sexualität« unterzubringen. Es bleibt ein mehr oder weniger umfangreicher »Rest« an ungebundener, freischwebender sexueller Energie, die sich unseren Handlungen, Phantasien und Wünschen, also unserer Ichorganisation beimischt. Mit dieser »freischwebenden« Energie können wir immer wieder überkommene Strukturen in Frage stellen, Vorurteile auflösen, das Undenkbare denken und Neues, uns Angemesseneres, Lustvolleres ausprobieren. »Das Ungerichtete ist das, was antreibt, Neues zu finden. Ohne diesen Antrieb gäbe es keine Vergangenheit, gäbe es auch keine Geschichte. Das Ungerichtete des Primärprozesses ist das eigentlich Kreative im Leben«, schreibt Morgenthaler (S.150).

Die Möglichkeit zu einer lebenslangen Entwicklung liegt wohl gerade in der Uneinigkeit zwischen Primär- und Sekundärprozeß, in der ständigen Reibung, die das Drängen des ursprünglich Sexuellen in die relativ starre »Identität« der »reifen« sexuellen Organisation hinein bewirkt. Das Andrängen des ungerichteten, ziellosen Sexuellen in die zielgerichtete Sexualität des einzelnen geht im Idealfall eine Legierung mit der vorhandenen sexuellen Organisation ein und verwandelt diese immer wieder im Laufe der Zeit, das ganze Leben hindurch.

Identitätsbildung bei Frauen

Die weiblichen Geschlechtsrollenforderungen sind historisch gewachsen. Zu unserer Kultur gehören immer noch die »Vorschriften« des Heterozentrismus, also die Forderung, hauptsächlich heterosexuellen Geschlechtsverkehr zu praktizieren und diesen als normal und natürlich zu bewerten. Gelingt einer Frau die völlige Übernahme der sozialen Geschlechtsrolle, dann kann sexuelle Identität und Geschlechtsrollenidentität zusammenfließen. In der Regel übernehmen Frauen mehr oder weniger ausgeprägt die sozial gewünschten Rollenerwartungen, manche verhalten sich allerdings konträr zu ihnen. Das heißt, wir sind den Anforderungen der Gesellschaft nicht ausgeliefert. Auch Kinder haben einen gewissen Spielraum darin, mit was sie sich identifizieren wollen und was sie zurückweisen. Wir kopieren nicht nur einfach das geforderte Verhalten, wir machen daraus gemäß unseren Wünschen etwas Eigenes.

Daher ist es auch sinnvoll, bei der Beschreibung der Identitätsbildung beziehungsweise der Entstehung der »Sexualität« die Begriffe sexuelle Identität und Geschlechtsrollenidentität beizubehalten. Gerade bei Frauen fallen sie häufig nicht zusammen. Sie fühlen sich dann hin- und hergerissen zwischen ihren individuellen Wünschen und den (vermeintlichen oder tatsächlichen) Erwartungen an die weibliche Geschlechtsrolle. Wenn eine Frau zum Beispiel Lust hat, sexuell aktiv auf eine andere Person zuzugehen, dann erlebt sie sich unter Umständen in Widerspruch zu ihrer Geschlechtsrollenidentität und bekommt vielleicht Angst, als unweiblich zu gelten.

Das Spannungsverhältnis zwischen Individuell- und Normal-sein-Wollen scheint mit der Emanzipationsbewegung der Frauen zugenommen zu haben. Mädchen werden nach Brauckmann (1986) heute mit folgenden Widersprüchen konfrontiert:

- Da Kinder von Frauen erzogen werden, ist die weibliche Bezugsperson, in der Regel die Mutter, die erste, wichtigste und am meisten geliebte Person im Leben des Mädchens.
- Das, was die Mutter tut, wird in der Gesellschaft jedoch nicht als wichtig definiert.
- Das, was der Vater tut, wird oft von Vater und Mutter höher bewertet.
- Das Mädchen soll sich nun mit der objektiv weniger wertvollen Mutter identifizieren, die ihr subjektiv jedoch am wertvollsten ist. Es soll sich mit einem Mangel identifizieren, um eine »normale« Frau zu werden.
- Der Versuch, diese Widersprüche zu lösen, kann Ursache vieler psychischer Störungen sein.

Nach Brauckmann finden viele Frauen eine Lösung durch Verdrängung der »Wichtigkeit« der Mutter ins Unbewußte und Verschiebung auf den Vater. Der Mann wird durch »Mythenbildung« idealisiert, die Frau entsprechend abgewertet, obwohl die reale Erfahrung oft völlig anders ist. In der Pubertät zementieren viele Frauen diese »Persönlichkeitsspaltung«. Sie beginnen, die eigenen Wünsche nach Autonomie, Kompetenz, sozialer Anerkennung zu verdrängen und auf den Mann zu projizieren, um dann in Identifikation mit ihm an den verdrängten Wünschen doch noch irgendwie teilzuhaben. Diese Ausbildung einer »abgeleiteten Identität« scheint für viele immer noch zum normalen weiblichen Sozialcharakter zu gehören.

Innen und Außen beeinflussen sich also in einem ständigen Prozeß, der als Projektion und projektive Identifikation bezeichnet werden kann. Dieser Prozeß kann noch einmal aufgeteilt werden in »Vergangenheitsunbewußtes« und »Gegenwartsunbewußtes«, also unbewußte Prozesse, die aus der Kindheit stammen, und unbewußte Prozesse, die aus aktuellen verdrängten Ängsten, Schuldgefühlen, Kränkungen bestehen. Rohde-Dachser (1991) betont, daß in der Psychoanalyse häufig auf die Inhalte des Vergangenheitsunbewußten (allmächtige Mutter, Vater als Retter) zurückgegriffen wird, um verdrängten gegenwärtigen Konflikten, die sich zum Beispiel um die Machtfrage zwischen den Geschlechtern drehen könnten, auszuweichen. Eine in der Psychoanalyse häufig vorkommende Aussage: Männer wollen Frauen dominieren, weil sie sich unbewußt an der frühen allmächtigen Mutter rächen beziehungsweise sie kontrollieren müssen, verdeutlicht diese Verschiebung von der Gegenwart zu Erklärungen aus der Vergangenheit. Unbewußte Phantasien drängen zur Verwirklichung. Dies wird bewerkstelligt durch unbewußte Inszenierungen, mittels denen ein Individuum in seiner Umwelt sich seine eigene sexuelle Identität immer wieder bestätigt. So haben Frauen und Männer im Laufe der Jahrhunderte unbewußte Phantasien voneinander ausgebildet, zum Beispiel daß »man« Frauen kontrollieren muß, weil sie leicht zu Hyänen werden können, oder daß »man« Frauen nicht die freie Entscheidung über die Schwangerschaft überlassen kann, weil sie womöglich sonst alle Kinder abtreiben würden. Oder Frauen mythologisieren Männer dahingehend, daß sie durchsetzungsfähiger, intellektuell kompetenter und so weiter sind.

Diese Phantasien werden im Geschlechterverhältnis immer wieder neu »inszeniert«, wodurch sich Männer und Frauen auch immer wieder die scheinbare Gültigkeit dieser Mythen bestätigen, und zwar häufig entgegen der realen Erfahrung. Reale Erfahrungen werden den unbewußten Inszenierungen entsprechend ausgewählt; nicht dazu passende Erfahrungen werden verdrängt. Frauen verhalten sich dann scheinbar hilflos, abhängig, wenig durchsetzungsfähig, und Männer verhalten sich scheinbar dominant, autonom, aggressiv, weil anderes Verhalten nicht zu den inneren Bildern paßt und dadurch auch nicht wahrgenommen, nicht bestätigt und nicht gefördert wird.

Auch psychologische Theorien enthalten unbewußte Phantasien und Botschaften, die durch die schriftliche Fixierung »in Szene gesetzt« werden. Theorien beschreiben also nicht nur eine vorgefundene Realität, sondern sie stellen sie auch her und fordern unbewußt die Leser zur Übernahme der so beschriebenen Realitätssicht auf. Und vielfach »gehorchen« die Menschen auch den Theorien, indem sie die Beschreibungen verinnerlichen und zu Teilen ihrer Identität machen.

Ein Beispiel für diesen Prozeß ist die Essentialisierung der Homosexualität Anfang des 20. Jahrhunderts, die, wie im vorigen Kapitel beschrieben, zu einer neuen Identität der Homosexuellen geführt hat. Daraus haben die Homosexuellen so viel Stärke gewonnen, daß sie sich zu einer ersten Emanzipationsbewegung zusammengeschlossen haben. Andererseits trug die Mythologisierung der Homosexualität als Krankheit zur Verbreitung von Diskriminierung und Homophobie bei, die die realen Erfahrungen und Verhaltensweisen von Homosexuellen gewaltig verzerrten.

Wenn uns die Maske der Geschlechtsrollenidentität quasi in die Haut gewachsen ist, dann haben wir uns zu sehr von der ursprünglichen sexuellen Lebensenergie entfernt; dann wirken wir zwar »zuverlässig«, drohen aber in unserer Entwicklung zu erstarren. Wahrscheinlich leben wir immer in einer gewissen Spannung zwischen ungeordnetem, unberechenbarem Verhalten und den sicheren Bahnen der gesellschaftlichen Rollenerwartungen. Judith Butler (1992) meint, daß gerade die ständige Wiederholung des Geschlechtsrollenverhaltens auf dessen Brüchigkeit hinweise. Wer sich mehr in die Nähe der primärprozeßhaften Lebendigkeit begeben möchte, wird bereit sein, die eigene sexuelle Identität immer wieder in Frage zu stellen, sie als momentanes Zustandsbild in einem sich im Laufe der Zeit ständig wandelnden Gefühls- und Erkenntnisstrom zu akzeptieren.

In der Nähe dieser ursprünglichen Lebendigkeit sind wir offen für die ungewöhnlichsten Erfahrungen und Begegnungen, die das Gefühlsleben bereichern und uns neue Erkenntnisse über unsere menschlichen Potentiale eröffnen können. Je starrer ein Mensch seine sexuelle Organisation aufgebaut hat, also je »sicherer« er seine sexuelle Identität meint verankert zu haben, desto mehr Angst muß er vor der ungebundenen sexuellen Kraft haben. Was allzu starr ist, droht dramatischer auseinanderzubrechen als in Strukturen, die weich und biegsam sind. Daher sind Menschen mit »sicherer«, starrer sexueller Identität diejenigen, die »abweichende« Sexualität sehr bedrohlich empfinden und sie vehement abwerten und verleugnen müssen.

Wahrscheinlich werden sich starre Geschlechtsrollenbilder nur langsam verändern können, da sie ja zu den frühesten verinnerlichten Errungenschaften eines Kindes gehören und durch die gesellschaftlichen Wiederholungen im Gegenwartsunbewußten immer wieder bestätigt werden. Psychologische Theorien können dazu beitragen, daß wir die Bilder unserer sexuellen Identitäten festigen oder aber bereit sind, sie in Frage zu stellen. Diesen psychischen Vorgang möchte ich mir mit diesem Buch zunutze machen. Denn ich möchte mit meinen Theorien nicht nur Fakten beschreiben, sondern Bilder von erweiterter erotischer Identität sichtbar machen, damit wir angstfreier, lustvoller mit dieser erotischen Kraft spielen können.

In unserem Jahrhundert hat die Psychoanalyse unsere Vorstellungen von heterosexueller und homosexueller weiblicher Identitätsbildung tief beeinflußt. Ich werde im nächsten Kapitel darauf eingehen. Dabei wurde mir klar, daß weibliche Homosexualität nur im Rahmen umfassenderer Theorien der weiblichen Entwicklung beschrieben werden kann. Alle Mädchen in unserer Gesellschaft wachsen erst einmal als Mädchen unter ähnlichen »Rahmenbedingungen« auf, das heißt, grundlegende psychosexuelle und soziale »Prägungen« dürften bei allen ähnlich sein. Die Erlebnisse unterscheiden sich kaum qualitativ, sondern eher quantitativ. Eine lesbische Frau erlebte in ihrer Kindheit also nicht ganz andere Eltern oder ein ganz anderes Umfeld als eine heterosexuelle Frau. Die Unterschiede liegen in einem Mehr oder Weniger an erlebter Fürsorge, Liebe, Gleichgültigkeit, Trauer, Einsamkeit oder Aggression. Oft sind dieses mehr oder weniger nur Nuancen. Je nachdem, wie häufig sich bestimmte Erlebnisse wiederholen und wie das Kind die Erlebnisse verarbeitet und welche Schlüsse es daraus zieht, kann sich die Sexualität in die eine oder andere Richtung entwickeln.

Im folgenden nun eine Zusammenfassung der wesentlichsten psychoanalytischen Gedanken zur weiblichen psychosexuellen Entwicklung.

3. Psychoanalytische Konstrukte

der heterosexuellen weiblichen Identität

Die Heterosexualität nach der Freudschen Schule

Freuds Theorie der weiblichen Entwicklung wurde schon viel beschrieben, kritisiert und für überholt erklärt. Trotzdem taucht sie hartnäckig auch heute noch in den Veröffentlichungen analytischer AutorInnen auf.[1] Ingrid Kerz-Rühling (1991) fand in ihrer Untersuchung an 30 Analysandinnen, daß deren TherapeutInnen ihren Überlegungen immer noch hauptsächlich die Freudsche Weiblichkeitstheorie zugrunde legten. Wenn an einer Theorie immer weiter festgehalten wird, obwohl ihre wissenschaftliche Gültigkeit vielfach in Frage gestellt ist, dann hat diese Theorie eine wichtige Funktion sowohl für die sie anwendenden Therapeuten als auch für die Gesellschaft, die die Theorien in Veröffentlichungen und Diskussionen mittragen.

Sie diene der Stützung und ständigen Spiegelung des männlichen Selbstbildes, meint Rohde-Dachser (1991). Der Mann will das einzige Subjekt sein, das offenbar sehr zerbrechlich ist und zu seiner Aufrechterhaltung ständig die Bestätigung und Bewunderung des Objektes Frau braucht. Die noch immer zweckdienliche unbewußte Funktion der überkommenen Weiblichkeitstheorien ist die, der Frau ihren Ort im männlichen Universum anzuweisen.

Hier eine kritische Zusammenfassung der Freudschen Entwicklungstheorie:

Freud geht von der Bisexualität des Menschen aus, die seiner Meinung nach sowohl biologisch als auch psychologisch angelegt ist. Dies heißt jedoch nicht, daß er männliche und weibliche Anteile gleichmäßig nebeneinander berücksichtigt. Er geht vielmehr von den Erfahrungen des kleinen

---

1   Heige-Evers und Weidenhammer beziehen sich in ihrem Buch »Der Körper als Bedeutungslandschaft« (1988) wieder äußerst vehement auf Freuds Weiblichkeitstheorien.

Jungen aus, für den es selbstverständlich ist, daß alle Menschen auf der Welt ein männliches Genital haben wie sein eigenes. Daß auch Mädchen so denken, nämlich daß alle Menschen ein weibliches Genital haben, kam ihm nicht in den Sinn.

Insgesamt liest sich die Theorie der Entwicklung des Mädchens hin zur Heterosexualität wie eine schaurige, masochistisch gefärbte Geschichte. Nach der »phallischen Phase« scheinen Leiden und Frauwerden identisch zu sein. Die ersten drei bis vier Lebensjahre, also vor diesem Einschnitt, werden dagegen recht lustvoll beschrieben. Junge und Mädchen fühlen sich »polymorph-pervers« und dürfen es auch sein, das heißt, sie können noch mit allem und jedem eine liebevolle Beziehung eingehen, ohne als krank zu gelten. Die »Partialtriebe« herrschen, sie haben sich noch nicht im dafür vorgesehenen Geschlechtsorgan etabliert, jedenfalls noch nicht mehrheitlich. Da die Mutter in unserer Gesellschaft in der Regel am meisten mit dem Kinde zusammen ist, wird diese für Jungen und Mädchen zum ersten Liebesobjekt. Das Mädchen wirbt genauso aktiv und leidenschaftlich um die Mutter wie der Junge. Da für Freud klar ist, daß aktives Sexualstreben nur eine männliche Eigenschaft sein kann, kommt er 1933 zu dem Schluß:

»Wir müssen anerkennen, das kleine Mädchen sei ein kleiner Mann« (GW Bd.15, S.125–126).

Allerdings ist es ein kleiner unvollständiger Mann, da es keinen Penis, sondern nur die viel kleinere Klitoris zur Verfügung hat.

Der Vater taucht erst ab circa dem dritten Lebensjahr im Bewußtsein von Junge und Mädchen auf und wird zunächst von beiden als lästiger Rivale erlebt. Das sexuelle Begehren entwickelt sich nach Freuds Theorie also relativ unabhängig von äußeren Personen, hängt eher mit Körpersensationen (oral, anal, phallisch-klitoral) zusammen und verläuft für Junge und Mädchen bis zur Entdeckung des Geschlechtsunterschieds – etwa im Alter von zwei bis drei Jahren – parallel. Das erste »Objekt« des Begehrens ist für beide Geschlechter die Mutter.

Für den Jungen verläuft die weitere Entwicklung relativ einfach. Er muß wegen des Inzesttabus und der phantasierten Kastrationsdrohung des Vaters auf die Liebe zu seinem ersten Liebesobjekt nur ein paar Jahre verzichten, bis er ab der Pubertät dafür mit der Liebe zu anderen Frauen entschädigt wird. Übertragen wir diese Überlegungen analog auf das Mädchen, wäre es die natürlichste Sache der Welt, wenn alle Frauen homosexuell würden. Denn das erste Liebesobjekt des Mädchens ist ebenfalls eine Frau. »Und wenn man schon die Natur heranzieht, kann man sagen, daß jede Frau von Natur homosexuell ist«, schreibt Simone de Beauvoir (1951, S. 407).

So einfach verläuft jedoch die Entwicklung der Frau nicht, denn immerhin leben circa neunzig Prozent der Frauen heterosexuell. Wie kommt nun nach der Theorie Freudscher Prägung das kleine Mädchen zum Vater, das heißt, wie verwandelt es seine ursprüngliche homosexuelle Liebe in eine heterosexuelle? Dies ist eine Streitfrage unter den AnalytikerInnen von Beginn der Psychoanalyse bis heute. Und es ist schaurig-bewunderungswürdig, wieviel Phantasie entfaltet wurde, um möglichst wissenschaftlich zu erklären und zu legitimieren, was als »normale« weibliche Entwicklung zu gelten hat. Von den zwanziger Jahren an bis zu Beginn des Zweiten Weltkriegs wurde in zahlreichen Veröffentlichungen besonders über diese »phallische Phase« diskutiert und gestritten, was bis zu Abspaltungen und neuen Schulenbildungen führte.

Die Wiener Schule (Freud, H. Deutsch) betont den »phallischen Monismus«, was heißt, daß es nur eine Libido, nämlich eine männliche, und nur ein wesentliches Geschlechtsorgan, den Phallus, für beide Geschlechter gibt. Nach Entdeckung des Geschlechtsunterschieds fühlt das Mädchen sich aufgrund seiner im Verhältnis zum Penis kleinen Klitoris benachteiligt und will auch einen Penis haben. Das weitere Leben der Frau wird von ihrem »Wissen« um ihre »Kastration« und dem Penisneid bestimmt. Die Kenntnis der Vagina und der inneren Genitalien existiert nach Freud für beide Geschlechter nicht bis zum Beginn der Pubertät. Kastrationskomplex und Penisneid treiben das Mädchen von der Mutter weg, die es offenbar unvollständig geboren hat, zum Vater hin, von dem es sich nun das ersehnte Körperteil erhofft. Dies reicht jedoch noch nicht aus, um aus ihm eine heterosexuelle Frau werden zu lassen. Es muß außerdem seine Aktivität verlieren und seine Lust an der Klitoris, denn der Vater kann offenbar nur ein passives Mädchen lieben, eine, die ihre aktiven Lustimpulse abgetötet hat, eine, die auf dem besten Wege ist, ein »Liebesobjekt« für den Mann zu werden, und die ihr Gefühl, ein Subjekt zu sein, aufgibt.

Laut Theorie kommt der Tochter die »Natur« zu Hilfe, denn nun unterliegt sie einfach einem »Passivitätsschub«. Vor lauter Wut über die viel zu kleine Klitoris, so die Annahme, werde diese nicht mehr geliebt und – manchmal sogar in Bausch und Bogen die gesamte Sexualität – fortan ignoriert. Das heißt, das Mädchen zieht die Libido von der Klitoris ab. Daraus entstehe später – leider – häufig Frigidität, was verständlich sei, denn wo soll die Libido hin, wenn die Klitoris nicht besetzt werden darf und die Vagina noch nicht entdeckt ist? Beide, Junge und Mädchen, verachten nun Weiblichkeit als etwas Unvollständiges. Der entstandene Haß des Mädchens auf sich selbst kann masochistische Strebungen verursachen, Masochismus und Weiblichkeit sind für Freud sehr verwandt. Nun haßt also die Tochter die Mutter, weil diese sie unvollständig ausgestattet hat, und mit ihr die eigene Weiblichkeit. Vom Vater möchte sie, falls sie überhaupt noch Wünsche haben kann, passiv, objekthaft geliebt werden.

Irgendwann bemerkt sie, daß sie auch von ihm keinen Penis bekommen kann. Deshalb verwandelt sie ihren Wunsch in einen Wunsch nach einem Kind vom Vater und später von einem anderen Mann, womit sie endlich nicht nur in der Heterosexualität, sondern auch in der Mutterrolle und der Kleinfamilienidylle gelandet wäre. Freud beschreibt damit das in seiner Zeit tatsächlich übliche weibliche Verhalten. Daß es diesen Frauentyp auch heute noch gibt, kann ich aufgrund zahlreicher Therapien mit Frauen bestätigen. Es sind Frauen, die offenbar vergessen haben, eigene Wünsche zu äußern. Sie sagen mir, daß sie sich dem Mann unterordnen, weil sie glauben, allein nicht lebensfähig zu sein. Meist sind sie relativ nahtlos von einem »patriarchalischen« Elternhaus in eine ebenso strukturierte Ehe gegangen. Unter patriarchalisch verstehe ich, daß die Rollen zwischen Mutter und Vater klar verteilt sind. Meist ist der Vater relativ dominant, greift in die Erziehung ein, stellt starre Regeln der Sozialisation auf. Zum Beispiel mußte eine interviewte Frau dem Vater jeden Sonntag eine Stunde Klavier vorspielen. Wenn sie einen Fehler machte, wurde sie geschlagen. Ebenso wurden jeden Abend die Hausaufgaben abgefragt. Wenn der Vater einen Fehler entdeckte, bekam sie eine Ohrfeige. Eine andere Frau berichtet:

»Abends, wenn der Vater heimkam, mußten wir vier Kinder uns zur Begrüßung wie die Orgelpfeifen der Größe nach aufstellen. Dann fragte er uns, ob wir ihn lieben, und alle mußten im Chor ja sagen.«

Die Mutter hat in patriarchalischen Familien wenig Spielraum für Eigeninitiative. Sie wird von den Frauen, die in solchen Familien aufgewachsen sind, meist als schwach, blaß, unsicher und hilflos beschrieben. Sie unterwirft sich dem väterlichen System relativ widerspruchslos. Da Nutznießer davon die gesamte männliche Gesellschaft ist, werden kritische Impulse von der männlich dominierten »Mainstream«-Psychoanalyse kaum zu erwarten sein. Der »normalen« Frau werden mit der Theorie des »phallischen Monismus« alle Merkmale einer »abgeleiteten Identität« zugeschrieben. Sie hat

- keine vom Mann unabhängigen Wünsche und Ziele;
- keine vom Mann unabhängige Lust;
- kein eigenes Genital;
- keine Überlegenheit und keine Macht über den Mann;
- keine vom Mann unabhängige Identität;
- keine Wahl und daher auch keine Vorwürfe an den Mann, da dies ihre Natur ist (vgl. Rohde-Dachser 1991, S.64).

Umwelteinflüsse, die Bedürfnisse von Vater und Mutter, Geschlechtsrollenvorstellungen der Gesellschaft, strukturelle Machtverhältnisse und Gewalt als Beeinflussung bleiben unberücksichtigt. Vor solch einer »kastrierten« Frau braucht der Mann sich nicht zu ängstigen. Rohde-Dachser zeigt, daß dieses abgewertete Weiblichkeitsbild auf eine dahinter liegende Angst des Mannes verweist, nämlich auf die Angst vor einer furchtbaren, übermächtigen, vielleicht dämonischen Frau. Sie nennt daher die Freudsche Weiblichkeitstheorie einen doppelten Weiblichkeitsentwurf, denn hinter dem Bild der kastrierten Frau scheint das Bild der Medusa, der dämonisierten Frau, durch. Beides sind unbewußte Projektionen des Mannes auf die Frau, wobei das Bild der kastrierten Frau das dahinter liegende Angst-Bild der dämonisierten Frau in Schach halten soll.

Aber diese unbewußte Inszenierung zwischen den Geschlechtern funktioniert nur, wenn die Frauen »mitspielen«. Warum identifizieren sich

Frauen immer noch mit den ihnen angedichteten Weiblichkeitsentwürfen, in denen sie zu Bewunderinnen des männlichen Größenselbst degradiert werden? Warum verzichten sie auf eine Entwicklung ihres eigenen Selbst? Welche weiblichen Ängste sollen damit in Schach gehalten werden?

Rohde-Dachser unterzog die Texte von Helene Deutsch zur Psychologie der Frau einer Tiefenanalyse, um durch sie beispielhaft herauszufinden, was auch heute noch viele Frauen bewegt, sich weitgehend mit Freuds Weiblichkeitsbildern zu identifizieren. Deutsch scheint durch ihre Schriften sagen zu wollen: »Ich bin so (möchte so sein) wie Du Mann/Vater mich haben möchtest« (1991, S.80). Ihr unbewußter Wunsch ist es also, den Mann, der sich in ihren Schriften als der Vater entlarvt, zu beschwichtigen, indem sie seine Vorstellungen und besonders auch seine Ängste und Verletzlichkeiten verinnerlicht. Ihre Aufgabe ist es offenbar, seine Ängste in Schach zu halten. Dieses Muster begegnet uns tatsächlich überall, wenn wir Dialoge zwischen Mann und Frau beobachten.

Vor einiger Zeit unterhielt ich mich mit einem befreundeten Ehepaar. Die Frau war den ganzen Abend bemüht, die musikalischen Qualitäten ihres Partners herauszustreichen. Fast nach jedem Satz von ihm sagte sie: »Ja, das kann er gut, da ist er Experte.« Umgekehrt hörte ich kein einziges Lob aus dem Munde des Partners über sie. Offenbar bezieht sie aus dieser »komplementärnarzißtischen« Position Befriedigung, denn es scheint so, daß der »Vater« ihres Schutzes und ihrer Versicherung bedarf. Sie kann sich sagen: Alles, was der Vater ist, ist er durch mich, durch meine Selbstverleugnung geworden. Ich genieße meine Ganzheit, indem ich teil an seiner habe, dadurch brauche ich mich nicht von ihm zu trennen, um eine eigenständige Person zu werden. Dieses gegenseitige Ausbeutungsverhältnis darf jedoch keinesfalls bewußt werden. Es scheint, daß seine Integrität auch ihre Überlebensgarantie ist.

Aber warum ist es so gefährlich, sich vom Vater zu trennen? Eine Trennung vom Vater/Mann wird von beiden Geschlechtern als böse erlebt. Der Mann müßte dann auf den Spiegel seiner Grandiosität verzichten, was sein gesamtes narzißtisches Persönlichkeitsgefüge zusammenbrechen lassen könnte. Diese extreme Bedrohung erzeugt Wut, die er auf die Frau lenken könnte, und durch Projektion wird dann die Frau zur Ursache alles

Bösen, das dem Mann angetan wird. Sie selbst scheint diesen Entwurf des Bösen in ihr Unbewußtes aufgenommen zu haben, das heißt, sie erlebt sich selbst als böse, wenn sie sich vom Vater/Mann trennt. Dann würde es vielleicht nichts mehr geben, was ihre Wut, ihre Gier, ihre Machtgelüste, ihren Egoismus in Zaum halten könnte. Sie glaubt den Mann zu brauchen, um sich vor sich selbst zu schützen. Sie meint also, daß sie tatsächlich einen Dämon in sich hat, daß dieser gebannt werden muß und daß dies nur der Mann bewerkstelligen kann. So hat die patriarchale »Vater-Tochter« weder ein eigenes Gutes noch ein eigenes Böses. Sie hat sich vollständig den männlichen/väterlichen Projektionen unterworfen. Darum auch neigt sie so schnell dazu, sich für vieles die Schuld zu geben.

Auch die Gesellschaft und leider viele AnalytikerInnen machen kräftig davon Gebrauch, die Frau mit Schuld für fast alles Böse dieser Welt zu beladen, von Eva angefangen bis zu den heutigen Bildern der »archaischen, verschlingenden Mutterimago«, die nach Chasseguet-Smirgel (1988) sogar Ursache für das gesamte Patriarchat sein soll. Daraus resultiert auch die Angst der Frau vor sich selbst als Handelnder, die vielleicht zu einer Täterin werden könnte. Sicherer ist es, dem Mann alle Verantwortung und alle kollektiven aggressiven Akte (Kriege, Ausbeutung der Erde) zu überlassen, dann macht frau sich wenigstens nicht die Hände schmutzig. »Erst in der Aufgabe ihres Selbst findet die (heterosexuelle, Anm. d. Verf.) Frau zu sich« (Honegger, 1984, S. 32).

Die Heterosexualität nach der Londoner Schule

Die in dem »Weibstreit« der dreißiger Jahre abgespaltene Londoner Schule[2] (Jones, Horney, Klein) wollte die Eigenständigkeit der Frau hervorheben, indem sie betont, daß es ein primäres, also von Geburt an existierendes Gefühl für »Weiblichkeit« gibt. Bald, mit Ausbildung eines Gefühls für den eigenen Körper, im Laufe des ersten Lebensjahres, ist dem weiblichen

---

2 Ich befasse mich hier auch mit dieser Theorie, weil sie bei vielen AnalytikerInnen zur Zeit ein relativ unkritisches »Comeback« feiert.

Kind auch die Existenz der Klitoris und der Vagina bekannt. So weit, so gut. Jedoch scheinen die Londoner in ihrem Wunsch nach eigener Identität der Frau übers Ziel hinausgeschossen zu sein. Denn plötzlich zerren sie zur Bekräftigung der Idee von der »primären Weiblichkeit« auch die Idee von der biologischen Anziehung der Geschlechter wieder hervor. Die war doch von Freud gerade in genialer Weise aufgelöst worden.

Mit der Wiedereinführung der biologischen Anziehung der Geschlechter und einer »oral-rezeptiven« Grundhaltung, die die Frau das ganze Leben hindurch begleiten soll, wird auch in dieser Theorie die Frau wieder auf den Mann hin, und zwar in passiv-empfangender Weise, orientiert. Alles, was in der Psychologie auf eine nicht näher bezeichnete Biologie zurückgeführt wird, sollten wir auf seinen Abwehrcharakter hin überprüfen. Denn der Verweis auf die Biologie läßt es überflüssig erscheinen, Prozesse psychologisch näher anzusehen. Es könnte sein, daß sie auch nicht gesehen werden dürfen.

Die Frau nach Definition der Londoner Schule ist also von ihrer Biologie dazu bestimmt, anzunehmen und zu reagieren, anstatt selbst zu suchen, zu ergreifen und zu agieren. Für kurze Zeit nimmt die Tochter die Brust auf. Unzufrieden mit der mütterlichen Versorgung, hofft sie auf ein befriedigenderes Organ, das sie im Penis vermutet. Daher wird der Vater schon sehr früh, Ende des ersten Lebensjahres, zum wesentlichen Liebesobjekt. Es ist mir unverständlich, wie ein Säugling auf die Idee kommen kann, die nährende Brust durch einen in keiner Weise nährenden Penis ersetzen zu wollen, wenn, wie angenommen, das Kind ein frühes Verständnis von männlichen und weiblichen Körperteilen hat. Jedenfalls gelang es auch diesen Theoretikern, den Mann und seinen Penis ins Zentrum weiblicher Entwicklung zu rücken. Dies geschieht bei ihnen sogar viel früher als bei Freud (im ersten Lebensjahr) und viel ausschließlicher als bei ihrem Lehrer, denn die biologische Anziehung zwischen den Geschlechtern pathologisiert von vornherein andere Formen des Begehrens. Damit wird Freuds bisexueller Ansatz verworfen und Heterosexualität zur einzigen natürlichen sexuellen Lebensweise – ein enormer Rückschritt in der Wahrnehmung der sexuellen Entfaltungsmöglichkeiten!

Vor der phallischen Phase erleben Junge und Mädchen eine »Weiblichkeitsphase«, in der beide Gewaltphantasien gegen den mütterlichen Körper entwickeln, in dem sie alle für sie lebenswichtigen Dinge vermuten. Parallel dazu, aus Angst vor Rache der Mutter, beginnen Junge und Mädchen die Existenz der Vagina, den Ort, den sie bei der Mutter zerstören wollten, in einer Art Vogel-Strauß-Politik zu verleugnen. Die Unkenntnis der Vagina, die Freud beschrieb, ist also nach dieser Schule aufgrund einer sekundären Verleugnung entstanden. Der Junge profitiert von dieser Verleugnung, da er nun seinen Penis als konkurrenzloses Geschlechtsorgan feiern kann. Die Tochter kann dadurch ihre Ängste vor inneren Verletzungen etwas dämpfen.

Diese Angst vor inneren Verletzungen wird das Mädchen die ganze Kindheit hindurch begleiten. Zunächst hat sie Angst, von der Mutter für ihre Gewaltgedanken bestraft zu werden. Später, wenn sie wünscht, sich den Penis des Vaters einzuverleiben, hat sie Angst, daß dieser Penis ihre kleine Vagina zerstören könnte. Dadurch verdrängt die Tochter oft nicht nur das Wissen um die Vagina, sondern um die gesamte Weiblichkeit. Sie wird brav, lieb, angepaßt und wirkt oft wie ein engelhaft-neutrales Wesen. In meinen Interviews mit Frauen erhielt ich häufig die Antwort: »Ich wollte in meiner Kindheit weder Junge noch Mädchen, sondern ein Neutrum sein.«

Diese Theorien beschreiben eine grandiose Phantasiewelt, die sich zum Teil schon im ersten Lebensjahr des Kindes entwickelt haben soll. Allerdings sind diese Phantasien kaum nachprüfbar. Denn wir können den Säugling nicht fragen, was er sich vorstellt. Deshalb können wir alles mögliche in ihn hineinprojizieren. Das Projizierte läßt uns aber eher die unbewußte Phantasie der AutorInnen über Weiblichkeit erahnen, als daß es Erhellendes über die Innenwelt des Kleinkindes aussagt.

Zur Idee der angeborenen gegengeschlechtlichen Anziehung paßt die enorme Bedeutung der ursprünglichen Liebe des Mädchens zur Mutter kaum, weshalb diese Phase eher vernachlässigt wird. Die Mutterbeziehung wird hauptsächlich als unbefriedigend, bedrohlich und grausam beschrieben. Schon im ersten Lebensjahr wird nach dem Vater als geeigneterem Liebespartner Ausschau gehalten, dem sich das weibliche Kleinkind passiv aufnehmend hingeben möchte. Auch in diesem Weiblichkeitsentwurf ist die Frau/Mutter einerseits unfähig, das Kind zu befriedigen, andererseits muß die als grausam imaginierte Mutter durch Verleugnung der eigenen Geschlechtsorgane und durch den Vater und seinen Penis in Schach gehalten werden. Auch hier war unbewußt der Doppelaspekt des patriarchalen Weiblichkeitsbildes am Werk, der einer vordergründig ungenügenden und dahinter lauernden mächtigen, grausamen Frau. Obwohl diese Autoren angetreten waren, Freuds allzu negatives Weiblichkeitsbild zu korrigieren, gelangten sie durch ihre Phantasiegebilde doch wiederum an denselben Ort, an dem Weiblichkeit dem Manne unterworfen ist. Mit dem fragwürdigen Unterschied allerdings, daß die Biologie eine noch größere Rolle spielt und die Mutter noch grausamer erscheint als bei Freud.

Am meisten beeindruckte mich die so häufig beschriebene und nachhaltig betonte Angst des kleinen Mädchens vor inneren Verletzungen, die allerdings meist auf unbewußte Aggressions- oder Inzestwünsche des Kindes und nachfolgende Schuldgefühle zurückgeführt wird. Mit unserem heutigen Wissen um die Häufigkeit von sexuellem Mißbrauch an Kindern geraten solche Beobachtungen in ein höchst aktuelles Licht. Es wäre durchaus denkbar, daß das kleine Mädchen aus konkretem traumatischem Anlaß eine Kenntnis seiner Vagina erhält und seine Weiblichkeit verleugnet, weil es sonst keine Möglichkeit sieht, diese grausige Realität, mit einem riesigen Penis verletzt worden zu sein, zu verarbeiten. Möglicherweise bekamen die AutorInnen vermehrt ehemals sexuell mißbrauchte Patientinnen zu Gesicht, weil diese mit größerer Wahrscheinlichkeit neurotische Symptome entwickeln und daher im Erwachsenenalter wohl eher AnalytikerInnen aufsuchen als sexuell nicht mißbrauchte Frauen.

Da die AutorInnen sich jedoch nicht so weit vom männlichen Blick auf die frühkindliche Entwicklung lösen mochten, daß sie den Mut besessen hätten, Freuds ursprüngliche und dann verworfene Verführungstheorie[3] wieder aufzunehmen, mußten sie sich andere Erklärungen für dieses offenbar häufig auftauchende Phänomen zusammenphantasieren. Allerdings

---

3 Masson (1984) beschreibt, wie Freud von seiner ursprünglichen Überzeugung, dass der Hysterie sexuelle Mißbrauchserlebnisse zugrunde liegen, abkommt und statt dessen die Theorie vom Ödipuskomplex erfindet.

habe ich den Eindruck, daß K. Horney (1926) in manchen ihrer Äußerungen sehr in die Nähe der Verführungstheorie kam, wenn sie beschrieb, daß der väterliche Penis ja tatsächlich die kindliche Vagina zerstören könne.

Mit Beginn des Zweiten Weltkrieges brach diese vormals lebhaft geführte Debatte[4], die fast zum Bruch zwischen der Londoner und der Wiener Schule geführt hat, ab und verschwand weitgehend aus der analytischen Geschichtsschreibung, ohne daß die strittigen Probleme gelöst worden wären.

Heutige Ansätze zur Erklärung der Heterosexualität

Nach circa 30 Jahren Schweigen tauchten in den siebziger Jahren wieder Veröffentlichungen im deutschsprachigen Raum zum Thema der Weiblichkeit auf, die versuchten, an der erwähnten Weiblichkeitsdebatte anzuknüpfen und sie mit neueren Erkenntnissen aus den Narzißmus- und Objektbeziehungstheorien anzureichern.

In dieser neueren Weiblichkeitsdebatte kommen die vielfältigsten Vorstellungen zum Ausdruck. Es scheint, daß Weiblichkeit nun kein dunkler Kontinent mehr, sondern ein bunter geworden ist, auf dem nahezu alles möglich ist, solange es im Korsett der Heterosexualität daherkommt. Das Gefühl für die primäre Weiblichkeit wird einmal als biologisch determiniert, geladen mit heterosexueller Anziehungskraft beschrieben (Schule um Melanie Klein), zum anderen soll es biologisch determiniert sein, jedoch ohne eingebaute heterosexuelle Anziehung (Stoller, Chehrazi), und manche meinen nach wie vor, daß es keine primäre Weiblichkeit gibt (Schule um Freud, zum Beispiel Heigl-Evers und Weidenhammer).

Ebenso unterschiedlich sind die Ansichten über die Genese des Penisneids (Torok, Lerner, Gissrau), die Vorstellungen über das Vorhandensein oder Nicht-Vorhandensein einer phallischen Phase (Bell, 1991), die Meinungen über den weiblichen Narzißmus (Grunberger, 1974) und Maso-

---

4   Fliegel, 1975

chismus (Mitscherlich-Nielsen, 1978) und die weibliche Überichbildung (Kestenberg, 1988).

Ich habe in einem Artikel über heutige Weiblichkeitskonstruktionen in der Psychoanalyse (1991) manches davon genauer beschrieben und möchte daher hier nicht mehr darauf eingehen. Nur an einem Beispiel, dem »Penisneid«, möchte ich veranschaulichen, welche Vielfalt an Konzepten alleine dieses Theorem hervorgebracht hat. Daß sich gelegentlich kleine Mädchen so äußern, als ob sie auf den Penis neidisch wären, wird von allen AutorInnen bestätigt. Die zweijährige Tochter eines mit mir befreundeten Ehepaars erklärte ihrer erstaunten Mutter vor einiger Zeit: »Komm, jetzt gehen wir in die Stadt, einen Penis kaufen.« Ob Penisneid allerdings ein so einschneidendes Erlebnis ist, daß er die gesamte psychische Organisation des kleinen Mädchens beeinflußt und verändert, kann bezweifelt werden (Bell, 1991).

Ingrid Kerz-Rühling (1991) fand acht verschiedene Theorien, die dieses Phänomen erklären sollen. Penisneid soll den einfachen Wunsch ausdrükken, auch im Stehen, wie die Jungen, urinieren zu können (K. Horney). Dann soll der Wunsch nach dem Penis den Wunsch nach Ersatz für die Unzufriedenheit mit der Mutterbrust ausdrücken (M. Klein). Oder er soll helfen, die Vagina zu verleugnen (Horney, Klein). Bei Chasseguet-Smirgel soll die Penisphantasie dem Mädchen helfen, sich von der allmächtigen Mutter abzulösen, die alles hat, nur keinen Penis. M. Klein glaubt, daß das Mädchen den Penis der Mutter zurückgeben will als Wiedergutmachung für den Haß auf die Mutter. Für Torok bietet die Tochter der Mutter den Penisneid an, um sie von einem anderen verbotenen Wunsch abzulenken, nämlich vom Wunsch nach Masturbation. Für Kestenberg wird der Penis gebraucht, um innere vaginale Erregungen, die für das Mädchen schwer zu lokalisieren und abzuführen sind, auf den Penis zu projizieren, über den dann Spannungsabfuhr möglich wäre. Für Olivier entsteht Penisneid, weil der Vater in der frühen Kindheit des Mädchens zu wenig vorhanden ist, es daher zu wenig vom anderen Geschlecht begehrt wird. Ein Begehren der Mutter nach der Tochter ist für Olivier nicht denkbar.

Die Bedeutung dieses Phänomens, das in der Literatur so ideenreich beschrieben wird, steht nach der Studie von Kerz-Rühling in krassem Gegensatz zur realen Wichtigkeit im analytischen Prozeß der PatientInnen. Erinnerungen an Reaktionen auf die Wahrnehmung des Geschlechtsunterschieds in der Kindheit spielten für die Frauen kaum eine Rolle. Dieses Ergebnis sollte TherapeutInnen nachdenklich stimmen. Es deutet darauf hin, daß viele AnalytikerInnen eigene Phantasien beziehungsweise Theorien in ihre Patientinnen hineinprojizieren, womit Vorstellungen weiter tradiert werden, die eher dem Selbstbewußtsein der Analytiker nützen als den Frauen.

Es ist jedoch interessant, zu fragen, warum die Beschreibung der weiblichen Entwicklung zu solchem Ideenreichtum – oder sollten wir besser sagen: zu solch chaotischen Wucherungen – geführt hat, wie es bei der Beschreibung der männlichen Entwicklung längst nicht der Fall ist. Heißt das, daß wir eigentlich immer noch nichts Genaues wissen? Oder heißt es, daß Frauen so Vielfältiges erleben, daß ihre Entwicklung nicht einfacher und nicht eindeutiger beschrieben werden kann? Sind Frauen das vielfältige Geschlecht? Oder haben sie nur zu sehr gelernt, sich einzufühlen und sich anzupassen an die jeweiligen bewußten oder unbewußten Phantasien ihrer TherapeutInnen?

Die von den AutorInnen beschriebenen Weiblichkeits-Theorien sind wohl eine Mischung aus an Frauen wahrgenommenen Phänomenen und den eigenen Phantasien. Diese bewußten oder unbewußten Phantasien der Therapeutin gehen in Deutungen ein und lenken dadurch den analytischen Prozeß in eine bestimmte Richtung. Und es kommt sehr darauf an, welches Weiblichkeitsbild der/die TherapeutIn bewußt oder unbewußt gespeichert hat. Wenn sie meint, daß homosexuelle Strebungen pathologisch sind, wird sie mehr oder weniger bewußt solches Verhalten pathologisieren. Wenn sie meint, daß Mutter-Werden die höchste Erfüllung für eine Frau ist, wird sie diese Überzeugung in ihre Äußerungen mit einfließen lassen. Ob ihr das bewußt ist oder nicht, spielt dabei eine untergeordnete Rolle. Ist sich die Therapeutin ihrer eigenen Überzeugung bezüglich Weiblichkeit bewußt, kann sie diese vielleicht eher zurückhalten oder mit gewisser Vorsicht vermitteln. Die Weiblichkeitsbilder, die ihr nicht bewußt sind, vermittelt sie durch ihr Verhalten wohl ungefilterter. Eine sensible Patientin wird diese Phantasien unbewußt aufnehmen und sich nach ihnen orientieren.

Wahrscheinlich ist eine »objektive« Beschreibung seelischer Vorgänge überhaupt nicht möglich. Ich jedenfalls möchte meine Vorstellung über weibliche Entwicklung als eine Mischung aus bei anderen Frauen und bei mir Beobachtetem und meinen Schlußfolgerungen beziehungsweise meinen bewußten und unbewußten Phantasien darüber verstanden wissen.

Vergleich früherer und heutiger Theorien

Die Prozesse weiblicher Entwicklung werden auch in der neueren feministischen und analytischen Literatur nicht weniger schauerlich als zu Freuds Zeiten beschrieben. Es hat sich offenbar nichts Grundlegendes verändert. Verändert hat sich häufig nur die Interpretation der Phänomene. Manche Ereignisse rückten mehr in den Hintergrund (Penisneid), anderen wird heute mehr Aufmerksamkeit zuteil (Mutterbindung).

An zwei Phänomenen möchte ich dies erläutern:

1. Die Übernahme der weiblichen Geschlechtsrolle wird nach wie vor mit der Entwicklung von Passivität, Hingabe, Abhängigkeit, Reaktivität verbunden. In den früheren Theorien wurde dieses Phänomen »Passivitätsschub« genannt, der spätestens in der Pubertät einsetzt und biologisch bedingt sein sollte. In den gegenwärtigen Theorien werden diese Prozesse eher als mehr oder weniger gewalttätige Erziehung zur Weiblichkeit beschrieben.

2. Gleich blieb auch die Wahrnehmung, daß es kein irgendwie natürliches Aufeinandertreffen des Begehrens von Mann und Frau gibt. Beide scheinen Verschiedenes voneinander zu wollen. Die sich dadurch auftuende Kluft muß durch Projektionen und unbewußte Phantasiebildungen über den Partner überbrückt werden. Beide ersehnen sich in der Liebe häufig die Befriedigung von sehr frühen, frustrierten kindlichen Wünschen. In der Freudschen Theorie sind die weiblichen und männlichen Wünsche phasenverschoben. Der Mann sehnt sich in der Liebesbeziehung zu seiner Frau wieder nach der Vereinigung mit der Mutter. Die Frau wünscht sich vom Mann hauptsächlich einen Jungen, um die frustrierten frühkindlichen Wünsche gegenüber dem Vater endlich befriedigt zu bekommen. Dieser

53

erhält dann die Liebe, die der Mann eigentlich für sich wünscht.

Nach gegenwärtigen feministischen und analytischen Theorien (zum Beispiel Chodorow, 1978) scheinen beide Geschlechter in der Liebe einen Zustand herbeizusehnen, den Balint (1968) als den Zustand der primären Liebe bezeichnet. Sie beginnt schon im Mutterleib, denn ohne den mütterlichen Körper als umgebendes »Liebesobjekt« würde jeder Fötus sterben. In Sprache ausgedrückt, würde der Wunsch etwa folgendermaßen lauten:

Mich soll man lieben, immer und überall, und mich in jeder Weise versorgen, mir alles geben, was ich brauche, ohne daß ich dafür irgendeine Aktivität oder Gegenleistung erbringen muß. Keiner, der mir etwas bedeutet, darf eigene Interessen oder Wünsche haben, die sich von meinen unterscheiden. Ja, die anderen müssen sich mit Freude und Genuß meinen Wünschen anpassen. Wenn das geschieht, bin ich gut, froh und glücklich. Wenn das nicht geschieht, dann ist es für mich einfach entsetzlich.

Dies ist ein Zustand, der in unserer Gesellschaft in der Regel an eine Frau, meist an die Mutter, gebunden ist. In späteren Liebesbeziehungen wird in Phasen tiefer Harmonie wahrscheinlich dieser primäre harmonische Zustand zum Teil wiederbelebt. Das heißt, beide Geschlechter sehnen sich in der Liebe einen früheren harmonischen Zustand mit einer liebevollen Mutter herbei. Jedoch ist diese Sehnsucht beim Mann und bei der Frau mit unterschiedlichen Traumata verknüpft.

Sie sucht in ihm eine »bessere« Mutter, die den frühen Mangel an erotischer Bestätigung ausgleicht. Er kann sich nur punktuell in abgespalteten Orgasmen auf eine größere Nähe zur Frau einlassen, da er sonst befürchtet, wieder in die alte Identitätskrise zu kommen, die er als Junge mühsam überwinden mußte, als er erkannte, daß er und seine erste Geliebte, die Mutter, zwei verschiedenen Geschlechtern angehören. Damals mußte er schmerzhaft erkennen, daß er nie so werden wird wie die Mutter, daß er ein anderer ist.

So ist nach Chodorow, Dinnerstein und Olivier das Dilemma der Heterosexualität: Je mehr Intensität die Frau will, desto mehr muß er flüchten, und wieder muß die Frau ihre Aktivität, ihre sexuelle Vitalität verdrängen, um ihn nicht zu sehr in die Flucht zu schlagen. Das aktive Begehren beider Geschlechter kann sich also im patriarchalen heterosexuellen Arrangement nur durch Mythenbildung und Verleugnung der Realität treffen. Intersubjektive Beziehungen (Jessica Benjamin, 1990) dürften im Patriarchat schwer zu realisieren sein. Um Heterosexualität doch irgendwie leben zu können, muß eine Komplementärbeziehung inszeniert werden, in der die Frau die Rechnung bezahlt. Sie muß ihr aktives Begehren in ein passives verwandeln, darf sich lieben und begehren lassen, unter Verzicht eines selbstgestalteten Lebens.

Die heterosexuelle Frau als Herberge des Mannes oder unabhängiges Subjekt?

In einer patriarchal geprägten Gesellschaft scheint es nach den Analysen der Theoretikerinnen des Geschlechterverhältnisses nahezu unmöglich zu sein, eine weibliche Identität auszubilden, in der die heterosexuelle Frau sich als selbstbestimmte Person empfindet.

Jutta Brauckmann (1986) kommt nach ihrer Befragung von lesbischen und heterosexuellen Frauen zu dem Schluß, daß es in der Pubertät zu Einbrüchen in der weiblichen Entwicklung kommt, die Persönlichkeitsspaltungen begünstigen, »die offensichtlich nur aufgrund ihrer Normalität und Häufigkeit nicht als bedrohlich erfahren werden« (S.28). Während dieser Phase beginnen die Mädchen, ihre Wünsche nach Selbstbestimmung, Autonomie und Stärke auf den männlichen Partner zu projizieren, mit dem sie sich dann identifizieren. Dieser »normale« heterosexuelle Identitätsbildungsprozeß berge zwar individuell ein hohes Konfliktpotential, wirke jedoch sozial stabilisierend, da diese Form der »weiblichen Identitätsbildung« von der Gesellschaft für die Frau vorgesehen sei. Nach Brauckmann kann eine Frau die im Patriarchat geforderte weibliche Geschlechtsrolle nur übernehmen, wenn sie auf ihre eigene weibliche Entwicklung, auf ihren Subjektstatus als Frau verzichtet.

Auch bei Thürmer-Rohr (1986) lesen wir ähnlich Schauerliches. Die Frau verdanke ihre Existenz ihrer Verleugnung, schreibt sie: »Die Lüge, die Als-ob-Tat ist der Weg dazuzugehören, um gleichzeitig zu verschwinden« (S.116). Sie wird in der Männerwelt nur geduldet, mitgenommen, erhält nur Heimatrecht, indem sie an ihrem eigenen Ausschluß mitwirkt. Dies geschieht zum Beispiel, indem sie das ihr Wertvolle, ihr Ich-Ideal, auf den Mann projiziert. Dadurch hat sie ein leeres Ich, das sie dem Mann als Wohnung, als Projektionsfläche zur Bebilderung, zur Mythologisierung überläßt, heißt es bei Thürmer-Rohr weiter. Wenn sie beginnt, sich innerlich vom Mann zu emanzipieren, die Besetzung mit ihm aufzulösen, dann entstehen Ich-Leerräume, die leicht »nach der Wiedereinsetzung des Mannes/Vaters auf dem inneren Altar der Frau verlangen« (Rohde-Dachser, 1991, S.281), wenn nicht andere, weibliche Bilder, weibliche Mythen, Gefühle der Werthaftigkeit des Weiblichen zur Verfügung stehen, mit denen die Frau ihr Ich erfüllen kann.

Die perfekte Übernahme der von Männern für Frauen fabrizierten Bilder von weiblicher Identität scheint Frauen krank zu machen. Nicht die zwei- oder mehrfach belasteten Frauen (zum Beispiel berufstätige Mütter), sondern Mütter, die nicht berufstätig sind, schlucken in unserem Lande die meisten Psychopharmaka (Greenglass, 1986). Frauen mit »abweichendem Geschlechtsrollenverhalten« scheinen gesünder zu leben.

Einen Ausweg aus diesem tristen Denken fand ich bei Jessica Benjamin (1996). Sie verweist uns auf die Möglichkeiten der vorödipalen »alles einschließenden Phase«. Wenn wir uns auf die Möglichkeiten unseres multierotischen Potentials dieser Phase wieder besinnen, könnten wir uns diese Erlebnisqualitäten wieder ins Bewußtsein holen, ohne deswegen das Wissen um die Differenzen (die Errungenschaft der ödipalen Phase) aufzugeben.

Das wäre der Beginn der postödipalen Phase. Wir müßten unser gängiges Denkmodell hinterfragen, nach dem »später« immer »reifer« bedeutet und Entwicklung geradlinig verläuft. Anders ausgedrückt müßten wir fragen, ob die Ergebnisse einer rigiden ödipalen Phase (Aufgabe der gegengeschlechtlichen Identifizierungen) tatsächlich als reifer gelten können, nur weil sie später errungen wurden. Optimale Entwicklung könnte als Integration verstanden werden, die die früheren Fähigkeiten erhält und verfeinert, indem sie die Erscheinungen früherer Strebungen verwandelt und ein flexibles Oszillieren zwischen verschiedenen Schichten der Erfahrung ermöglicht. Ohne diese Integration der Errungenschaften aller frühkindlichen Phasen wäre psychische Entwicklung Verarmung. Und tatsächlich verarmen bei uns gewisse Fähigkeiten, die wohl der multierotischen Phase angehören, zum Beispiel Intuition, prägenitale polymorphe Sinnlichkeit oder die Fähigkeit, homosexuell zu lieben.

Die psychoanalytische Theorie scheint bis vor kurzem auf dem ödipalen Niveau stehengeblieben zu sein, wenn sie meint, nur ein gegengeschlechtlicher Partner könne das Selbst ergänzen, die eigenen Grenzen sichtbar machen und Allmachtsphantasien bändigen. In jeder Beziehung werden die eigenen Grenzen sichtbar. Wie könnte die postödipale Entwicklung auf differenzierterem Niveau aussehen? Es könnte ein Oszillieren zwischen identifikatorischer Liebe und Objektliebe geben, was lustvoll statt gefährlich wäre. Die starre Polarisierung zwischen männlich und weiblich würde aufweichen, wodurch sich auch starre Identifizierungen weiten könnten. Es gäbe dann weder »die« Hetero- noch »die« Homosexualität, sondern vielleicht so viele erotische Lebensstile, wie es Menschen gibt.

Die liebende Wiederöffnung dem eigenen Geschlecht gegenüber könnte starre ödipale Einschränkungen aufweichen. In der Spiegelung des eigenen Geschlechts eröffnen sich uns neue, ungeahnte Erfahrungen über Facetten des Weiblichen, über die Möglichkeiten, die in einem weiblichen Körper, in weiblichen Berührungen, im Berührtwerden sich entfalten können. Diese Öffnung zum eigenen Geschlecht hin und zu Innenräumen des Selbst wird alsbald an die eigene, tief eingegrabene Mysogynie stoßen, die es dann zu bearbeiten gilt.

Die Möglichkeit der Öffnung zum Weiblichen hin, zum Beispiel in Frauenfreundschaften, darf offenbar auch von Theoretikerinnen des Geschlechterverhältnisses noch kaum wahrgenommen werden. Obwohl die Stellung der Frau im Geschlechterverhältnis so drastisch vernichtend dargestellt wird, die Asymmetrien, die hierarchische Ordnung, die ungleiche Machtverteilung angeprangert werden, muß offenbar an der heterosexuellen Grundordnung festgehalten werden, als ob dies ein Naturgesetz wäre. Daß es lebbare Alternativen dazu gibt, wird in vielen Schriften ignoriert. Die Autorinnen haben immer noch hauptsächlich den Mann im Blick, sie scheinen sich mit ihren Analysen an ihn zu wenden, an ihm rütteln zu wollen, daß er sich ändern möge, um das Geschlechterverhältnis zu bessern. So finden wir in den sonst brillanten Analysen von Thürmer-Rohr oder

Rohde-Dachser kein Wort über die Potentiale von Frauenverhältnissen. Auch in feministischen Sammelbänden, die in den letzten Jahren herausgegeben wurden, suchen wir vergeblich danach. Chodorow (1978) gibt in einer Fußnote zu, daß sie sich um die Bedeutung der sexuellen Orientierung herumgedrückt habe (S.145). Dinnerstein (1979) »regrediert« auf eine biologisch-magisch anmutende Ebene, wenn sie eine neutrale Basis für die Anziehung zwischen den Geschlechtern vermutet und das homoerotische Begehren mit einem Bann belegt sieht, der, wenn er gebrochen würde, ein »kraftvoller Bestandteil jedes Menschenlebens wäre« (S.67). Bei Gambaroff (1987) lesen wir immerhin etwas zur Rolle der Lesbierin in der Literatur des 19. Jahrhunderts, nichts jedoch über gegenwärtige lesbische Frauen.

Die Lebensmöglichkeiten heutiger Frauen haben sich gewaltig erweitert. Jede dritte Ehe wird geschieden, fast jeder vierte Haushaltsvorstand ist eine Frau. Mehr als ein Drittel aller Frauen sind berufstätig. Die Zahl der alleinerziehenden Mütter steigt (Palzkill, 1990). Nur noch jede zweite Mutter lebt ohne Erwerbsarbeit in der »klassischen« Kleinfamilie. Diese neuen Lebensmöglichkeiten für Frauen werden langfristig auch das weibliche Bewußtsein erweitern. Allerdings können wir nicht mit schnellen Ergebnissen rechnen. Denn was sich verändern muß, sind in jedem Individuum tief eingegrabene, jahrhundertealte kollektive unbewußte Phantasien.

Wenn auch kaum etwas über die heilenden Potentiale in Frauenbeziehungen zu lesen ist, über weibliche Homosexualität als »Perversion« oder »Charakterstörung« ist in der vergangenen und gegenwärtigen analytischen Literatur einiges zu finden. Bevor ich meine eigene Theorie der lesbischen Entwicklung vorstelle, möchte ich die wesentlichen Gedankengänge meiner analytischen »Lehrer« erwähnen. In einem weiteren Schritt versuche ich, diese Gedanken als eine Art »Symptomatik« oder unbewußte Phantasie aufzufassen, deren unbewußte Bedeutung ich herausarbeiten möchte. Ich versuche, zum Text hinter dem Text durchzudringen, wie dies Rohde-Dachser (1991) bei einigen analytischen Konzepten zur heterosexuellen Entwicklung brillant durchgeführt hat.

4. Psychoanalytische Konstrukte der lesbischen Identität

Wege in die Homosexualität nach der Freudschen Schule

Sigmund Freud entwickelte keine umfassende Theorie der weiblichen Homosexualität. Es finden sich einzelne Bemerkungen verstreut in verschiedenen Schriften zwischen 1905 und 1932, in denen er das Spezifische der weiblichen homosexuellen Entwicklung aus drei anderen Theorien ableitet, nämlich aus seiner allgemeinen Triebtheorie, aus der männlichen homosexuellen Entwicklung und aus der allgemeinen psychosexuellen Theorie der Weiblichkeit. Manches davon widerspricht sich, zum Beispiel seine Ansichten über den Einfluß eines konstitutionellen Faktors und die Bedeutung einer »narzißtischen Fixierung« bei Homosexuellen. Widersprüchlich empfand ich auch seine gesamte Haltung gegenüber der Homosexualität. Sie schwankt zwischen Äußerungen von bahnbrechender Objektivität und massiven pathologisierenden Wertungen.

Ausgesprochen »modern« beschreibt er seine homosexuelle Patientin (GW Bd.12) und berücksichtigt dabei bereits heutige psychoanalytische Aspekte der »Objektbeziehungstheorie«. Ein Hauch von Bewunderung für die angenommene »Männlichkeit« der Patientin ist nicht zu übersehen, wenn er die »Schärfe ihres Verständnisses und kühle Klarheit ihres Denkens« hervorhebt und betont, wie wenig neurotisch sie sei. Aus heutiger Sicht erscheint sie als selbstbewußte Frau, die »durchaus nicht gewillt war, hinter dem wenig älteren Bruder zurückzustehen«. Freud schob dies allerdings alles auf einen »mächtigen Penisneid«.

Anfänglich (1905) polemisierte er gegen die zu seiner Zeit weit verbreiteten Ansichten von Hans Magnus Hirschfeld, der vehement vertrat, daß Homosexualität angeboren sein. Statt dessen behauptet Freud eine psychische Bisexualität, die aller menschlichen Entwicklung zugrunde liege. Allerdings taucht in seiner letzten Schrift über die Weiblichkeit (1932), in der er etwas ausführlicher auf die Aspekte der weiblichen Homosexualität eingeht, die Angeborenheit wieder auf, wenn er einen konstitutionellen Faktor berücksichtigen will.

Eine narzißtische Fixierungsstelle aus frühestem Kindesalter, auf die im späteren Leben bei der Partnerwahl gleichsam als Matrize zurückgegriffen werden kann, soll für die gleichgeschlechtliche Partnerwahl die Grundlage bilden (1912, GW Bd.8). Sie entsteht in einer Zeit, in der das Kind seine verschiedenen Triebkräfte zu einer Einheit zusammenfassen und diese auf ein Liebesobjekt richten möchte. Dieses Liebesobjekt ist zunächst der eigene Körper. Später wird es diese zusammengefaßte Libido dann auf eine andere Person lenken können. Wer ungewöhnlich lange in diesem Entwicklungsstadium der Liebe zum eigenen Körper verharren muß, kann darin fixiert bleiben, das heißt, die Person hat sich zu sehr daran gewöhnt, die Libido auf sich selbst zu richten.

Homosexuelle haben nach Freud dieses Stadium nie ganz überwunden. Die sublimiertere Form dieser narzißtischen Liebe mache sich in Freundschaften, sozialen Aktivitäten und einer allgemeinen Menschenliebe bemerkbar, zu der Homosexuelle allerdings durchaus in der Lage seien.

In anderen Schriften heißt es hingegen (1932), daß alle Frauen narzißtisch lieben, das heißt entweder eher geliebt werden wollen oder sich einen Idealmann zum Lieben aussuchen, um so zu werden, wie er ist. Seiner, übrigens nicht erfolgreich behandelten, Homosexuellen bescheinigt er jedoch, daß sie auf alle narzißtischen Wünsche in ihrer Liebe verzichte und das Lieben dem Geliebtwerden vorziehe. Da nach seiner Ansicht nur Männer so, das heißt nicht narzißtisch, lieben, beschreibt er die Liebe der Homosexuellen als Liebe, wie sie ein Mann einer Frau entgegenbringt (1920, GW Bd. 12).

Aus der heutigen Sicht muß ich sagen, daß die narzißtische Fixierung auf den eigenen Körper eher für männliche Homosexuelle zutrifft, nicht jedoch für Frauen. Diesen Unterschied in der homosexuellen Liebe von Männern und Frauen hat Freud wohl schon wahrgenommen, meinte jedoch, daß es sich um ein Spezifikum dieser einen Patientin handelte.

Sexuelle Frühreife sei in der Lebensgeschichte von Menschen vorhanden, die später zu »Perversionen« neigen. Da die entsprechenden Sexualorgane für die erhöhte Triebspannung, die die sexuelle Frühreife mit sich bringt, noch nicht genügend ausgebildet sind, muß die Libido mit den vorhandenen Partialobjekten (zum Beispiel Brust, Anus, Daumen) zurechtkommen.

Die erhöhte Libido erzeugt stärkere Eindrücke und Erinnerungsspuren, wodurch die stärkere »Liebe« auch stärkere Lernprozesse in Gang setzt. Mit der sexuellen Frühreife geht also auch eine intellektuelle Frühreife einher. Daß Sex und Intellekt, Erotik und Denken sich gegenseitig beeinflussen, ist schon im Altertum bekannt gewesen.

Ich erinnere dabei an die Überzeugung der griechischen Philosophen von Sappho (600 v.u.Z.) bis Aristoteles (322 v.u.Z.), daß Lernen am besten über die Liebe zum/zur LehrerIn sich vollziehe. Obwohl dieser Gedanke heute eher anrüchig geworden ist, da er sich in der Nähe des sexuellen Mißbrauchs aufhält, ist das Phänomen nach wie vor an Lehrer-Schüler-Verhältnissen zu beobachten. Daß intensivere erotische Gefühle intensivere geistige Prozesse stimulieren können, ist nicht von der Hand zu weisen.

Die frühen Eindrücke sind wegen der starken Triebspannung tief im Kind eingegraben und bleiben am meisten in der Erinnerung haften. Deshalb seien Homosexuelle mehr dem »Wiederholungszwang« ihrer infantilen Sexualorganisation ausgesetzt. Was ihnen also in der Kindheit am meisten Spaß machte, nämlich die Liebe zu einer gleichgeschlechtlichen Person, in der Regel zur Mutter, wollen sie zwanghaft auch im Erwachsenenalter ständig wiederholen.

Ebenfalls für beide Geschlechter gilt, daß die Liebesobjekte der Homosexuellen meist gleichzeitig männliche und weibliche Züge haben. Sie spiegeln die eigene bisexuelle Natur. Homosexualität erscheint Freud also nicht als einfache Inversion des heterosexuellen Modells, nach der zu seiner Zeit verbreiteten Art: Eine weibliche Seele in einem Männerkörper liebt einen Mann und umgekehrt. Nicht nur »Weiblichkeit« oder »Männlichkeit« wird an der anderen gesucht. Nach Freud möchte die Homosexuelle in ihrer Geliebten männliche und weibliche Züge vereint lieben. Dadurch scheint die homosexuelle Objektwahl über den Wunsch nach Ergänzung, der wohl für die heterosexuelle Wahl maßgeblich ist, hinauszugehen. Sie signalisiert vielmehr einen Wunsch nach integrierter, verlebendigter Ganzheit, der (zunächst) an der Partnerin wahrgenommen wird. Damit reicht die Homosexualitätstheorie Freuds weit über die in seiner und späterer Zeit fabrizierten »Defizittheorien« hinaus und markiert einen emanzipatorischen Aspekt, der ihm möglicherweise selbst nicht bewußt war.

Freuds Gedankengänge lassen sich so zusammenfassen:

- Die Bisexualität ist bei der Wahl der Liebesobjekte zu spüren, denn diese weisen meist männliche und weibliche Züge auf.
- Sexuelle und intellektuelle Frühreife führt zu größerer sexueller Aktivität und zu zwanghafter Fixierung der Libido an mütterliche Teilobjekte oder an eigene Körperstellen.
- Die Entdeckung des Geschlechtsunterschieds in der »phallischen« Phase führt zu starken narzißtischen Kränkungen. Denn die viel zu kleine Klitoris kann dem Vergleich mit dem Penis nicht standhalten. Die spätere homosexuelle Frau »antwortet« auf diese Kränkung mit Verleugnung. Sie weigert sich, die »unliebsame Tatsache«, daß sie kein adäquates Geschlechtsorgan hat, anzuerkennen. In trotziger Auflehnung verstärkt sie nun noch ihre »männlichen Strebungen« und verleugnet den Penisneid. Sie hält an der Klitorismasturbation fest und vermeidet den »Passivitätsschub«. Diesen Vorgang nennt Freud »Ausbildung eines Männlichkeitskomplexes«.
- In der ödipalen Phase wendet sie sich, wie alle Töchter, aus derselben Enttäuschung an der Mutter zwar auch dem Vater zu. Wegen der unvermeidlichen neuerlichen Enttäuschung am Vater, der ihr weder einen Penis noch ein Kind schenkt, »regrediert« sie wieder in die phallische Phase, das heißt, sie wendet sich wieder der Mutter zu, mit der sie doch schon einmal eine intensive, halbwegs befriedigende Liebesbeziehung hatte. Hinzu kommt allerdings eine gewisse Identifizierung mit dem Vater, die ihren »Männlichkeitskomplex« verstärkt. Von nun an will sie die Mutter so lieben, wie der Vater sie liebt. Dadurch vermeidet sie die Konkurrenz mit ihr um den Vater.
- Da alle Mädchen bezüglich ihres Peniswunsches vom Vater enttäuscht werden, interessiert die Frage, warum manche sich von ihm wieder abwenden und zur phallischen Aktivität »zurückkehren«, die meisten aber nicht. Freud kann diese Frage nur durch Rückgriff auf die Biologie, also durch Wiedereinführung eines konstitutionellen Faktors erklären, der für die größere angeborene Aktivität bei den später Homosexuellen verantwortlich sei.

– Homosexuelle Frauen weigern sich demzufolge, in ihrer Erotik passiv und reaktiv zu werden, sie weigern sich, sich vom andern »lieben zu lassen«, wie es die Rolle der »normalen Weiblichkeit« erfordert. Daraus resultiert eine männliche Art zu lieben, zu denken und zu handeln.

– Das Aufgeben des Kinderwunsches, der Liebe zum Vater und der weiblichen Rolle geschieht aus Rache am Vater, da er ihr keinen Penis/Kind geschenkt hat. Die spätere Liebe zu Frauen ist eine Überkompensation des unterschwelligen Hasses auf die Mutter und zielt auf Rache am Mann.

– Unsere Libido schwankt normalerweise lebenslänglich zwischen dem männlichen und dem weiblichen Objekt. Es hängt von äußeren Umständen, ja sogar von zufälligen Gegebenheiten ab, ob sie sich auf der einen oder anderen Seite letztlich festsetzt. Bei manifest homosexuell lebenden Menschen überwiegen im Unbewußten oder Vorbewußten, zum Beispiel in Träumen, oft heterosexuelle Phantasien. Bei Heterosexuellen ist es umgekehrt.

– Homosexuelle sind in ihrem Erleben eingeengt. Man muß sie wieder der Bisexualität öffnen.

Der Text hinter dem Text

Nun werde ich versuchen, zu entschlüsseln, was hinter diesem manifesten Text an unbewußten Motiven verborgen ist, von welchen unbewußten Phantasien Freuds Theorie der weiblichen Homosexualität getragen wird. Um auf diese Ebene zu gelangen, behandele ich den theoretischen Text so, als ob in ihm ein zweiter Text enthalten sei, eben eine »unbewußte Phantasie« (Werthmann, 1975). Wenn alle Teile des ursprünglichen Textes darin integriert sind und sich zu einem sinnvollen Ganzen zusammenfügen lassen, dann ist der verborgene Text sichtbar geworden, dann ist die Rekonstruktion abgeschlossen (Rohde-Dachser, 1991). Dieser rekonstruierte Text, der sich in der Theorie der weiblichen Homosexualität von Freud verborgen hält, könnte folgendermaßen lauten:

Grundsätzlich begehren mich alle Frauen, so wie die Mutter mich begehrt hat. So begehrt die homosexuelle Frau mich letztlich auch wie die heterosexuelle Frau. Sie ist nur sehr enttäuscht von mir, weil ich ihr nicht das geben kann, was ihr die »Natur« verweigert hat, einen Penis. Ihre Enttäuschung ist größer als die der heterosexuellen Frau, da sie mich als Kind intensiver geliebt hat als letztere. Deshalb kann sie ihre Wut auf mich auch nicht auflösen.

Auch die homosexuelle Frau hat nichts, worum ich sie beneiden müßte. Im Gegenteil, ebenso wie die heterosexuelle Frau beneidet sie mich, mit dem einzigen Unterschied, daß die homosexuelle Frau diesen Neid verleugnet. Aus Rache, daß sie nicht bekommt, was sie so sehr ersehnt, meinen Penis, versucht sie, so zu werden wie ich. Obwohl sie damit ihre Weiblichkeit ad absurdum führt, muß ich zugeben, daß ich nicht ohne Respekt für sie bin, wenn sie sich weigert, die Rolle der Frau anzunehmen, und lieber ein Mann sein will. Ich wollte ja auch keine Frau sein, denn die Natur hat die Frau ja wirklich benachteiligt. Ich bin der Maßstab ihres Denkens und Handelns. Aus dieser Identifikation mit mir »leiht« sie sich männliches Begehren, männliches Denken und männliches Verhalten. Ihre »Liebe« zu einer Frau ist eine Überkompensation des Hasses auf die Mutter, weil diese sie unvollständig geboren hat, und Rache an mir. Diese Liebe hat also letztlich nichts mit einer wirklichen Liebesbeziehung zu tun. So lebt auch sie, wie die heterosexuelle Frau, nur durch mich. Wenn sie unter ihrer Orientierung leidet, bin nicht ich schuld, sondern sie, weil sie ihre »natürliche Weiblichkeit« verleugnet. Sie klebt zwanghaft an ihren Rachegefühlen, weshalb sie ihre Bisexualität nicht leben kann. Ich könnte grundsätzlich auch Männer lieben, worauf ich freiwillig verzichte, weil ich nicht zwanghaft lieben muß.

Weil dies so ist, brauche ich nie zu befürchten, daß:
- sie ein eigenes Begehren hat, das mit meinem nichts zu tun hat und das ich nicht kenne;
- ich ihr letztlich gleichgültig bin und sie mich deshalb innerlich abweisen kann, ich also weniger wichtig werden könnte als eine Frau;
- sie meinen Penis nicht braucht, weil sie ein eigenes befriedigendes Geschlechtsorgan besitzt und ohne mich genießen kann;
- sie mit ihrer Liebe zu einer Frau mir Konkurrenz machen könnte,

denn es ist ja eine Pseudoliebe, die auch in ihrem Racheaspekt letztlich doch mich meint;
– ich sie um etwas beneiden müßte, weil sie etwas hat, was sie womöglich für eine Frau attraktiver macht als mich, denn sie ist ja neidisch
  auf mich (und sie hat nur, was sie durch mich sich angeeignet hat);
– sie mir etwas wegnimmt, was ich dringend brauche, die Wärme,
  Zärtlichkeit und Liebe einer Frau;
– ich an ihr schuldig werden könnte, denn nicht ich lehne sie ab, sondern sie mich.

Diese Überzeugung schützt mich vor Ängsten und Unsicherheiten. Sie
bestärkt mich, daß ich stolz sein kann, ein Mann zu sein.

Struktur und Funktion dieser unbewußten Phantasie

Sinn dieser unbewußten Phantasie ist demnach die Selbstberuhigung
und Selbstversicherung in der männlichen Identität, die durch bestimmte
Abwehrmechanismen der Verleugnung, Projektion und Verschiebung bewerkstelligt werden. Diese Abwehrstrukturen sind nach der Theorie der
Psychoanalyse in sehr früher Kindheit entstanden. Sie entstammen dem
Weltbild eines circa drei- bis fünfjährigen Knaben, nachdem er den Geschlechtsunterschied entdeckt hat. Ein Teil der Theorie entstammt also den
unverarbeiteten Ängsten und Größenphantasien des kleinen Knaben Sigmund Freud, der sich als Penisträger in den Mittelpunkt phantasiert und
um sich herum die »kastrierten«, auf ihn neidischen Frauen gruppiert.
 Weiter fand ich in den Texten einen besorgten Vater einer lesbischen
Tochter, die er zwar wegen ihrer verfehlten Weiblichkeit bedauert, die er
jedoch auch bewundert, weil sie ja nur so geworden ist wegen ihrer besonders großen Liebe zu ihm. Wegen der Intensität an vorangegangener Liebe
ist auch die Enttäuschung besonders groß, die möglicherweise ein Leben
lang nicht aufgelöst werden kann.
 So scheint bei der Konstruktion der Texte zur weiblichen Homosexualität ein sehr komplexes Abwehrsystem am Werk gewesen zu sein, das
drei Strukturen enthält, die eine spezifische Legierung eingegangen sind.

Einmal wird die Welt des »phallischen Knaben« sichtbar, der die Mutter noch ohne Kastrationsangst liebt, dann ist auch die Welt des »ödipalen« Jungen zu erkennen, der sich wegen seiner Kastrationsängste die Mutter vom Leib halten muß. Dann wiederum kommt der reale, um eine Tochter besorgte Vater in den Blick.

Durch diese väterlichen widersprüchlichen Gefühle erklären sich auch die Widersprüche in Freuds Schriften zur Homosexualität, die immer wieder zwischen Akzeptanz und Abwertung schwanken. Spätere analytische AutorInnen haben offenbar mit solchen Widersprüchen nicht zu kämpfen. Sie schlugen sich klar auf die Seite der Abwertung.

Die Freudschen Phantasien können immer noch für die allgemeineren Phantasien des patriarchalen Mannes stehen, da mit geradezu irrationaler Hartnäckigkeit seine Theorien immer weiter tradiert werden. Dies ist nur möglich, weil sie offenbar eine kollektive unbewußte Phantasie der patriarchalen Gesellschaft reflektieren. Eine Theorie ist nur so lange erfolgreich, solange sie mit einem großen Teil des »gesellschaftlichen Unbewußten« übereinstimmt. In diesem Fall ist sie sogar dann noch erfolgreich, wenn sie wissenschaftlich schon längst nicht mehr haltbar ist.

Wenn wir uns auf die »Mängel« konzentrieren, die der lesbischen Frau in dieser unbewußten Phantasie angedichtet werden, dann sind dies letztlich dieselben Mängel, die Rohde-Dachser (1991) in ihrer Analyse der Freudschen Weiblichkeitskonstruktionen (S.64) herausgearbeitet hat. Denn für Freud unterscheidet sich die lesbische Frau ja nur darin von der heterosexuellen, daß sie wegen der Intensität der Neid- und Rachegefühle ihre Kastration, ihr mangelhaftes Dasein und ihre Bezogenheit auf den Mann verleugnet. Sie ist also eine Frau, die

- keine vom Mann unabhängigen Wünsche und Interessen hat;
- keine vom Mann unabhängige Lust;
- kein autonomes sexuelles Begehren;
- kein eigenes Genital;
- keinen anderen wertvollen Besitz;
- keine eigene Macht hat.

Und:

- keine/r ist ihr wichtiger als der Vater;
- sie kann mit ihm nicht konkurrieren;
- sie erhebt keinen Vorwurf.

Das Abgewehrte wird sichtbar

Kehrt man diese Mängel um, dann kommt nach Meinung von Rohde-Dachser das heraus, was der patriarchalische Weiblichkeitsentwurf, für den hier die Theorie Freuds steht, befürchtet, was er deshalb nicht denken darf. Diese »andere« Frau, wie Rohde-Dachser (1991, S.64) sie nennt, ist eine subjekthafte Frau mit folgenden Eigenschaften:
unabhängig – mit Macht ausgestattet – mit eigenem Begehren– mit dem Besitz ihres eigenen Körpers und ihrer Sexualorgane – neidlos auf den Mann – mit eigenen Werten.

Für Rohde-Dachser ist diese Frau eine Art Vision, die es wohl bis heute nur als Idealbild für Frauen gibt; eine Gestalt, der wir uns erst langsam, mit zunehmender Sensibilisierung für unsere Fesseln und unsere Unterdrückungen im Patriarchat nähern. Und sie fragt, was passieren würde, wenn es dieser Frau gelänge, in die Realität zu treten.

Nach den 16 Interviews und vielen Gesprächen, die ich mit lesbischen Freundinnen in den letzten Jahren geführt habe, muß ich feststellen, daß die oben gegebene Beschreibung der subjekthaften Frau den Selbstdarstellungen dieser lesbischen Frauen sehr nahekommt. Wenn wir die Autorin Rohde-Dachser als Prototyp einer reflektierten heterosexuellen Frau in unserer heutigen Zeit annehmen, dann müssen wir feststellen, daß das Idealbild heterosexueller Frauen von der selbstbewußten, subjekthaften »anderen« Frau einige Ähnlichkeiten mit der Lebensweise vieler lesbischer Frauen aufweist. Offenbar ist dies der Autorin nicht aufgefallen. Müssen heterosexuelle Frauen den lesbischen Lebensentwurf so weit aus ihrem Bewußtsein verdrängen, daß ihnen das Bild von der aus patriarchalen Fesseln befreiten Frau nur als Ideal erscheint, das in noch relativ weiter Ferne liegt? Ich meine damit nicht, daß alle lesbischen Frauen so selbstbewußt und autonom leben, wie das Bild der »anderen« Frau es darstellt. Auch unter lesbischen Frauen lassen sich alle neurotischen, somatischen, psychotischen Schwierigkeiten nachweisen wie bei heterosexuellen Frauen. Häufig müssen sie sich noch zusätzlich mit sozialen Behinderungen herumärgern, die aus der gesellschaftlichen Diskriminierung ihres Lebensstils erwachsen. Es gibt jedoch auch »gesunde«[1] lesbische Frauen, die mit ihrer Orientierung in ihren Beziehungen und in ihrer Umwelt zufrieden leben.

– Diese »normal-gesunden« lesbischen Frauen leben in der Regel ökonomisch und emotional unabhängig vom Mann und zumindest ökonomisch auch unabhängig von Frauen. Dadurch schleichen sich kaum asymmetrische Rollenverteilungen ein, die in heterosexuellen Beziehungen meist auch ein Machtgefälle nach sich ziehen. Sie leben in der Regel beide von ihrem eigenen Gehalt. Wenn es zu viele emotionale Konflikte gibt, wenn sie sich nicht mehr lieben, halten sie in der Regel keine Kinder und keine ökonomischen Verhältnisse zusammen. In der lesbischen Beziehung sind Frauen also auch emotional weniger abhängig als in der heterosexuellen Beziehung. Unbefriedigende Verhältnisse werden nicht jahrelang weitergelebt, wie dies in heterosexuellen Beziehungen häufig der Fall ist.

– Sie haben zwar wenig Anteil an der »herrschenden« Macht, die kontrolliert, anordnet, befiehlt. Aber sie empfinden sich mit Eigen-Macht ausgestattet, denn in aller Regel organisieren sie ihr Leben aus sich selbst, nach ihren Wünschen und Ideen. Sie leiden selten an der im Patriarchat am häufigsten anzutreffenden Frauenkrankheit, der von einem Mann abgeleiteten Identität. Lesben können kaum mit dem Beruf ihrer Freundin prahlen oder mit deren Geld oder Prestige, denn meist halten sie die Beziehung geheim. So müssen sie ihr Selbstbewußtsein aus eigenen Quellen beziehen.

– Lesbische Frauen haben ein eigenes Begehren nach der Frau. Es ist kein verkapptes heterosexuelles Begehren, in der Art, daß eine »männlich« fühlende Frau eine Frau begehrt oder umgekehrt. Im lesbischen Begehren

---

1 Unter Gesundheit verstehe ich eine körperliche und psychische Verfassung, in der die Lebensfreude die alltäglichen Frustrationen überwiegt und das Verhalten so gestaltet werden kann, daß dadurch weder die eigene Person noch andere länger verletzt werden.

wird meistens keine verschleierte Mann-Frau-Beziehung gelebt. Natürlich kommt es vor, daß Lesben in ihrer Sexualität spielerisch verschiedene Rollenmuster wie Mann–Frau, Mutter–Kind, aber auch Kind–Kind, Mann–Mann, Frau–Frau, Hure–Heilige, Dominante–Abhängige und vieles mehr inszenieren. Aber es gibt keinen Zwang zur Mann-Frau-Rolle. Anzunehmen, daß es ein Begehren jenseits von Mann-Frau-Beziehungen gibt, ist schwer zu vermitteln. Denn es dreht sich um eine jahrelang gepflegte kollektive Phantasie. Aus den meisten Theorien zu männlicher und weiblicher Entwicklung, aus den Theorien, die unser Geschlechterverhältnis beschreiben– ob sie nun von Feministinnen oder von »traditionellen« Wissenschaftlerinnen stammen –, können wir die unbewußte Phantasie herauslesen, daß es nur eine Form der Anziehung, die heterosexuelle, gibt. Daher fällt es diesen Frauen wohl auch so schwer, sich Alternativen zu einem Leben mit einem Mann vorzustellen.

Die These, daß es Anziehung unabhängig vom Mann-Frau-Verhältnis gibt, ist unbequem, denn sie zwingt uns, tief verwurzelte Vorstellungen von Sexualität loszulassen. Sie führt uns dazu, wieder neu über dieses Phänomen des Sexuellen nachzudenken. Schon Helene Deutsch (1948) hat darauf hingewiesen, daß Lesben unter sich häufig rein weibliche Bedürfnisse befriedigen: Kein Mann kann dir das geben, was ich dir geben kann! Luce Irigaray nennt das weibliche Begehren:

»Die Lust an Zärtlichkeiten, an Worten, an Vorstellungen und Darstellungen, die ihr etwas von ihrem Geschlecht, von ihren Geschlechtsorganen – von der Vielfältigkeit ihres Geschlechts – ins Gedächtnis zurückbringen... Es gewährt ein narzißtisches Wohlbehagen, mit einer regressiven Beziehung zu einer ›guten‹ Mutter zu spielen... Genuß, Taumel des Einverständnisses, der Übereinstimmung mit der Gleichartigen« (1980, S.130f.).

Dieses Begehren nach einer »Ähnlichen« und nicht nach dem Mann könnte den männlichen Narzißmus aus den Angeln heben. Denn die »andere« Frau, die subjekthafte Frau, die ihr Begehren nicht auf ihn richtet, wird ihm nicht mehr als Spiegel dienen. Das narzißtische Universum des Mannes gründet jedoch auf der objekthaften Frau oder auf der einstigen »guten«, völlig selbstlosen Mutter, deren glänzender Blick das ganze Leben lang auf dem Sohn/Mann ruhen soll. Wenn sie sich abwendet, könnte ihm seine Abhängigkeit schmerzlich bewußt werden, müßte er sich seine lebenslange Rolle als Sohn einer versorgenden Mutter bewußtmachen, wo er sich doch als überlegen und dominant »halluziniert«. Er müßte beginnen, zu einem vollständigen, in sich ruhenden Menschen heranzureifen, der auf die »Wahnidee« einer kastrierten, von ihm abhängigen Frau verzichten kann.

Obwohl heute schon viele Frauen und Männer aus den alten Rollenklischees aussteigen wollen, scheinen sich diese Veränderungen noch eher an der Oberfläche abzuspielen. Wir wissen noch nicht, wie Frauen ihre neuen Vorstellungen dauerhaft verwirklichen können, welche Ängste und Krisen sie durchmachen und wie sie diese bewältigen, ohne wieder in die alten Rollenmuster zurückzufallen. AutorInnen, die die Möglichkeiten des Begehrens der Frau nach der Frau und nach sich selbst nicht mitdenken, arbeiten an der Festigung dieses unbewußten, kollektiven Auftrages an die Frau, das männliche Selbstbewußtsein und das phallozentrische Weltbild immer und immer wieder zu spiegeln und zu erhalten.

Trotzdem gelang es dem Patriarchat nicht, die Sehnsucht der Frauen nach der Frau vollständig zu eliminieren. Im Verborgenen, unter dem Deckmantel des Stigmas oder des »Abnormen« blieb diese ursprünglichste aller weiblichen Sehnsüchte immer erhalten. »Der Körper einer Frau hat etwas einzigartig Befriedigendes, das der Körper eines Mannes nicht bieten kann«, schreibt Nancy Friday (1991, S.233).

»Frauen wissen, wie man eine andere Frau liebt, und zwar die ganze Zeit über, und nicht nur, wenn es Zeit ist, miteinander ins Bett zu gehen und einen Höhepunkt zu bekommen«, sagt June (in:Friday, S.235).

Nach Fridays Angaben wollen Frauen heute mehr Zärtlichkeit, mehr weiche Haut, mehr Umarmung und viel mehr Brust, kurz gesagt also mehr von dem, was eine Frau bieten kann. Vielen Frauen ist es nicht bewußt, weshalb sie diese Qualitäten vergeblich beim Mann suchen. Eine der von mir interviewten lesbischen Frauen, die einige Jahre heterosexuell gelebt hatte, beschreibt ihr Begehren so:

»Es ist eine Sehnsucht nach Harmonie, nach einem tiefen Verstehen, das entsteht, wenn die Gegensätze nicht so weit auseinanderfallen wie zwischen Mann und Frau. Natürlich ist jede Frau verschieden. Aber in der Liebe zwischen zwei Frauen halten sich Unterschiedlichkeit und Gleichheit die Waage. Daher gibt es gleichermaßen Lust an Unterschieden, aber auch Lust am Erkennen des Gleichen. In der Mann-Frau-Beziehung gibt es viel mehr Fremdheit, die die Frauen häufig hindert, ihre eigenen Wünsche zu erkennen, geschweige denn befriedigt zu bekommen. Um wenigstens ein bißchen Harmonie zu sparen, sind sie bereit, sich den Bildern der Männer über Weiblichkeit zu unterwerfen.«

In einem von Gambaroff (1987) aufgezeichneten Gespräch sagt Susanne über die Beziehung zu ihrem Freund:

»Alles, was ich fortan gemacht habe, mußte seinen Segen haben: meine Art, mich zu geben, zu denken, zu fühlen. Auch meine Kleidung, meine Frisur, mein Aussehen. Überhaupt meine ganze Erscheinung, mein ganzes Wesen, ich, alles… Ich wollte für ihn die weiblichste Frau der Welt sein« (S.18, 19).

Für eine lesbische Frau ist der weibliche Körper mit den weiblichen Sexualorganen hochgeschätzt. Eine lesbische Interviewpartnerin mit heterosexueller Vergangenheit sagte dazu:

»Männer finden ja meist nicht einmal die Klitoris. Sie haben oft keine Ahnung vom Inneren der Vagina. Sie wissen meist nicht, wo der G-Punkt ist. Diesen können sie mit ihrem Penis auch gar nicht erreichen. Die Hand und die Zunge einer Frau kommen in die verborgensten Winkel der weiblichen Sexualorgane, weil sie diese von sich selbst her kennt. Ich liebe es, die Möse meiner Freundin zu streicheln, zu sehen, wie unter meiner Hand ihre Klitoris anschwillt. Ich liebe es auch, ihre Brüste zu liebkosen, mich hineinfallen zu lassen in diese Wärme und Weichheit. Dem männlichen Körper fehlt das alles. Er war mir immer zu hart.«

Daß lesbische Frauen unbewußt ein unvollständiges Körperbild haben, in dem es die Vagina nicht gibt, daß sie im Geschlechtsverkehr mit einer Frau diese unbewußt an ihrer Freundin suchen, um das eigene Körperempfinden zu vervollständigen, wird von der Analytikerin Siegel (1988) behauptet. Sie ging von ihren zwölf Patientinnen aus, von denen nur zwei eine längere lesbische Beziehung lebten. Vielleicht war es bei diesen beiden so. Es ist jedoch absurd, daraus auf alle lesbischen Frauen schließen zu wollen. Umgekehrt könnten wir konstruieren, daß heterosexuelle Frauen nur deshalb mit einem Mann schlafen wollen, weil sie unbewußt immer noch den Penis des Vaters zu ihrer eigenen Vervollständigung suchen. Vielleicht empfindet sich Siegel ohne Penis als unvollständig, weshalb sie meint, daß auch Lesben sich genital unvollständig fühlen müssen.

Bei keiner einzigen meiner Interviewpartnerinnen konnte ich derlei unbewußte Phantasien erschließen. Sie hatten ein unkompliziertes Verhältnis zu ihrer Vagina und der ihrer Freundin. Die meisten liebten abwechselnd beides, die Klitoris zu streicheln oder in die Vagina einzudringen. Jedoch war das sexuelle Empfinden nicht ausschließlich – nicht einmal hauptsächlich – auf die Sexualorgane fixiert. Die Lust ist eine Lust an der ganzen Person. Eine Interviewpartnerin erzählt:

»Ich empfinde meine Partnerin an jeder Körperstelle erotisch, ihre Schultern erregen mich, ihr Bauch, ihr Rücken, die Linien in ihren Handflächen, auch ihr Verhalten finde ich erotisch, wie sie geht, wie sie einen Apfel ißt, mit welchem Schwung sie ihre Autotüre zuknallt, ihr unsicheres Lächeln, wenn sie nach einem Streit wieder auf mich zukommt.«

Eine Frau, die jahrelang in einer Ehe gelebt hatte, erzählt folgendes über den Unterschied in der Sexualität mit dem Mann und ihrer Freundin:

»Sexualität mit meiner Freundin fühlt sich für mich ganz anders an, ganzheitlicher. Da spüre ich mich überall im Körper. Nicht nur den Körper spüre ich intensiver, auch meine Gefühle sind viel intensiver. Das Zusammenleben mit dem Mann, das hat schon auch Spaß gemacht, da hatte ich auch meinen Lustgewinn. Ich hatte zum Beispiel nie Probleme, zum Orgasmus zu kommen. Das war aber rein körperlich. Mit 'ner Frau, da kommt noch das Emotionale dazu, das macht das Ganzheitliche aus. Da kommt noch das Gefühl der Geborgenheit dazu, entweder selbst Geborgenheit geben oder nehmen. Mit dem Mann war das einfach ein prickelndes, schönes Körpergefühl.«

Neid auf Männer konnte ich bei den lesbischen Interviewpartnerinnen kaum feststellen, ebensowenig wie Haß. (Den fand ich mehr bei heterosexuellen Frauen.) Männer waren ihnen einfach gleichgültig. Daraus erwuchs in der Regel ein freundlich distanziertes, eher als neutral zu beschreibendes Verhältnis. Die meisten lesbischen Frauen waren allerdings entweder im Beruf oder in irgendwelchen Frauenprojekten stark engagiert. Dies würde von »traditionellen« analytischen Autoren als »phallisches« Verhalten interpretiert werden. Und damit könnten sie sich beweisen, daß Lesben eben doch einen »Männlichkeitskomplex« im Sinne Freuds haben. Solche Gedankenakrobatik ist jedoch nur dem möglich, der immer noch der unbewußten Phantasie der kastrierten Frau nachhängt, zu deren Weiblichkeit es gehört, auf alle selbständige Lebensgestaltung zu verzichten.

Die Mehrzahl der von mir interviewten Lesben hatte ein vom Patriarchat relativ unabhängiges Wertesystem. Schuldgefühle bezüglich ihrer lesbischen Lebensweise konnte ich kaum feststellen. Dies überraschte mich, da in älteren Berichten über lesbisch lebende Frauen die verheerenden Folgen der Diskriminierung, an denen Lesben leiden, besonders hervorgehoben werden. Die von mir interviewten Lesben sind vielleicht nicht repräsentativ, da alle intensive Kontakte zu anderen Lesben pflegten, also sich in einem lesbischen Netzwerk relativ sicher fühlten. Lesbische Frauen, die recht isoliert und »verdeckt« leben, dürften sich unsicherer und unfreier fühlen. Meine Interviewpartnerinnen genossen ihren Lebensstil, ohne ihn verbissen zur Schau zu tragen oder beschämt zu schweigen. Besonders diejenigen, die vorher jahrelang heterosexuell gelebt hatten, priesen geradezu euphorisch ihre neuen Gefühle und Empfindungen. LO, die 25 Jahre in einer Ehe ausgeharrt hatte, sagte:

»Seit ich entdeckt habe, daß ich Frauen lieben kann, merke ich wieder, daß ich ein sexuelles Wesen bin. Das ist mir in meiner Ehe abhanden gekommen. Nun habe ich sexuelle Empfindungen, die habe ich in meinem ganzen Leben noch nicht gespürt. Ich habe den Eindruck, endlich heimgekommen zu sein zu meinem ureigensten Wesen, mit mir identisch leben zu können. Ich ›sehe‹ heute viel klarer, wie sich meine heterosexuellen Freundinnen von ihren Männern dominieren lassen. Aber wenn ich ihnen das sage, würden sie mich für verrückt halten. Sie merken das nicht. Ich habe das in meiner Ehe auch nicht gemerkt, ich durfte es nicht merken, sonst hätte ich meine Situation nicht ausgehalten. Viele meiner Freundinnen aus der damaligen Zeit leben schon längst keine Sexualität mehr mit ihrem Mann. Sie sagen, daß sie diese Zeit hinter sich hätten, daß sie zu alt dazu seien. Mit solcherlei Gedanken hatte ich mich damals auch beruhigt.

Hätte man mich damals gefragt, ob ich eine glückliche Ehe führe, hätte ich ja gesagt.«

Diese Frau ist sich bewußt, daß Lesben in dieser Gesellschaft immer noch diskriminiert werden. In ihrem Beruf sagt sie nichts über ihre neue Lebensweise. Jedoch versucht sie, die äußere Diskriminierung nicht zu einem innerpsychischen Problem zu machen. Natürlich gibt es immer noch viele lesbische Frauen, die die gesellschaftliche Homophobie verinnerlicht haben und sich selbst irgendwie schlecht und unannehmbar fühlen. Allerdings scheint die Zahl derjenigen Lesben zu wachsen, die selbstbewußt und unverkrampft ihren Lebensstil einfach genießen. Auch auf diesem Gebiet hat die Frauenbewegung einiges »bewegt«.

Eine wesentliche Angst, die von der bloßen Existenz der lesbischen Frau ausgeht, ist die Angst des Mannes, unwichtig zu sein. Die lesbische Frau führt dem Mann und anderen Frauen vor Augen, daß er nicht unbedingt gebraucht wird, um ein erfülltes Leben zu leben. Daß der Mann überflüssig sein könnte, trifft den männlichen Narzißmus im Kern. Und weil frau ihn nicht braucht, werden auch seine Sehnsüchte nach diesem Körper, der alles verspricht, nicht erfüllt. Nicht einmal wenn er sich als Sohn anbietet, besteht Aussicht auf Erfüllung. Die »andere« Frau könnte die verlogenen unbewußten Phantasiebilder der »patriarchalen« Frau, dieses männlichen Kunstproduktes, aufdecken. Die lesbische Frau hat diese Lügen schon längst entlarvt. Ihr Körper ist dem Manne nicht verfügbar, sie dient ihm nicht als Spiegel, sie braucht nicht seinen Phallus. Dies konfrontiert Männer mit Ungenügen, Ohnmacht, mit der Wahrnehmung ihrer Abhängigkeit von der Beziehungsfähigkeit der Frau. Was auf die heterosexuelle Frau bestenfalls unbewußt projiziert wird, nämlich, daß sie bedrohlich, irgendwie dämonisch, gewalttätig und böse ist, schlägt der lesbischen Frau häufig ganz offen ins Gesicht.

Menschen, die sich in der Liebe nicht den patriarchalen Normen unterwerfen, können auch auf anderen Gebieten weniger leicht beherrscht werden. Die lesbische Frau ist nicht nur eine Bedrohung bezüglich der emotionalen Bedürfnisse des Mannes an die Frau, sie kann auch – in der kollektiven unbewußten Phantasie – zur Bedrohung der bestehenden gesellschaftlichen Verhältnisse werden. Da sie von männlicher Zuwendung nicht abhängig ist, läßt sie sich im Beruf weniger leicht manipulieren, kann sie unabhängig von männlicher Akzeptanz Entscheidungen treffen und ihre Karriere planen.

So »maßt« sich die lesbische Frau an, nach ihrem eigenen Gesetz, ihrem eigenen Begehren zu leben. Deshalb muß »man« sich von ihr auch bedroht fühlen, deshalb muß »man« sich auch vor ihr schützen.

Die auch heute noch gängigen Abwehrmanöver gegenüber lesbischen Frauen sind, sie unsichtbar, krank und/oder lächerlich zu machen, wenn man sie schon nicht mehr ausrotten kann wie noch in der Nazi-Zeit.

In diesen nicht sehr unbewußten Vorstellungen spiegelt sich das, was Rohde-Dachser als den »doppelten Weiblichkeitsentwurf im Diskurs der Psychoanalyse« bezeichnet hat, nämlich einmal die lesbische Frau als kastrierte, in ihrer weiblichen Entwicklung stehengebliebene Frau und zum anderen die bedrohliche, böse Frau, die es nur darauf abgesehen hat, den Mann zu kastrieren.

Zementierung des »Anormalen«

Es gibt gegenwärtig wenig analytische AutorInnen, die sich ausführlich mit dem Thema der weiblichen Homosexualität befassen. Wer entsprechende Literatur sucht, muß immer noch in psychoanalytischen Lehrbüchern bei den Kapiteln »Krankheitslehre« oder »Psychiatrische Krankheitsbilder« (Loch, 1971) unter dem Stichwort »Perversionen« (Loch, Fenichel, 1975; Kuiper, 1966) nachschauen.

Ausführlicher haben sich Socarides (1971), McDougall (1985 und 1988), Masud R. Khan (1983) und Siegel (1988) mit weiblicher Homosexualität auseinandergesetzt.

Vergleichen wir die Schriften von Freud bis zu den AutorInnen, die Ende der achtziger Jahre über dieses Thema geschrieben haben, so ist sehr auffällig, daß der Trend in der Psychoanalyse in Richtung Pathologisierung ging. Damit hebt sich die analytische Theoriebildung merkwürdig makaber ab von den Ergebnissen der empirischen Sozial- und Sexualforschung, die gerade in die gegenteilige Richtung weisen.

McDougalls Theorie: Verleugnen Lesben die Realität?

Am Beispiel von Joyce McDougall (1985), die in analytischen Kreisen als Autorität auf dem Gebiet der weiblichen Homosexualität gilt, versuche ich herauszufinden, was heutige AnalytikerInnen bewegt, am Pathologiemodell der Homosexualität festzuhalten.

Für McDougall ist offenbar klar, daß weibliche Homosexualität zu den Perversionen zählt. Ihre Theorie läßt sich folgendermaßen zusammenfassen:

– Homosexuelle Frauen scheitern am ödipalen Drama. Es »gelingt« ihnen nicht, sich mit der Mutter zu identifizieren, den Vater zu lieben und sich von ihm ein Kind zu wünschen. Sie verwehren es sich, den Vater zu lieben, weil eine zu narzißtische und zu kontrollierende Mutter dies verhindert. Die Mutter braucht alle Liebe der Tochter zur Aufrechterhaltung ihres mütterlichen Selbstwertgefühls. Mutter und Tochter zerstören oft gemeinsam den Vater als Autoritätsfigur. Die Abkehr vom Vater ist ein Geschenk an die Mutter, auf deren Liebe die Tochter nicht verzichten kann.

– Statt den Vater zu lieben, identifizieren sie sich mit ihm auf der anal-sadistischen Stufe. Fortan erlebt sie den Vater als ekelerregend, stinkend, häßlich, aggressiv. Da er in ihre Ichstruktur eingebaut ist, erlebt sie sich selbst genauso. Alle Männer wirken nun auf sie böse und ekelhaft.

– Die Identifizierung mit dem verstümmelten Vater beziehungsweise dessen Penis, der nicht mehr den Repräsentanten für Sicherheit und Stärke darstellt, lähmt die weitere Ichentwicklung und setzt die Person gnadenlosen Angriffen seitens des Überichs aus. Andererseits ist die Vateridentifizierung ein Bollwerk gegen den psychischen Zerfall. Das prägenitale Überich führt zu einer Ichschwäche und Lähmung zahlreicher Ichfunktionen.

– Mit der Mutter muß sie auf einer früheren Ebene verschmolzen bleiben. Sie idealisiert sie übermäßig, macht sie zum konfliktfreien Wesen und zur Quelle aller Sicherheit. Es gibt nur einen Körper, eine

Vagina für zwei. Sich von ihr zu trennen bedeutet, die eigene Identität zu verlieren.

– Die Tochter wird zum Phallus der Mutter, ein Ergebnis der Identifizierung mit dem Vater/Penis. Phallus ist ein Symbol für all das, was der Penis im Unbewußten der Menschen bedeuten kann. Für McDougall symbolisiert er alle Macht, Fruchtbarkeit, Vollkommenheit, Hoffnung, narzißtische Integrität und das gesamte Begehren für beide Geschlechter. Alles, was begehrenswert ist, hat demnach phallische Qualitäten. Das erste »phallische« Objekt für alle Menschen ist die Brust. Da der gesamte Körper der homosexuellen Frau nun zum Phallus geworden ist, bildet sie sich ein, in dieser Funktion wirklich Sexualpartnerin einer Frau sein zu können.

– Aufgrund der Identifizierung mit einem fragmentierten Vater/Phallus auf der anal-sadistischen Ebene lösen unbewußte Wünsche nach Besitz und Zerstörung große Angst aus, die in einer lesbischen Beziehung gebannt werden sollen. Da diese unbewußte Struktur jedoch nicht »geheilt« werden kann, brechen sadistische Wünsche immer wieder hervor. Deshalb sind lesbische Beziehungen höchst zerbrechlich. Um die ambivalenten Gefühle der Partnerin gegenüber in Schach zu halten, wird diese überidealisiert.

– Heilung hieße, die ödipale Situation zu akzeptieren, sich mit der männerliebenden Mutter zu identifizieren und die Verschmelzung mit ihr aufzuheben. Dies darf nicht sein, weshalb lesbische Frauen das »normale ödipale Drama« umschreiben. Das heißt, lesbische Frauen verleugnen ihre Kastration und die gesamte sexuelle Realität.

– Um die illusionäre Welt, die sich lesbische Frauen geschaffen haben, aufrechterhalten zu können, benützen sie eine Reihe neurotischer und psychotischer Abwehrkonstruktionen. Diese drehen sich hauptsächlich um Spaltungsmechanismen. Das Bild der Weiblichkeit wird gespalten in einen idealisierten und einen total kastrierten Teil. Der idealisierte Teil wird auf die Partnerin projiziert. Auch Sexualität wird in eine gute und eine böse aufgespalten. Die böse wird meist auf Männer projiziert. Die projizierten Teile können jedoch immer wieder ins Bewußtsein drängen, dann wird die Partnerin bedrohlich, dann sei nicht nur sexuelles Begehren, sondern auch der gesamte Lebenswille bedroht.

– Die Identifizierung mit dem Vater/Phallus, das heißt die Verleugnung der eigenen sexuellen Identität, hilft ihr, das zerbrechliche innere Gleichgewicht aufrechtzuerhalten und das Ich vor weiterem Zerfall und psychischem Tod zu schützen. Mit psychischem Tod, der durch die homosexuelle Struktur in Schach gehalten wird, meint sie wahrscheinlich den Ausbruch einer Psychose.

Der Text hinter dem Text:

Verleugnet die Realität die lesbische Frau?

Welches sind die unbewußten Botschaften, die uns McDougall mit ihrer Version der weiblichen Homosexualität vermitteln will? Bei meinem Versuch, den Text auf seine unbewußte Intention hin zu hinterfragen, kam ich zu folgender »Geschichte«:

Ich bin Vaters gute Tochter, denn ich gebe ihm meine ganze Liebe, wie er es sich wünscht. Und ich will Mutter werden, wie er und die gesamte patriarchale Welt es sich von Frauen wünschen. Den Vater und die männliche Autorität, den männlichen Phallus stelle ich nie in Frage, im Gegenteil, ich gestehe ihm alle Macht, Vollkommenheit, Sicherheit und Stärke zu. Ohne den Vater/ Mann/Phallus bin ich nichts. Da dies so ist, brauche und begehre ich ihn, um mich ganz zu fühlen. Ich habe nie andere sexuelle Wünsche als die nach dem Mann/Phallus. Ich liebe mein Geschlecht nicht, es hat ja nichts, was es mir geben könnte, ich identifiziere mich mit seinem Mangel. Da ich mich mit diesem Mangel nicht vollständig fühlen kann, sehne ich mich nach der benötigten Ergänzung, die der Phallus für mich ist. Da alle Frauen diesen Mangel haben, den alle mit dem Phallus füllen wollen, konkurriere ich mit ihnen um den Phallus. Meine Wünsche nach dem Mann/Phallus und meine Mutterrolle sind die einzige sexuelle Realität für eine Frau.

Alle anderen sexuellen Wünsche von Frauen, die meinen Vater/Mann in Frage stellen könnten, zum Beispiel das Begehren nach dem gleichen Geschlecht, sind krankhafte Verdrehungen der Realität, sind Wahngebilde, die nur wegen massiver Entwicklungsstörungen aufrechterhalten werden können. Wer andere Wünsche als die nach dem Vater/ Mann/Phallus hat, ist innerlich abgestorben, denn nur der Vater/Mann/Phallus ist der Garant für Leben, psychische Gesundheit, Ganzheit usw. Daher leben solche Menschen am Rande von Selbstmord und Geisteskrankheiten. Ich fühle mich lebendig und glücklich, weil ich zur »richtigen« und einzig gesunden (heterosexuellen) Identität gelangt bin. Dadurch muß ich mich nie von meinem Vater/Mann trennen, genieße immer seinen Schutz und fühle mich in der patriarchalen Gesellschaft geborgen.

Weil dies so ist, brauche ich nie zu befürchten, daß

- ich entdecken könnte, daß ich keinerlei eigenständige Aktivitäten, Lebensentwürfe, Gedanken, Wünsche entwickeln durfte;
- ich doch eigene Sehnsüchte und Begierden haben könnte, die mit dem Begehren nach dem Phallus nichts zu tun haben;
- meine Wünsche, meine Lebensgestaltung, mein Weltbild mit dem männlichen Auftrag, den männlichen Botschaften an mich kollidieren könnten;
- ich meine Wut bezüglich meiner abhängigen Existenz spüren könnte;
- ich den Haß und die Rache der Männerwelt spüren müßte, wenn ich mich emanzipieren würde;
- ich mich auf meine innere Einsamkeit und einen Zustand der Bilderlosigkeit, ohne vorgegebene Rollenanweisungen, Verhaltensschemata, ohne ein »Du sollst so und so sein« – auf einen Zustand des inneren Chaos einlassen müßte.

Der Text scheint zwei Intentionen zu haben. Zum einen enthält er eine Bestätigung des Vaters/Mannes und seiner Macht. Die Botschaft: »Ich bin so, wie du mich haben möchtest«, scheint auch für McDougall zu gelten. Aus dieser Versicherung scheint sie ihre einzige Identität, eine vom

Mann abgeleitete Identität zu erhalten. Diese Identität kann sie nur durch Abspaltung eigener Fähigkeiten und Möglichkeiten aufrechterhalten, indem sie versichert, kein eigenes Begehren, keine eigene Macht, Sicherheit, Vollkommenheit usw. zu haben, für all dieses den Vater/Mann/ Phallus zu brauchen.

Heterosexualität bedeutet also für sie, nur ein Begehren, eine Macht, eine Sicherheit, eine Stärke für zwei zuzulassen, nämlich seine. Heterosexualität heißt demnach auch, sich nie aus der Tochter-Rolle zu emanzipieren, denn dies würde den Haß des Vaters und des Patriarchats provozieren. Die Tochter-Rolle aufzugeben bedeutet ferner, sich den Ängsten vor Rache der Männer zu stellen, sich mit den innerlich auftauchenden Schuldgefühlen zu konfrontieren, die kommen, wenn Frauen beginnen, eigene, nicht rollenkonforme Wege zu gehen, die Angst vor den eigenen »unkontrollierten« Triebwünschen und Aggressionen auszuhalten und die Einsamkeit anzunehmen, die zunächst auftaucht, wenn frau patriarchale Beziehungsmuster, Rollenzuschreibungen und Weltbilder verläßt, die ihr eine gewisse Sicherheit gaben.

Zum anderen wirkt der Text auf mich wie eine vehemente Selbstversicherung. Lesbische Frauen scheinen McDougalls heterosexuelle Orientierung dermaßen zu bedrohen, daß sie ihnen den psychischen Tod androhen muß, um die eigene Gesundheit und die eigene Realität als die einzig richtige herausstellen zu können. Diese extreme Beurteilung lesbischen Lebens hat Abwehrcharakter. Dadurch, daß sie dem lesbischen Lebensentwurf alle Realität abspricht und ihn dem Bereich der Wahnideen zuordnet, kann sie eine unsichere weibliche sexuelle Identität stabilisieren. Sie versichert sich selbst, daß es keine gesunden Alternativen für eine Frau gibt, als Ehefrau und Mutter zu werden, auch wenn oder gerade wenn ihr vielleicht diese Rolle manchmal zu eng und unbefriedigend erscheint. Die Sicherheit, die die patriarchale Welt der sich unterordnenden Frau bietet, will sie nicht gefährden, auch wenn es eine Vater-Tochter-Sicherheit ist. Wenn frau sich dies nicht allzu bewußt macht und behauptet, daß es sowieso keine andere Identität für eine Frau gibt, daß man Versuche, aus der Welt der Väter auszubrechen, mit dem psychischen Tod bezahlen muß, dann ist die ewige Tochter-Identität wohl ertragbar.

Ihre unbewußte Botschaft wirkt resignativ. Was auch immer McDougall bewußt über Weiblichkeit geschrieben hat, ihre unbewußten Phantasien scheinen zu signalisieren, daß es für Frauen niemals eine eigene Identität jenseits der Welt der Väter geben kann. Nun ist McDougall nicht irgendwer. Ich halte sie für eine typische Repräsentantin einer modernen, intelligenten, aufgeschlossenen Frau und Analytikerin, die durch ihre Bücher sich einmischen, sich darstellen will und die heutige Konzepte zur weiblichen Identität mitentwickeln will. Da sich jedoch auch diese Frauen, wie ich zu zeigen versucht habe, unbewußt nicht aus ihrer Tochter-Vater-Bindung gelöst haben, müssen wir zu dem Schluß kommen, daß sich seit Helene Deutschs Weiblichkeitsbild im Unbewußten von Frauen bis heute wenig geändert hat. Erst wenn wir bereit sind, uns unsere abhängige »Identität« im gesamten Ausmaß klarzumachen – ein schmerzhafter Prozeß–, wenn wir bereit sind, unsere unbewußten Ängste ins Bewußtsein treten zu lassen, uns mit unserer Angst vor der möglichen männlichen Aggression und der eigenen Einsamkeit zu konfrontieren, wird sich Unbewußtes verändern, werden wir es nicht mehr nötig haben, immer und immer dieselben Macht-Ohnmacht-Rituale zu inszenieren. Dann wird das hervortreten können, was hinter der Mauer der Ängste steckt: das Bewußtsein einer freien, eigenständigen, unabhängigen Frau mit eigenen Gedanken, eigenen Gefühlen, eigenen Sehnsüchten, eigenem Wollen, eigenen Selbst- und Weltbildern, in erster Linie sich selbst und den eigenen Absichten verpflichtet.

Eine Freundin erzählte mir, daß sie panische, geradezu Todesängste bekam, als sie sich zum erstenmal bewußt überlegte, sich von ihrem Mann zu trennen. Sie hatte Angst, von einer Urgewalt bestraft zu werden, zum Beispiel befürchtete sie, wenn sie aus dem Haus ginge, könnte sie von einem Dachziegel erschlagen werden, oder ein Auto könnte sie überfahren. Nach einer Phase von Depression und Einsamkeit spürte sie, wie ihr massive Kräfte an Freude und Gestaltungswille zuwuchsen, durch die sie sich in ganz neue Gebiete vorwagte, durch die sie eine ungeheure Erweiterung ihrer Person erfahren hat.

Elaine Siegels Theorie. Alte Vorurteile neu verpackt

Auch in einer neueren Veröffentlichung über weibliche Homosexualität von E. Siegel (1989) sind Rückschritte gegenüber Freud zu verzeichnen. Sie bleibt in der traditionellen Vorstellung von der »Krankheit Homosexualität«. Bei ihr haben lesbische Frauen es nicht geschafft, ein vollständiges Körperbild zu entwickeln. Sie haben keine oder nur diffuse Empfindungen bezüglich ihrer Vagina. Im homosexuellen Akt versuchen sie hauptsächlich durch Spiegelung in der gleichgeschlechtlichen Partnerin ihr beschädigtes Körperbild zu heilen, indem sie durch sie ihre Vagina »finden« beziehungsweise empfinden lernen wollen. Frauen, die ihre »volle Weiblichkeit« entwickelt hätten, seien in der Lage, einen potenten männlichen Partner zu finden. Dann würde sich auch der Kinderwunsch einstellen. Frauen, die keinen Kinderwunsch haben, die sich nicht auf Männer einlassen wollen, zeigen dadurch, daß sie in ihrer Entwicklung nicht zu der »ödipalen Realität« gelangt sind, das heißt, sie sind präödipal fixiert. Als ein Kennzeichen dieser Fixiertheit fand Siegel bei lesbischen Frauen, daß diese in ihrer Kindheit nicht mit Puppen gespielt hätten. Das Puppenspiel wird für sie zum Symbol dafür, daß das kleine Mädchen innergenitale Reize nach außen bringen kann und so ein vollständiges Körperbild libidinös besetzen kann, in dem die Vagina integriert ist.

Um ihre Ideen der »vollen Weiblichkeit« zu rechtfertigen, worunter sie sich nichts anderes als eine heterosexuelle Mutter vorstellen kann, fällt Siegel nicht viel Neues ein. So beruft sie sich kurzerhand auf die biologische Gegebenheit eines angeborenen Kinderwunsches. Diese Uraltidee vom Tisch zu haben, hatten wir doch seit Freud geglaubt. Zweifellos gibt es solche von McDougall und Siegel beschriebenen Frauen, die die Sexualität als eine Art Sucht brauchen, um ihre Ichstruktur einigermaßen aufrechterhalten zu können. Nur gibt es diese Form von gestörtem Sexualverhalten auch bei Heterosexuellen. Nicht die sexuelle Orientierung ist Ursache für derlei Störungen, sondern bestimmte Defizite im Aufbau einer stabilen Ichstruktur während der ersten Lebensjahre. So kann auch eine heterosexuelle Beziehung vor tiefliegenden Ängsten, vor Depressionen und

Ichauflösung schützen, wie auch deren Beendigung Frauen und Männer in existentielle Krisen bis hin zu Selbstmordimpulsen stürzen kann.

Mythen des Heterozentrismus

So mußte ich leider feststellen, daß aus dem analytischen Lager seit Freuds Zeiten wenig Neues zum Thema der sexuellen Orientierung beigetragen wurde. Allen diesen Theorien liegen bestimmte unbewußte »Glaubenssätze« zugrunde, die die AutorInnen, wenn sie daraufhin angesprochen würden, wahrscheinlich mit Vehemenz zurückwiesen. Trotzdem können sie leicht aus vielen Texten herausgelesen werden:

1. Der Mythos, daß die Zweigeschlechtigkeit biologisch determiniert, also unveränderbar sei. Tatsächlich existiert eher ein morphologisches Kontinuum zwischen männlicher und weiblicher Gestalt, das die Geschlechtsteile mit einschließt. Die Einteilung in ausschließlich männlich oder weiblich ist also eine kulturelle Setzung (Hagemann-White, 1984, Butler, 1991). Margaret Mead machte 1961 darauf aufmerksam, daß einige Gesellschaften durchaus mehr als zwei Möglichkeiten der Geschlechtszugehörigkeit kennen (in: Hagemann-White).

2. Der Mythos von primären weiblichen und männlichen Eigenschaften ist ein kultureller Entwurf, der im Glaubenssystem des Heterozentrismus essentialisiert wird. Daß die Eigenschaften, die Menschen Männern und Frauen zuschreiben, in allen Kulturen variieren und sich über die Jahrhunderte völlig verändern, hat C. Meier-Seethaler (1988) ausführlich beschrieben.

3. Der Mythos, daß Sexualität hauptsächlich der Fortpflanzung diene. Dies tiefsitzende Vorurteil wurzelt in den Vorstellungen der gesamten christlich-patriarchalen Kultur, in der alles Sexuelle den Geruch des Bösen an sich hat, es sei denn, es steht im Dienste der Kinderzeugung. Auch wenn viele nicht mehr so plump argumentieren, schwingt das Vorurteil doch in subtilerer Form mit, wenn in analytischen Schriften immer wieder zur »vollen Weiblichkeit« automatisch Mutterschaft gezählt wird. Ich habe noch keinen analytischen Theorieentwurf gefunden, in dem die

Entwicklung zur Frau beschrieben wird. Frau wird mit Mutter gleichgesetzt, das heißt, die Entwicklungstheorien sind nur vollständig, wenn aus der Frau letztendlich eine Mutter geworden ist. Das Sexuelle wird in das starre Korsett des Reproduktionsgeschäfts gepreßt, und dabei geht offenbar häufig die Dimension des Lustvollen verloren. Nicht selten höre ich von Heterosexuellen: Die Homosexuellen leben nur für ihre Lust, uns überlassen sie das Kinderkriegen. Dabei ist der Hauch des Neids nicht zu übersehen.

Manche Frauen verhalten sich so, als ob es ihr unvermeidliches Schicksal gewesen wäre, Kinder in die Welt gesetzt zu haben, als ob sie keine Entscheidungsfreiheit gehabt hätten. Vergessen oder verdrängt wird dabei die Lust des Sexuellen, die in jeder Aktivität, in jedem Wunsch, in jedem Interesse, einschließlich des Wunsches, Kinder zu haben, mitschwingt. Wenn das Sexuelle auf den Bereich der Fortpflanzung reduziert wird und dies als unentrinnbares Schicksal gewertet wird und nicht als freie Entscheidung wahrgenommen werden kann, wenn alle anderen Färbungen des Sexuellen nicht wahrgenommen werden dürfen, dann erscheinen in der Tat viele Bereiche des Lebens farblos, mühselig, starr, leblos.

4. Der Mythos, daß Heterosexualität letztlich doch die »natürliche Ordnung« für Mann und Frau sei. In einer Analytikerinnen-Gruppe diskutierten wir über homosexuelle Beziehungen. Die heterosexuellen Kolleginnen gaben sich sehr offen und tolerant der Homosexualität gegenüber. Plötzlich, nach circa einer Stunde platzte eine Kollegin heraus: Aber Vagina und Penis sind doch immer noch die sich ergänzenden Organe, daher ist die natürliche Sexualität doch immer noch die heterosexuelle. Eine Antwort auf meine Frage, welches denn dann das Komplementärorgan für die Klitoris beim Manne sei, blieb sie mir schuldig. »Vergessen« hat sie auch, daß die Vagina auch noch andere Funktionen hat, als einen Penis zu beherbergen, zum Beispiel das Menstruationsblut abzuleiten.

5. Der Mythos vom gleichen, aufeinander bezogenen Begehren beider Geschlechter, das die höchste Erfüllung bringe, ist der Mythos von der Vereinigung zweier ansonsten unvollständiger Hälften, der Mythos von der Ergänzung der Geschlechter, von Yin und Yang. Er wird von allen weitergetragen, die alleine das heterosexuelle Geschlechterverhältnis im Blick

haben[2]. Viele heterosexuelle Frauen scheinen aber nur unter bestimmten Ausblendungen und Reduktionen ihrer Wahrnehmungen diese »höchste Erfüllung« erleben zu können.

Feministische Analysen über das alltägliche heterosexuelle Arrangement (Sauer-Burgard, Kathleen Barry, Kate Millet) zeigen, daß das, was angeblich als höchste Lust für beide Geschlechter verbreitet wird, am männlichen Erleben ausgerichtet ist. Als höchste Lust des Mannes wurde das Eindringen des Penis in die Vagina definiert. Alle anderen Variationsmöglichkeiten gehören demnach zum »Vorspiel« oder zur Befriedigung von »Partialtrieben«. Und da männliche Befriedigung sich mit solch reduziertem Vergnügen begnügt, muß die Frau »natürlicherweise« solches auch als höchste Lust anerkennen. Damit wird ihr reichhaltiges sexuelles Erleben unter die Gewalt des »Genitalprimats« gezwungen und hierarchisiert, was viele Frauen dann – weil sie nie etwas anderes erfahren haben – als normal empfinden.

Vernachlässigt wird dabei die Anatomie der Frau, ihre vielen erogenen Zonen (Klitoris, Brüste, Schamlippen, Bauch, Lippen, die ganze Haut kann an jeder Stelle erogene Zone sein), die bei jeder Frau variieren können. Vernachlässigt wird auch das psychische Erleben von Frauen. In der Hite-Studie (1976) hatten nur dreißig Prozent der Frauen regelmäßig einen Orgasmus während des »normalen« Geschlechtsverkehrs. Hingegen kamen fast alle Frauen bei masturbatorischen Aktivitäten regelmäßig zum Orgasmus. Viele berichteten, daß der masturbatorische Orgasmus irgendwie gewaltiger sei, daß Geschlechtsverkehr eher anderen Bedürfnissen diene, wie emotionale Zufriedenheit, Harmonie, Sicherheit, Wärme.

In meiner eigenen Befragung berichtete nur eine von 16 heterosexuellen Frauen, daß sie einen vaginalen Orgasmus erleben kann, während der Penis in der Scheide ist. Alle anderen bestätigten, daß sie leichter zum Orgasmus

---

2 Reimut Reiche (1990 S. 20) behauptet, daß im psychischen Aspekt des Orgasmus immer innere Bilder von einem Mann und einer Frau vorhanden seien, die miteinander verschmölzen. Weiter unten behauptet er jedoch, daß die Urerfahrung jedes Verschmelzungserlebens das Stillen des Säuglings an der Mutterbrust sei. Diese Urerfahrung erlebt jedoch ein weiblicher Säugling mit einer Frau. Sollte sich Reiche nur einen männlichen Säugling an der Mutterbrust vorstellen können?

kommen bei Streicheln der Klitoris mit der Hand oder bei oralem Sex. Viele Frauen berichteten, daß sie in Zeiten der Unfruchtbarkeit, während der Menstruation oder in den Wechseljahren empfänglicher für Sexualität wurden. Wenn frau noch die von Masters und Johnson gefundenen unterschiedlichen Rhythmen der sexuellen Erregung zwischen Mann und Frau berücksichtigt, dann muß festgestellt werden, daß das heterosexuelle Arrangement höchst konflikthaft ist, daß ein »gleiches Begehren« von Mann und Frau eher selten vorkommt.

Wer mit der heterozentristischen Brille die gleichgeschlechtliche Liebe betrachtet, wird sie mit Adjektiven wie »zu früh«, »zu spät«, »überhöht«, »fixiert«, »retardiert« im Vergleich zur Heterosexualität beschreiben. Es wäre nicht schwer, vom homosexuellen Standpunkt aus, mit ähnlichen Wörtern Heterosexualität zu skizzieren.

Die meisten tiefenpsychologischen Homosexualitätstheorien gingen vom Krankheitsmodell der Homosexualität aus. Sie sind daher für eine Beschreibung der »normalen« weiblichen Homosexualität unbrauchbar. Eine tiefenpsychologische Entwicklungstheorie des Lesbianismus gibt es noch nicht. Weiterführende Hinweise erhielt ich von den psychosozialen Untersuchungen zu sexuellen Lebensstilen.

5. Das Ende einer Krankheit

Homosexualität ist eine Variante sexuellen Erlebens und Verhaltens, die zum Beispiel bei Würmern, Wanzen, Fischen, Vögeln und Säugetieren und beim Menschen sicher seit Bestehen der Menschheit existiert. In vielen Kulturen wird sie akzeptiert oder zumindest toleriert. Bei manchen Indianerstämmen, in asiatischen und indonesischen Eingeborenengruppen genießen Homosexuelle hohes Ansehen als Schamanen oder Ratgeber (Sommer, 1990).

In unserem Kulturkreis erfuhr die Homosexualität eine Karriere von der Kriminalisierung zur Pathologisierung. Heute gibt es Anzeichen, die ein Ende dieser »Ära« – zumindest in der Theorie – signalisieren.

In den letzten 20 Jahren wurden hauptsächlich in den USA so viele Untersuchungen zum Thema Homosexualität durchgeführt, daß wir geradezu von einem neu entstandenen Forschungszweig, dem der Homosexuellenforschung, sprechen können. Meist empirisch ausgerichtete ForscherInnen versuchten, mit zahlreichen Forschungsmethoden der »Krankheit Homosexualität« zu Leibe zu rücken. Ihr »Forschungsgegenstand« waren zahlreiche unauffällige Homosexuelle, die nicht in den Behandlungszimmern von Psychotherapeuten zu finden sind. Sie gingen davon aus: Wenn Homosexualität eine Krankheit oder Perversion ist, dann müßte sich dies in vermehrter Symptombildung oder in vermehrter Äußerung von Leiden oder in auffälligen Verhaltensweisen nachweisen lassen. Erst dann wäre eine Ursachenforschung über die »Pathologie« sinnvoll.

Eine der ersten breit angelegten Untersuchungen führte 1969/70 Charlotte Wolff durch. Es war die umfassendste Untersuchung ihrer Zeit zu diesem Thema. Mittels Tiefeninterviews von zwei bis drei Stunden, eines Fragebogens, der 90 Fragen umfaßte, und eines autobiographischen Berichts befragte sie 123 lesbische und 108 heterosexuelle Frauen in England, was für eine einzelne Frau ohne Einbindung in ein Team eine enorme Arbeitsleistung war.

Ihre lesbischen Frauen äußerten signifikant[1] häufiger als die Kontrollgruppe, in der Kindheit und Jugend traumatische sexuelle Erlebnisse gehabt zu haben. Ebenso gab es unter den lesbischen Frauen vermehrt Angstneurosen, Selbstmordimpulse, depressive Reaktionen und Alkoholismus. Auch trat Homosexualität in den Familien von lesbischen Frauen häufiger auf als in den Familien der Heterosexuellen, was eventuell auf einen Anlagefaktor verweist.

Bell und Weinberg führten 1978 mit einem großen Team in dem Gebiet um San Francisco eine noch detailliertere Untersuchung durch, die die Ergebnisse von Wolff nicht bestätigte. Sie befragten in der unter »Kinsey-Report« bekannt gewordenen Studie 3854 homosexuelle Männer und 785 homosexuelle Frauen in einem persönlichen Interview, das 528 Fragen umfaßte und circa zwei bis fünf Stunden dauerte, über die verschiedensten Verhaltensweisen und Lebenssituationen.

Dies ist immer noch die umfassendste Studie, die je mit Homosexuellen durchgeführt wurde. Gleichzeitig wurde eine Kontrollgruppe von Heterosexuellen befragt. Die Ergebnisse zeigten, daß man Hetero- und Homosexuelle nicht als völlig getrennte Gruppen betrachten kann, die nichts miteinander zu tun haben. Die Autoren benützten eine sieben Punkte umfassende Skala, auf der sie die Versuchspersonen plazierten, je nachdem, ob sie ausschließlich homosexuelle (Punkt 0), mehr oder weniger homo- beziehungsweise heterosexuelle (Punkte zwischen 1–5) oder ausschließlich heterosexuelle Kontakte hatten (Punkt 6). Sie fanden, daß es eine Dichotomisierung zwischen Homo- und Heterosexualität nicht gibt, daß fast die Hälfte der amerikanischen Männer auf Werten zwischen 1 und 5 zu finden sind, was für die damalige amerikanische Öffentlichkeit wie eine Bombe einschlug und festgefügte Vorurteile gegenüber Homosexuellen erstmals ins Wanken brachte.

Bei Frauen war der Anteil der »ausschließlich Homosexuellen« (Punkt 0) noch geringer als bei den Männern. 83 Prozent der Frauen gegenüber 64

---

1 Signifikant ist eine Bezeichnung aus der Statistik. Sie besagt, daß ein gefundenes Ergebnis so weit verbreitet sein muß, daß es nicht mehr als zufälliges Ergebnis dieser einzelnen Untersuchung gewertet werden kann.

Prozent der Männer hatten irgendwann einmal in ihrem Leben heterosexuelle Koituserfahrungen. 67 Prozent von ihnen hatten dabei manchmal oder immer einen Orgasmus empfunden. 55 Prozent der Frauen gegenüber 33 Prozent der Männer hatten gelegentlich heterosexuelle Träume. Nur 1 Prozent der lesbischen Frauen empfanden heterosexuellen Sex als abstoßend! Frauen sind offenbar bisexueller als Männer. Diese Ergebnisse zeigen, daß die meisten lesbischen Frauen nicht aus Angst oder Ekel vor Männern lesbisch wurden, wie die tiefenpsychologische Literatur uns immer noch weismachen möchte.

Die meisten früheren Untersuchungen begnügten sich damit, Menschen als homosexuell zu definieren, wenn sie hauptsächlich mit gleichgeschlechtlichen Sexualpartnern verkehrten. Bell und Weinberg fanden, daß diese Klassifizierung viel zu simpel ist, daß es große Unterschiede im Lebensstil von Homosexuellen gibt, wie es auch verschiedene Lebensstile von Heterosexuellen gibt. Wir können nicht ohne weiteres die Lebensweise einer verheirateten, nicht berufstätigen Mutter mit der einer alleinlebenden berufstätigen heterosexuellen Frau in einen Topf werfen, nur weil sie dieselbe sexuelle Orientierung haben.

Ebenso gravierende Unterschiede gibt es unter den Homosexuellen. Die befragten Personen ließen sich bezüglich ihres Lebensstils in fünf verschiedene Gruppen einteilen. Die »Eng-Gepaarten« lebten in einer monogamen Beziehung, die »Offen-Gepaarten« lebten in einer Art offenen Ehe, die »Funktionalen« hatten viele sexuelle Kontakte, wollten jedoch nicht in einer festen Bindung leben, die »Dysfunktionalen« lebten ähnlich wie die »Funktionalen«, verurteilten sich jedoch wegen ihres Lebensstils häufig. Die »Asexuellen« lebten hauptsächlich alleine, konnten ihre Orientierung nicht gut annehmen und hatten viele sexuelle Probleme. Nur die letzten beiden Gruppierungen litten also unter ihrer sexuellen Orientierung. Sie hatten die gesellschaftliche Homophobie zu sehr in sich hineingenommen und verachteten sich selbst nun so, wie sie es von der Gesellschaft erwarteten. Unter den Lesben war die Gruppe der »Eng-Gepaarten« (38 Prozent) die größte und die der »Dysfunktionalen« (8 Prozent) die kleinste. Bei den Männern stellten die »Eng-Gepaarten« den geringsten Prozentsatz (14 Prozent) dar. Die Mehrzahl der lesbischen Frauen lebte also in zufriedenstellenden engen Beziehungen.

Bezüglich des allgemeinen Gesundheitszustands gab es keine signifikanten Unterschiede zwischen lesbischen und heterosexuellen Frauen, auch nicht bei den spezifischeren Symptomen wie Kopfschmerzen, Nervosität, Herzklopfen, Schwindelgefühle, psychosomatische Krankheiten, Depressionen und Paranoia. Nur bei einer Untergruppe, den »Asexuellen«, gab es ein signifikant höheres Vorkommen von Selbstmordgedanken als bei Heterosexuellen. Nach dem individuellen Glücksgefühl gefragt, waren die »eng gepaarten« Homosexuellen glücklicher und weniger einsam als die Heterosexuellen.

Nur die »Dysfunktionalen« und »Asexuellen«, die insgesamt nur ein Viertel der befragten Frauen darstellten, hatten mehr psychische Probleme und mehr Therapeutenkontakte. Bell und Weinberg folgerten daraus, daß »homosexuelle Erwachsene, die mit ihrer Homosexualität zurechtkommen, die ihre sexuelle Orientierung nicht bedauern und die sexuell wie sozial reibungslos funktionieren, keine größeren psychischen Probleme haben als heterosexuelle Männer und Frauen«.

Warum kommt Charlotte Wolff zu anderen Ergebnissen? Ich meine, daß dies mit der sozialen Situation in England zu tun hat. Gegenüber England ist San Francisco ein Paradies für Homosexuelle. Dort gibt es ganze Stadtviertel, die vorwiegend von ihnen bewohnt werden, sie haben Läden, Kneipen und Geschäfte. Wer dort wohnt, sieht fast nur seinesgleichen, so daß die in anderen Gegenden übliche Vorsicht, das Versteckspiel, das Mißtrauen, das nur Ängste und die verschiedensten psychischen Störungen erzeugen kann, in San Francisco wohl am wenigsten nötig ist. Daß soziale Diskriminierung vermehrt psychische Störungen verursachen kann, zeigen kulturvergleichende Untersuchungen, zum Beispiel zwischen Deutschland und Holland (Lautmann, 1977, S.15f.).

Die Ergebnisse von Bell und Weinberg wurden mittlerweile in einer überwältigenden Anzahl von Untersuchungen, die sich alle um die Frage drehten, ob Homosexuelle neurotischer sind als Heterosexuelle, bestätigt. Sandra Schwanberg (1985) verglich die Ergebnisse von 123 Untersuchungen aus den Jahren 1974 bis 1983 bezüglich derselben Frage. Nur in 20 Arbeiten, die allesamt von MedizinerInnen und PsychoanalytikerInnen stammten, wurden Homosexuellen mehr psychische Störungen bescheinigt als Heterosexuellen.

Gonsiorek (1982b) untersuchte die Arbeiten mit »negativem« Ausgang genauer und fand erhebliche Fehler in der Durchführung der Untersuchungen, zum Beispiel waren PatientInnenbeschreibungen darunter ohne heterosexuelle Vergleichsgruppe, oder es wurden nicht vergleichbare Gruppen verglichen wie PatientInnen mit NichtpatientInnen, GefängnisinsassInnen mit anderen heterosexuellen Gruppen, oder die untersuchte Gruppe war zu klein, so daß generalisierende Aussagen keine wissenschaftliche Relevanz besitzen. Gonsiorek meint, daß diese Arbeiten den heutigen hochentwikkelten wissenschaftlichen Anforderungen nicht gewachsen sind und daher nicht ernstgenommen werden können. Er verglich in seinen Arbeiten 1977 und 1982 sorgfältig ausgearbeitete psychologische Untersuchungen, in denen Hunderte Homo- und Heterosexuelle, eingeteilt nach vergleichbaren Untergruppen, mit den verschiedensten Methoden (Fragebogen, Tiefeninterviews, Projektive Tests, physiologische und psychosoziale Methoden) getestet wurden.

In den qualifiziertesten Studien wurden keine signifikanten Unterschiede zu Heterosexuellen bezüglich psychischer Störungen gefunden. Auch die Vergleiche von Meredith und Riester (1980) lieferten dasselbe Ergebnis. Weibliche Homosexuelle wurden zwar bedeutend weniger getestet (circa ein Viertel der Untersuchungen befaßte sich mit Frauen). Die Ergebnisse waren jedoch dieselben.

Gonsiorek meint deshalb schon 1982, daß die Frage, ob Homosexualität eine Krankheit sei, heute ausreichend beantwortet sei, und zwar mit Nein. Ernsthafte WissenschaftlerInnen könnten an den Ergebnissen der empirischen Homosexualitätsforschung nicht mehr vorbeigehen, ohne sich lächerlich zu machen, meint er. Das heißt natürlich nicht, daß es keine psychisch kranken Homosexuellen gibt, es heißt nur, daß psychosoziale Störungen bei Homo- und Heterosexuellen etwa gleich verteilt sind.

Die Suche nach einer »Krankheitsursache Homosexualität« erübrigt sich also. Und in der Tat sind in dem Zeitraum von 1979 bis 1983 in den USA Untersuchungen bezüglich der Diagnose Homosexualität nahezu ausgestorben (Watters, 1986). 1987 zog die Amerikanische Psychiatrische Vereinigung nach und strich die Diagnose Homosexualität aus ihrem

Repertoire. Kurze Zeit danach zog die Amerikanische Psychologische Gesellschaft nach. Sie erklärte:

1. Homosexualität ist keine Behinderung psychischer, sozialer oder beruflicher Fähigkeiten.
2. Menschen in psychosozialen Berufen sollten die Führungsrolle übernehmen in dem Bestreben, Homosexualität als Stigma und psychische Krankheit auszurotten.
3. Jede Diskriminierung gegenüber homosexuellen Menschen muß bedauert werden, und Gesetzgeber müssen veranlaßt werden, Maßnahmen zur Eindämmung von Diskriminierung zu ergreifen.

Auch im neuen ICD10, dem Diagnoseschlüssel der Weltgesundheitsordnung, wird Homosexualität nicht mehr als Krankheit dargestellt. Psychiater und Ärzte können zwar damit die Pathologisierungsbewegung nicht aus der Welt schaffen, einen erheblich schwächeren Schlag versetzen sie jedoch allemal den Anhängern der Defizittheorien.

In der Psychoanalyse gehen jedoch die Uhren immer noch anders (Künzler, 1992). Wie kommt es, so frage ich mich, daß gerade Psychoanalytiker immer noch an den Defizittheorien festkleben? Ich vermute, daß sehr wenige von ihnen es für nötig hielten, Ergebnisse aus der sogenannten »Bewußtseinspsychologie« zur Kenntnis zu nehmen. Üblicherweise wird die empirische psychosoziale Forschung mit dem Argument vom Tisch gewischt, daß damit nur das bewußte Erleben einer Person erfaßt werde, nicht jedoch die unbewußte Dynamik der Störungen. Wenn nun aber die Mehrzahl der Homosexuellen kaum neurotische Störungen aufweist, jedenfalls nicht in dem Ausmaß, daß sie Psychotherapeuten aufsuchen müssen? Dann bekommen TherapeutInnen sie nicht zu Gesicht. Die unterschiedlichen Ergebnisse schlichen sich nämlich aufgrund von zwei Denkfehlern ein, die entstehen, wenn man sich nur mit psychisch Kranken befaßt und zudem noch mit sehr wenigen – und sich für die Mehrheit der normalen, unauffälligen Homosexuellen nicht interessiert. Genauso verhielten sich die medizinischen und psychotherapeutischen

AutorInnen.[2] Bei der Interpretation ihres Materials gingen sie folgendermaßen vor:

— Sie stellten einen ursächlichen Zusammenhang her zwischen den Symptomen, derentwegen die PatientInnen kamen, und ihrer sexuellen Orientierung. Wer so vorgeht, der müßte auch Heterosexualität als schwere und weit verbreitete »Störung« diagnostizieren, denn die meisten PatientInnen, die zu uns kommen, selbst die meisten PsychotikerInnen, leben heterosexuell.

— Dann meinten sie, die Symptomatik ihrer PatientInnen auf die gesamte Gruppe der Homosexuellen übertragen zu können. Immer wieder lesen wir in ihren Schriften Verallgemeinerungen über »die Homosexuellen«. Analog müßten die AutorInnen auch alle Heterosexuellen als depressiv, phobisch, narzißtisch, zwanghaft psychotisch usw. einschätzen, denn die heterosexuellen PatientInnen, die zu uns kommen, haben solche Störungen.

Allerdings scheinen sich die Fronten zwischen den empirischen und den analytischen Wissenschaften in der letzten Zeit zu lockern, da man zum Beispiel auf dem Gebiet der Säuglingsforschung erkannt hat, wie sehr man sich mit den eigenen Theorien irren kann, wenn man die empirisch gefundenen Daten jahrelang ignoriert. Ganz ähnlich scheint es der Psychoanalyse auf dem Gebiet der Homosexuellenforschung zu ergehen. Wenn die Psychoanalyse weiterhin arrogant-ignorant an ihrer konservativen Haltung bezüglich Homosexualität festhält, wird ihr »wissenschaftliches Gehabe«, das hauptsächlich gesellschaftliche Vorurteile konserviert, nur noch lächerlich wirken.

---

2 Im 4. Kapitel verwies ich schon auf die spärliche Anzahl von Lesben, die für die Theorien verwendet wurden. Auch bei der Beschreibung der männlichen Homosexualität sieht es nicht anders aus. Mehr als vier männliche Homosexuelle konnte offenbar niemand finden. Otto Kernberg, dessen Theorien die gegenwärtige Psychoanalyse sehr beeinflußt haben, kommt sogar gänzlich ohne Erfahrungen mit PatientInnen aus. Ihm genügen für seine»Theorien« über Homosexualität zwei Filme.

Wenn Homosexualität keine Krankheit ist, heißt dies nicht, sie aller weiteren Forschung zu entziehen. Allerdings wird sie nicht mehr Gegenstand medizinischer oder psychotherapeutischer Forschung sein können. Sie wird nun eher den Sozialwissenschaften zuzuordnen sein, wo auch das Spezifische der heterosexuellen Lebensweise verhandelt wird. Da Homosexualität nun als erfüllende, positive Lebensweise anerkannt werden muß, geht es in den jetzigen Untersuchungen um viel differenziertere Fragen im Rahmen des Spektrums von »normalen« Verhaltens- und Erlebensweisen. Und in der Tat befassen sich heutige Untersuchungen eher mit Themen der lesbischen Identitätsbildung, unterschiedlicher Persönlichkeitsmerkmale im Rahmen der Persönlichkeitspsychologie, der Homophobie[3], lesbischen Beziehungsproblemen, Geschlechtsrolleneinflüssen, Problemen lesbischer Mütter und älterer Lesben, lesbischer Sexualität, therapeutischen Problemen bei Lesben, um nur einige zu nennen.

Psychologische Forschungsergebnisse der achtziger Jahre

In diesen Untersuchungen geht es um feinere Unterschiede als die zwischen Gesundheit und Krankheit. Nahezu alle sind im deutschsprachigen Raum nicht bekannt.

Die Fragestellungen drehen sich um unterschiedliche Persönlichkeitszüge oder um unterschiedliche Vorlieben, Lebensstile, Freizeitinteressen, kindliche Erfahrungen im Bereich des »Unneurotischen«. In der Psychologie befaßt sich hauptsächlich der Zweig der differentiellen oder der Persönlichkeitspsychologie mit diesen Gebieten.

Dabei ergeben sich spezifische Schwierigkeiten. Schon die Definition, wer zu der Gruppe der Lesben gehören soll, ist uneinheitlich. Viele AutorInnen

---

3   Es gibt die soziale Homophobie, die Ursache der Diskriminierung von Homosexuellen ist. Dann gibt es die internalisierte Homophobie. Damit sind Gefühle von Angst, Abscheu und Ekel gemeint, die manche Homosexuelle ihrer eigenen Lebensweise gegenüber haben. Die internalisierte Homophobie ist häufig Ursache von neurotischen Störungen bei Homosexuellen.

legten die von Kinsey entwickelte Skala zugrunde und definierten Homosexuelle als die Personen, die sich zwischen Platz 4 bis 6 einordneten.

Für Shively und DeCecco (in: Gonsiorek, 1982a) wird die sexuelle Orientierung durch vier Faktoren definiert: das biologische Geschlecht, das psychologische Bewußtsein, Mann oder Frau zu sein, die soziale Geschlechtsrolle (gelernte männliche oder weibliche Einstellungen und Verhaltensweisen) und die sexuelle Orientierung (ob Beziehungswünsche zu Mann oder Frau vorhanden sind). Alle vier Faktoren können untereinander die verschiedensten Verbindungen eingehen. Darüber hinaus können sie noch dahingehend variieren, ob es sich um reales Verhalten oder Phantasien handelt und wie stark das emotionale Engagement im Verhalten oder in den Phantasien ist. Es gibt zum Beispiel Frauen, die andere Frauen emotional lieben, jedoch sich ihnen nie sexuell nähern würden. Andere Frauen hatten nur homosexuelle Phantasien unbestimmter Art, die sie nie ausleben würden, und es gibt Frauen, die relativ emotionslos mit einer Frau ins Bett gehen, während andere sich vor Leidenschaft verzehren.

Heutige ForscherInnen legen ihren Untersuchungen meist die Selbstdefinition zugrunde. Demnach gehören zu der Gruppe der Lesben diejenigen, die sich so nennen. Allerdings hängt die Selbstdefinition von den Kategorien ab, die in der Gesellschaft existieren. Wenn es nur eine Zweier-Einteilung in Hetero- und Homosexualität gibt, dann versucht jede, sich in eine dieser beiden begrifflichen Zwangsjacken zu pressen. Nach dem gegenwärtigen Stand der Forschung könnte es sehr viel mehr sexuelle Identitäten geben, wenn wir nicht nur den einen Maßstab des Geschlechts des Partners zuließen. Da gegenwärtig außer Homo-, Hetero- und Bisexualität keine weiteren Begriffe sexueller Orientierung in der Gesellschaft akzeptiert sind, richten sich die meisten ForscherInnen und ihre Versuchspersonen nach diesen drei Kategorien.

Eine andere Schwierigkeit besteht darin, eine repräsentative Stichprobe zu finden. Fast alle Studien kranken daran. Oft wurden nur Personen einer bestimmten Institution untersucht, zum Beispiel PsychiatriepatientInnen, GefängnisinsassInnen, Armeeangehörige. Oft wurden ungleiche Gruppen miteinander verglichen, zum Beispiel Patienten mit Nichtpatienten, kinderlose Frauen mit Müttern, Berufstätige mit Nichtberufstätigen, ältere

Lesben mit jüngeren Heteras, so daß es schwer ist, die gefundenen Unterschiede richtig zu interpretieren. Möglicherweise haben sie mit vielem andern, jedoch nichts mit der sexuellen Orientierung zu tun. Gonsiorek fand, daß Homosexuelle, die in einflußreichen Positionen arbeiten, wenig Neigung haben, sich untersuchen zu lassen, denn damit müßten sie ja ihre Orientierung – zumindest für die Tests – sichtbar machen. Viele sehen darin schon eine Gefährdung ihrer Karriere.

Lassen sich also nur wenige erfolgreiche Homosexuelle testen? Dies würde zu einem schiefen Bild der Homosexualität führen. Auch holten viele ForscherInnen ihre Versuchspersonen aus Bars und Homosexuellentreffs, was kein repräsentatives Bild ergibt, denn nur circa 25 Prozent der Homosexuellen halten sich regelmäßig an diesen Orten auf (Gonsiorek, 1982a). Wahrscheinlich wird es nie eine makellose repräsentative Stichprobe für eine Gruppe geben, die sich in der Gesellschaft verstecken muß. Um trotzdem zu aussagekräftigen Ergebnissen zu gelangen, müßten die verschiedensten Gruppierungen von lesbischen Frauen untersucht werden, um dann die Ergebnisse auf eventuell übergreifende ähnliche Phänomene hin überprüfen zu können.

Trotz dieser Schwierigkeiten möchte ich einige Forschungsergebnisse darstellen, die allerdings mit der nötigen Vorsicht zu behandeln sind. Ich schloß Untersuchungen aus, die sich mit PatientInnen befaßten, da diese Studien den heutigen Standards wissenschaftlicher Forschung nicht entsprechen. Es würde ja auch niemand auf die Idee kommen, das Spezifische der heterosexuellen Lebensweise an Depressiven oder Borderlinekranken studieren zu wollen. Alle Versuchspersonen der folgenden Studien sind sogenannte normale, unauffällige lesbische und heterosexuelle Frauen.

Eigenschaftenvergleich

Riess u.a. (1974) verglichen fünf Studien miteinander, die verschiedene Persönlichkeitsmerkmale von Lesben und heterosexuellen Frauen herausfinden wollten. Sie entdeckten, daß Lesben auf der »Lügenskala« niedrigere Werte erzielten als Heteras. Diese Skala bauen PsychologInnen öfter in ihre Fragebogen ein. Sie enthält Aussagen, die das Gegenteil von anderen

Aussagen des Fragebogens betreffen. Damit wollen sie herausfinden, wie häufig die Versuchspersonen »lügen« beziehungsweise sogenannte »sozial erwünschte« Antworten geben. Lesben lügen also weit weniger, sie geben weniger »sozial erwünschte« Antworten. Haben sie es weniger nötig, sich anzupassen, weil sie sowieso schon außerhalb stehen?

Darüber hinaus wurde in einigen Studien gefunden, daß Lesben dominanter, aggressiver, durchsetzungsfähiger, selbstbewußter, selbstgenügsamer, zielgerichteter, ausdauernder, intellektuell effizienter waren als heterosexuelle Frauen. Manche AutorInnen schlossen daraus, daß Lesben ein Selbstbewußtsein haben, das in dieser Gesellschaft eher Männern zugeschrieben wird. Das heißt jedoch nicht, daß sie Männer sein wollen oder sich männlich fühlen. Wenn wir uns auf die Klassifizierungen der schon erwähnten Brovermann-Studie besinnen (gesunde Männer, gesunde Frauen, gesunde Menschen), dann wollen Lesben offenbar eher zu der Gruppe der »gesunden Menschen« gehören als zu der Gruppe der »gesunden Frauen«.

Die Ergebnisse von Etringer u.a. (1990) bestätigen diese Annahme. Sie wollten wissen, ob es bei der Karriereplanung unterschiedliches Verhalten zwischen Homo- und Heterosexuellen gibt, ob z.B. eine Gruppe mehr Angst hat, verantwortungsvolle Positionen anzunehmen, und weniger Befriedigung aus dem Erfolg zieht als die andere Gruppe. Sie vermuteten, daß Homosexuelle mehr Skrupel in ihrer Karriereplanung haben, weil sie mehr Angst davor haben müßten, daß ihre sexuelle Orientierung aufgedeckt werden könnte. Homosexuelle Frauen und heterosexuelle Männer beschrieben sich am zufriedensten mit ihrem Erfolg. Homosexuelle Männer waren am unsichersten und Lesben am sichersten in ihrer Karriereplanung von allen vier Gruppierungen.

Die Autoren sehen die Ursache für die positiven Ergebnisse bei den Lesben darin, daß alle Befragten aus lesbischen Organisationen kamen, diese Frauen also ein tragendes lesbisches Umfeld hatten, was sie wohl entsprechend selbstsicher machte. Versteckt lebende Lesben würden eventuell ein anderes Verhalten zeigen. Daraus kann also geschlossen werden, daß lesbische Frauen, die ein sicheres, tragendes Umfeld haben, sich so erfolgsorientiert verhalten wie Männer. Allerdings erklärt dies nicht die

Unterschiede zwischen homo- und heterosexuellen Frauen. Denn letztere haben als tragendes Umfeld die gesamte Gesellschaft. Trotzdem waren sie unsicherer als Lesben bei dem Versuch, ihr Leben selbst in die Hand zu nehmen.

In manchen Studien wurden Gruppen von Eigenschaften unter dem Oberbegriff »Maskulinität«, »Femininität« und »Androgynität« zusammengefaßt. Zu Maskulinität zählten die AutorInnen Stärke, Geduld, Ausdauer, Kompetenz, Durchsetzungsfähigkeit und Aggressivität. Zu Femininität zählten sie Fürsorglichkeit, Sensibilität, Einfühlungsvermögen, Wärme, Verständnis. Androgyn nannten sie die Personen, die viel von beiden Eigenschaftengruppen aufwiesen. Die hier verwendeten Begriffe von »Männlichkeit«, »Weiblichkeit« und »Androgynität« sind also relativ willkürlich durch bestimmte Eigenschaften definiert worden, haben also nichts mit einer irgendwie gearteten »natürlichen« Weiblichkeit, Männlichkeit oder Androgynität zu tun.

Risman u.a. (1988) verglichen viele Untersuchungen miteinander und fanden, wenn Lesben und heterosexuelle Frauen bezüglich dieser Eigenschaften verglichen wurden, daß Lesben sich mehr maskuline oder androgyne Eigenschaften zugeschrieben hatten als heterosexuelle Frauen. Da die drei Begriffe gesellschaftlich »erfundene« Begriffe sind, darf daraus nicht geschlossen werden, daß Lesben sich »männlicher fühlen« als heterosexuelle Frauen. Allerdings können wir daraus ersehen, daß Frauen, die sich kompetent, willensstark und durchsetzungsfähig verhalten, in einer patriarchalen Gesellschaft als männlich beschrieben werden. Dies zeigt nur, wie eingeschränkt und stereotypisiert sich Männer und Frauen in der Gesellschaft verhalten müssen, um als »richtige« Männer und »richtige« Frauen zu gelten.

Interessant fand ich auch das Ergebnis einer Studie (Christie, 1986), nach der unter den Lesben eine größere Variationsbreite der untersuchten Eigenschaften vorherrschte (größere Standardabweichung) als bei heterosexuellen Frauen. Daraus könnten wir schließen, daß Lesben untereinander sich viel mehr Unterschiede, das heißt »Individualität«, gestatten als heterosexuelle Frauen untereinander und daß im Vergleich die Unterschiede unter den verschiedenen Lesbengruppierungen eventuell größer sind als die Unterschiede zwischen Lesben und Heteras. Dies wiederum bedeutet, daß die Eigenschaft »sexuelle Orientierung« viel zu wenig aussagekräftig ist, um das Verhalten von Menschentypen voneinander zu unterscheiden, daß sie eine unter vielen Eigenschaften oder Verhaltensweisen ist, die erst in der Zusammenschau etwas über eine bestimmte Person aussagen kann.

Falco (1991) berichtet über verschiedene Studien, die ergaben, daß lesbische Frauen sozial und finanziell unabhängiger leben als heterosexuelle Frauen. Daraus ergaben sich weitere Unterschiede. Nach ihren Befunden sollen Lesben mit ihrem Körper, mit ihrer Sexualität, mit ihrem Geschlecht und mit ihren beruflichen Fähigkeiten zufriedener sein als heterosexuelle Frauen.

Offen homosexuell lebende Mütter haben bei Scheidungen immer wieder Schwierigkeiten, ihre Kinder zu behalten. Lesben dürfen in der Regel auch keine Kinder adoptieren, weil sie angeblich zum Kindererziehen nicht geeignet seien. Einige ForscherInnen widmeten sich diesem Thema und fanden, daß Lesben genauso gute Mütter sind wie heterosexuelle Frauen (Whitehead u.a., 1990), daß ihre Kinder sich genauso selbstbewußt und normal verhalten wie die Kinder der Heterosexuellen (in: Risman u.a., 1988).

Zusammenfassend müssen wir feststellen, daß Lesben sich offenbar weniger darum kümmern, sich so zu verhalten, wie es die weibliche Geschlechtsrolle erfordert, daß sie sich vielleicht egozentrischer oder – positiv ausgedrückt – mehr innengeleitet verhalten als heterosexuelle Frauen. Dadurch erscheinen sie vielleicht auch individueller, innerhalb ihrer Gruppe unterschiedlicher als Heterosexuelle. Da innengeleitetes, erfolgsorientiertes Verhalten in unserer Gesellschaft eher Männern zugedacht wird, verhalten sie sich auch »männlicher« als Heterosexuelle. Allerdings können die referierten Studien nicht beantworten, ob die gefundenen Unterschiede zwischen Lesben und heterosexuellen Frauen etwas mit der »Natur« der lesbischen Orientierung zu tun haben oder ob sie Reaktionsweisen gegenüber einer unterdrückenden Umwelt darstellen, die Lesben vielleicht dazu provoziert, ein innengeleitetes, von äußerer Bestätigung unabhängiges, waches, sensibles, flexibles, erfolgsorientiertes Selbstbewußtsein zu entwickeln, um in dieser frauen- und lesbenfeindlichen Gesellschaft überleben zu können.

Diese Eigenschaften würde die Psychoanalyse als Kennzeichen von Ich-stärke beschreiben. Wenn wir also die genannten Forschungsergebnisse ohne heterosexistische[4] Brille und ohne Ängste vor Vorwürfen[5] betrachten, müssen wir zu dem Schluß kommen, daß Lesben, die mit ihrem Leben zu-rechtkommen, die also weder körperlich noch psychisch krank geworden sind, in der Regel eine größere Ichstärke ausgebildet haben oder ausbilden mußten als heterosexuelle Frauen. Meist wird ihnen von einer vorurteils-beladenen psychotherapeutischen Wissenschaft das Gegenteil angelastet.

Selbstbewußtsein

Die Gruppe der »eng-gepaarten« Lesben in der Studie von Bell und Wein-berg (1978) beschrieb sich als zufriedener und weniger einsam als die Gruppe der heterosexuellen Frauen. Allerdings hatten die Forscher die Heterosexuellen nicht nach Untergruppen eingeteilt. So wurden wahr-scheinlich allein lebende, geschiedene und/oder »gepaarte« Heterosexuelle mit ausschließlich »gepaarten« Lesben verglichen, was ein schiefes Bild er-gibt. Hätte es bei den Heterosexuellen die gleichen Untergruppen gegeben wie bei den Lesben, wären die Unterschiede vielleicht verschwunden.

LaTorre u.a. (1983) untersuchten Lesben, Bisexuelle und heterosexuelle Frauen und fanden, daß Frauen, die wenigstens einmal in ihrem Leben eine sexuelle Erfahrung mit einer Frau hatten, sich zufriedener fühlten mit sich selbst, ihren Fähigkeiten, ihrem Körper, ihrem sexuellen Leben und ihrem

---

4   Ich benütze Heterozentrismus und Heterosexismus als Synonyme. In Kapitel 4 habe ich Heterozentrismus definiert.

5   Wenn ich diese Forschungsergebnisse referiere, wird mir immer wieder, auch von lesbischen Frauen vorgeworfen, ich würde jetzt den Spieß umdrehen und die lesbische Lebensweise idealisieren. Dies ist nicht der Fall. Ich werde täglich mit Problemen der gesellschaftlichen und internalisierten Homophobie konfrontiert, mit denen sich lesbisch lebende Frauen herumschlagen müssen. Ich referiere hier Forschungsergebnisse und ziehe meine Schlüsse daraus. Hinter diesem Vorwurf steckt die Angst vieler Lesben, daß Heterosexuelle es nicht ertragen könnten, zu erfahren, daß auch Lesben ihr Leben genußvoll und erfüllend leben können, daß durch das Öffentlich-Machen eventuell die Diskriminierung von Homosexuellen zunehmen könnte.

Geschlecht. Nach diesem Ergebnis scheint es so, daß Bisexuelle mit sich und ihrem Leben am zufriedensten sind. Die AutorInnen schlossen daraus, daß sexuelle Erfahrungen mit beiden Geschlechtern soziale Fähigkeiten erweitern und differenzieren und das gesamte Leben bereichern.

In einer Studie von Christie u.a. (1986) wurden 31 Frauen, die sich als ausschließlich lesbisch, und 31 Frauen, die sich als ausschließlich heterosexuell beschrieben, befragt, wie sie mit sich selbst, ihrer Orientierung, ihrem Verhalten, ihrer Umgebung, ihrer Familie, ihrem Körper, ihrem Beruf und so weiter zufrieden sind. Sie waren relativ passend nach Alter und Beruf ausgesucht worden. In der Auswertung blieben alle im von den Testern definierten Normalbereich. Auch gab es innerhalb des Normalbereichs keine nennenswerten Unterschiede. Nach ihren Ergebnissen haben Lesben also weder ein niedrigeres noch ein höheres Selbstbewußtsein als Heteras. Auch Thompson u.a. (1971) fanden keine größeren Unterschiede zwischen Lesben und Heteras in sozialer Anpassung, Selbstvertrauen und Selbstbewußtsein.

Beziehungen

Engel u.a. (1986) befragten 78 Homosexuelle, 148 Heterosexuelle und 19 Bisexuelle nach ihren Idealen und Wünschen in der Liebe. Alle fanden es wichtig, daß die Liebenden ähnliche Werte, Interessen und religiöse Vorstellungen haben, daß sie nahe beieinander wohnen, daß sie attraktiv, intelligent, ehrlich, herzlich, finanziell unabhängig und verläßlich sind.

Unterschiede gab es in den Wünschen nach »in der Nähe wohnen«. Homosexuelle legten mehr Wert auf das nahe Wohnen als Bisexuelle und Heterosexuelle. Homosexuellen und Bisexuellen war sexueller Kontakt in der Liebe wichtiger als Heterosexuellen. Leidenschaftliche sexuelle Liebe scheint es demnach mehr bei Homo- und Bisexuellen zu geben gegenüber eher kameradschaftlichen, emotional eher distanzierteren Beziehungen bei Heterosexuellen. Die meisten Homosexuellen fanden sogar, daß zu einer reifen Liebe unbedingt sexueller Austausch gehöre, während Bisexuelle und Heterosexuelle dies nicht so wichtig fanden. Wünsche hingegen, daß LiebespartnerInnen auch intimste GesprächspartnerInnen sein sollen, waren bei den Homo- und Bisexuellen größer.

Schlecht an dieser Untersuchung ist, daß nicht zwischen Männern und Frauen getrennt wurde und wir auch keine weiteren Merkmale der Gruppierungen erfahren (z. B. Paare vs. Alleinstehende, Eltern vs. Kinderlose), wodurch sich erhebliche Unterschiede im Lebensstil der verschiedenen Gruppen verwischen.

Kurdek (1987) bemühte sich, nach heutigen Erkenntnissen wirklich vergleichbare Versuchspersonen zu finden. So nahm er für seine Studie über bestimmte Eigenschaften und Fähigkeiten von hetero- und homosexuellen Paaren nur kinderlose Paare etwa gleichen Alters und ähnlichen Einkommens. Auch verglich er Männer und Frauen getrennt. Alle Homosexuellen nannten sich auch ausschließlich homosexuell, die Heterosexuellen nannten sich auch ausschließlich heterosexuell. Auch die Anzahl (136 Lesben, 230 homosexuelle Männer, 117 heterosexuelle Frauen und 124 heterosexuelle Männer) war so hoch, daß wissenschaftlich relevante Aussagen gemacht werden konnten.

Er wollte wissen, ob die Paare sich in ihren Geschlechtsrollenerwartungen (nach kollektiven Vorstellungen typisch männliche und typisch weibliche Verhaltensweisen), ihrer emotionalen Ausdrucksfähigkeit und ihren partnerschaftlichen Fähigkeiten, zum Beispiel ihrer Rollenflexibilität, unterscheiden. Er fand, daß Heterosexuelle die gesellschaftlichen Rollenerwartungen stärker übernommen haben als Homosexuelle. Heterosexuelle Frauen verhielten sich also mehr »typisch weiblich« als Lesben, und heterosexuelle Männer verhielten sich mehr »typisch männlich« als homosexuelle Männer. Homosexuelle hatten mehr von den jeweiligen gegengeschlechtlichen Rollenerwartungen integriert. Auch in der emotionalen Ausdrucksfähigkeit klafften die Antworten von heterosexuellen Männern (schwächer) und Frauen (stärker) untereinander mehr auseinander als die Antworten der Homosexuellen und Lesben untereinander.

Am erstaunlichsten empfand ich sein Ergebnis bezüglich der partnerschaftlichen Fähigkeiten. Er fand, daß lesbische Frauen die größte Kapazität von allen vier Gruppen hatten, gute Beziehungen zu gestalten (instrumentality), daß sie gleichberechtigter miteinander umgingen und mehr umkehrbares Verhalten in ihren Beziehungen pflegten als Heterosexuelle, bei denen klarer festgelegt war, was der Mann und was die Frau zu tun hat.

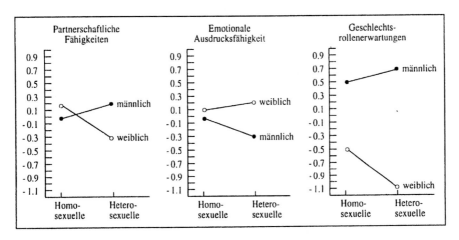

Abbildung: Partnerschaftliche Fähigkeiten, emotionale Ausdrucksfähigkeit und Geschlechtsrollenerwartungen nach sexueller Orientierung und Geschlecht. (Nach Lawrence Kurdek: Sex Role Self Schema and Psychological Adjustment in Coupled Homosexual and Heterosexual Men and Women. In: ›Sex Roles‹, 17, 1987, S.556.)

Duffy u.a. (1986) gingen in ihrer Studie über homo- und heterosexuelle Paare davon aus, daß homosexuelle Beziehungen vielleicht weniger befriedigend sind und kürzer dauern, weil es kaum ein tragendes Umfeld gibt, keine Möglichkeit, solche Beziehungen zu legalisieren, kaum Freunde, Familienmitglieder oder kirchliche und soziale Organisationen, die solche Beziehungen akzeptieren.

Sie befragten 25 hetero- und homosexuelle Männer und Frauen, wie zufrieden sie in ihrer Beziehung sind und wie stark sie engagiert sind, die Beziehung aufrechtzuerhalten. Sie fanden keine Unterschiede in der berichteten Zufriedenheit in Beziehungen. Weiter fanden sie, daß alle Frauen, egal ob homo- oder heterosexuell, stärker engagiert waren, die Beziehung auch bei Problemen aufrechtzuerhalten, mehr (an Zeit, Verhalten und Gefühlen) investierten als Männer und ihre Beziehungen länger dauerten als die der Männer. An Unterschieden zwischen hetero- und homosexuellen Frauen fanden sie, daß Lesben sich am monogamsten verhielten, daß ihnen, ebenso wie den heterosexuellen Männern, die körperliche Attraktivität ihrer Partnerin wichtig war. Heterosexuelle Frauen legten darauf offenbar weniger Wert. Lesben litten mehr als Heterosexuelle darunter, zu wenig Zeit füreinander zu haben. Heterosexuelle Männer und Frauen berichteten über ein größeres Ausmaß an Frustrationen in ihrer Beziehung (zum Beispiel sexuelle Untreue, irritierendes Verhalten, Unzuverlässigkeit, Zeitmangel, Konflikthaftigkeit, Einengung, zu hohe finanzielle Kosten) als homosexuelle Männer und Frauen. Die geringsten Investitionen bezüglich Dauer und Verpflichtungen steckten homosexuelle Männer in ihre Beziehungen.

Die Autoren fanden, daß das Geschlecht mehr über Verhalten aussagen kann als die sexuelle Orientierung. Hetero- und homosexuelle Frauen verhalten sich also ähnlicher als hetero- und homosexuelle Männer. Sie meinen, daß die Ursache dafür in unserer geschlechtsspezifischen Erziehung liegt. In der Kindheit werden wir, lange bevor wir uns sexuell für ein Geschlecht entscheiden, als Junge oder Mädchen behandelt. Einschränkend ist zu sagen, daß ihre Versuchspersonen relativ jung (Durchschnittsalter 27 Jahre) waren. Die Schulbildung war hoch. Alle hatten gutbezahlte Berufe. Ihre Beziehungen dauerten durchschnittlich drei Jahre. Somit gelten die Ergebnisse nur für Gruppen mit diesen Merkmalen.

Daß Lesben stabile und befriedigende Beziehungen gestalten können, wird von vielen ForscherInnen berichtet (Cotton, 1975, Pepleau u.a. 1978, Saghir und Robbins, 1969). Die Fähigkeiten, sich einfühlend und bereichernd in Partnerschaften zu verhalten, sind Qualitäten eines stabilen, sozial gut entwickelten Ichs. Daß gerade lesbische Frauen ein solch »reifes« Ich besitzen, erstaunte mich angesichts der Schwierigkeiten, mit denen sie in dieser Gesellschaft zu kämpfen haben. Gerade das Gegenteil wird ihnen von meinen analytischen KollegInnen angedichtet.

Wie Lesben und Heterosexuelle mit Konflikten in ihren Beziehungen umgehen, interessierten Rusbult u.a. (1986). Sie ordneten die verschiedenen Reaktionsweisen vier Kategorien zu und nannten sie: Beenden (ausziehen, Scheidung, über Beendigung reden und so weiter), Sprechen (Versuche, die Konflikte zu besprechen, um sie zu lösen), Treue (passives, optimistisches Warten, bis die Dinge sich bessern, Glaube an die Partnerschaft, um Verbesserung beten), Ignorieren (aus dem Weg gehen, weniger Zeit miteinander verbringen, Diskussionsverweigerung, sich kritisieren, chronisches Klagen, ohne sich um Lösungen zu bemühen). Sie fanden nur einen einzigen signifikanten Unterschied. Demnach tendieren heterosexuelle Frauen und Männer mehr zur Problemlösung »Ignorieren« als lesbische Frauen und homosexuelle Männer. Leichte Unterschiede gab es zwischen Frauen und Männern, egal welcher Orientierung. Frauen tendierten mehr dazu, Konflikte durch »Sprache« und »Treue« zu lösen, Männer mehr durch »Beenden« und »Ignorieren«. Lesbische Frauen tendierten mehr zu den Strategien »Sprache« und »Beenden«.

Das Vorurteil, daß Homosexuelle »nur« heterosexuelles Rollenverhalten nachahmen, haben verschiedene Untersuchungen widerlegt (in: Risman u.a., 1988). Manche Autoren fanden, daß in homosexuellen Beziehungen die Rollenflexibilität größer ist und die Partner sich gleichberechtigter verhalten als in heterosexuellen Beziehungen, die sehr von den unterschiedlichen Geschlechtsrollenerwartungen geprägt sind. Dazu gehört auch, daß es in homosexuellen Beziehungen in der Regel keine Arbeitsteilung gibt in der Form, daß eine Partnerin zu Hause bleibt und die andere in einem Beruf arbeitet. Auch Frauen, die vorher heterosexuell, das heißt als Hausfrau mit einem sie versorgenden Mann gelebt haben, versuchen nicht, diese Rolle und die damit verbundenen Macht- und Unterwerfungsrituale in ihre lesbische Beziehung hineinzutragen. Aber eigentlich ersehnen sich alle Paare gleichberechtigteres Verhalten, meinen Risman u.a., nur scheinen sie die Rollenerwartungen daran zu hindern. Alle Paarbeziehungen, in denen die hierarchisch und arbeitsteilig festgelegten Rollenerwartungen wegfallen, werden als befriedigender erlebt, weil in ihnen ökonomisch und sozial gleichberechtigteres Verhalten realisiert werden kann. Im homosexuellen Lebensstil, der nicht durch jahrhundertealte Rollenerwartungen »festgelegt« ist, profitieren die PartnerInnen in der Regel von der Vorbildlosigkeit und ihrer ökonomischen und sozialen Unabhängigkeit voneinander, die es ermöglicht, ihre Beziehungen frei und kreativ zu gestalten.

Sexualität

Die Studie von Warczok (1988) befaßte sich nur mit jungen Homo- und Heterosexuellen (Durchschnittsalter 20 Jahre) in der ehemaligen DDR. Er wollte etwas über Liebe, Sexualität und Freizeitverhalten erfahren. Die Gruppen unterschieden sich nicht in der Häufigkeit von sexuellen Aktivitäten und dem Stellenwert, den sie der Sexualität zuschrieben. Interessant fand ich, daß 90 Prozent der Homosexuellen auch heterosexuelle Erfahrungen hatten, dagegen hatten nur 7 Prozent der Heterosexuellen auch homosexuelle Erlebnisse. Im Kinsey-Report (Bell u.a., 1978) wurde berichtet, daß 84 Prozent der Lesben heterosexuelle Erfahrungen hatten. Auch fanden sie, daß homosexuelle Frauen von sexuellen Stimulationen, zum Beispiel vom nackten Körper der Partnerin, intensiver erregt werden als heterosexuelle Frauen. Die durchschnittliche Anzahl von sexuellen PartnerInnen war bei den heterosexuellen Frauen drei und bei den Lesben acht.

Auch Masters und Johnson (1979) fanden qualitative Unterschiede im sexuellen Verhalten zwischen homo- und heterosexuellen Paaren. Sie beschrieben, daß Homosexuelle in festen Verbindungen weniger fordernd miteinander umgehen und sich langsamer und behutsamer einander nähern als heterosexuelle Paare, die sie als zielgerichteter beschrieben. Sie meinten sogar, daß Heterosexuelle von Homosexuellen lernen könnten, sich sexuell befriedigender zu verhalten. Sie beobachteten 38 Lesben in festen Beziehungen beim sexuellen Verkehr und fanden, daß ihre Fähigkeiten bei der oralen Stimulation bei weitem alle anderen Männer und Frauen übertrafen.

Coleman u.a. (1983) wollten in ihrer Befragung von 407 Lesben und 370 heterosexuellen Frauen genauer wissen, ob es zwischen den beiden Gruppen Unterschiede im sexuellen Verhalten und Erleben gibt. In vielen Untersuchungen wurden enorme Unterschiede in Sexualverhalten und Lebensstil zwischen Lesben und heterosexuellen Männern aufgezeigt. Jedoch gibt es noch wenige Untersuchungen, die sich mit Unterschieden zwischen Lesben und heterosexuellen Frauen befassen. Die von Coleman befragten Frauen waren zwischen 18 und 62 Jahre alt und hatten eine hohe Schulbildung.

Die Ergebnisse sind aussagekräftig, da die Versuchspersonenzahl recht hoch war. Danach scheinen heterosexuelle Frauen mehr passive Formen von nichtgenitaler Sexualität zu bevorzugen. Sie berichteten mehr von Situationen, in denen etwas mit ihnen gemacht wird, zum Beispiel ausziehen, streicheln, kuscheln und so weiter. Lesben berichteten von aktiveren, mehr genitalen und häufigeren sexuellen Handlungen als Heterosexuelle. Ein Fünftel der Heterosexuellen berichtete, noch nie Sex erlebt zu haben. In diese Kategorie fiel keine einzige Lesbe. Lesben gaben an, zwei- bis viermal pro Woche Sex zu haben, heterosexuelle Frauen hatten ein- bis viermal pro Monat Sex. 13 Prozent der Heterosexuellen berichteten, nie einen Orgasmus erlebt zu haben, gegenüber 2 Prozent der Lesben. Insgesamt fanden 44 Prozent der Lesben ihr Sexualleben sehr zufriedenstellend gegenüber 31 Prozent der Heterosexuellen. Es gab auch Erlebnisdimensionen, die beide Gruppen gleichermaßen liebten, zum Beispiel Zärtlichkeit, Lust auf erotische Literatur, Brust-Stimulationen.

Die ForscherInnen kamen zu dem Schluß, daß wir davon ausgehen müssen, daß Lesben ein befriedigendes Sexualleben in stabilen Beziehungen führen, womit viele psychiatrische Untersuchungen, die Lesben Unfähigkeit zu längeren befriedigenden Beziehungen bescheinigten, widerlegt sind. Bezüglich der Orgasmushäufigkeit waren sie den Heterosexuellen überlegen, was auch andere Studien (Hite, 1976, Masters und Johnson, 1966) bestätigten. Als Ursache dafür erwähnten sie die vielfach festgestellte Tatsache, daß Frauen seltener durch Eindringen des Penis in die Vagina zum Orgasmus kommen, jedoch nahezu immer durch masturbatorische Tätigkeiten. Und diese werden in lesbischen Beziehungen mehr gepflegt als in heterosexuellen Beziehungen. Auch kommt lesbischer Sexualität wohl die größere weibliche Fähigkeit der Einfühlsamkeit zugute, da ja beide Partnerinnen Frauen sind, sich die weiblichen Fähigkeiten also potenzieren, was in vielen Untersuchungen bestätigt wurde.

Die Ergebnisse von Blumstein und Schwartz (1983) scheinen den obengenannten zum Teil zu widersprechen. Sie untersuchten das soziale und sexuelle Beziehungsverhalten von 300 hetero- und homosexuellen Paaren. Sie fanden, daß die lesbische Sexualität dadurch eingeschränkt wird, daß Lesben in erster Linie Frauen sind. Die weibliche Sozialisation, die zu sexueller Passivität zwingt, führe in der lesbischen Sexualität zu geringerer Initiative, weniger Verlangen nach Koitus und Orgasmus. Dafür hielten sie Zärtlichkeit, Umarmungen, also Verhalten, das nicht direkt zum Orgasmus führt, für wichtiger als alle anderen Paare. Die Liebe war Vorbedingung für Sex, was anderen Paaren offenbar weniger wichtig erschien.

Schon Charlotte Wolff fand 1969 ähnliche Ergebnisse. Sie kam zu dem Schluß, daß wir bei Lesben weniger von Homo-Sexualität als von Homo-Emotionalität sprechen sollten. Lesben scheinen auch heute noch mehr Lust am Empfinden und Sich-Austauschen von Liebesgefühlen zu verspüren als an »reinen« sexuellen Handlungen. Darin sind sie ihren Schwestern aus der Zeit der romantischen Liebe immer noch sehr ähnlich. Tiefe, oft leidenschaftliche Liebesgefühle sind die Nahrung für eine lesbische Beziehung, notfalls auch ohne sexuelle Handlung. Sexualität ohne Liebe gibt es dagegen selten. Wenn jedoch Sexualität dazukommt, dann ist sie oft einfühlsamer und befriedigender als im heterosexuellen »Akt«.

Bressler u.a. (1986) untersuchten 23 heterosexuelle, 22 bisexuelle und 25 lesbische Frauen mit Tiefeninterviews und kamen zu dem Schluß, daß Bisexuelle das befriedigendste Sexualleben, gemessen an der Häufigkeit und Qualität der Orgasmen, hatten. Sie kritisieren, daß Bisexuelle häufig zu den Homosexuellen gezählt werden, was sie für unzulässig halten. Die Qualität der Orgasmen wurde von homo- und bisexuellen Frauen ähnlicher (stark, tief) beschrieben als von heterosexuellen Frauen. Sie untersuchten auch, wie unbefriedigende sexuelle Erlebnisse zustande kamen, und fanden, daß 87 Prozent der Heterosexuellen dominantes Verhalten bei Männern erlebt haben, das sie als unerwünscht und unangenehm empfanden. Bei den bi- und homosexuellen Frauen war es ähnlich. 85 Prozent des unbefriedigenden sexuellen Verhaltens wurden in Beziehungen mit Männern erlebt. Insgesamt waren jedoch die Ähnlichkeiten zwischen den Frauen in ihren Wünschen und sexuellen Vorlieben größer als die Unterschiede.

Auch diese AutorInnen kamen zu dem Schluß, daß das Spezifische einer Partnerschaft weniger von der sexuellen Orientierung abhängt als davon, ob die Partner Männer oder Frauen sind. Sie vermuten, daß die Qualität heterosexuellen Erlebens unter den relativ rigiden Geschlechtsrollenerwartungen leidet und daß gleichgeschlechtliche Beziehungen erfüllender sind, weil sich darin in erster Linie zwei Menschen begegnen. So könnte es zwar sein, daß heterosexuelle Beziehungen befriedigender werden, wenn wir den vorgeschriebenen Heterosexismus lockern. Es könnte jedoch auch sein, daß die Frauen dann trotzdem oder gerade deshalb sagen: »Ich mag keinen Sex mit Männern. Mit Frauen ist es sensibler, mit ihnen kann ich mehr aus mir herauskommen, sie sind weniger genital fixiert«, meinen die AutorInnen.

Ein altes Vorurteil, daß Lesben in ihrem Leben mehr negative sexuelle Erfahrungen mit Männern erlebt hätten als Heteras, konnten Brannock u.a. (1990) in ihrer Untersuchung mit 50 lesbischen und heterosexuellen Paaren aufheben. Sie fanden keine wesentlichen Unterschiede in traumatischen Vorerfahrungen bei den beiden Gruppen.

Aus diesen verschiedenen Ergebnissen über Sexualität und Beziehungen von Lesben und heterosexuellen Frauen müssen wir schließen, daß sich im heterosexuellen Arrangement zunächst ein Mann und eine Frau begegnen und weniger bestimmte männliche und weibliche Individuen. Frauen und Männer erwarten voneinander, daß sie sich gemäß der Geschlechtsrolle verhalten. Das »Geschlechtsrollen-Spiel« wird in den heterosexuellen Beziehungen weit mehr gepflegt als in den homosexuellen, was die individuelle Entfaltung und die Intensität der Beziehung hemmt. Obwohl Lesben und heterosexuelle Frauen nach den obengenannten Ergebnissen ähnliche Wünsche an Sexualität und Beziehung haben und beide Gruppen die größte Anzahl unbefriedigender Erlebnisse mit Männern hatten (nicht mit Frauen), bleiben Heterosexuelle offenbar länger in unbefriedigenden Beziehungen als Lesben.

Finden sich heterosexuelle Frauen etwa mit einer unbefriedigenden Sexualität ab? Wird sie vielleicht schon als nicht veränderbarer Teil des Geschlechtsrollen-Arrangements in Kauf genommen? Als Konsequenz sind die Ergebnisse verständlich, nämlich, daß das zu ertragende Ausmaß an Frustration, an emotionalen und materiellen Investitionen zur Stabilisierung der Verhältnisse in heterosexuellen Beziehungen größer ist als in lesbischen Beziehungen. Verständlich ist auch, daß man bei Konflikten auf die Dauer eher zum »Ignorieren« als zur ständigen Auseinandersetzung neigt. Denn die Variationsbreite an veränderbarem Verhalten ist für beide recht schmal, die Aufgabenverteilung und die Macht- beziehungsweise Abhängigkeitsverhältnisse bleiben relativ konstant verteilt, so daß die meisten Paare zu wenig Ideen und Lösungsmöglichkeiten durch ganz anderes, neues Verhalten finden können. Lesben scheinen entweder in langen Auseinandersetzungen zusammenzufinden und dann wirklich befriedigende Beziehungen zu erleben oder auseinanderzugehen. In der Regel halten sie weniger »Investitionen«, zum Beispiel Kinder oder gemeinsame materielle Güter, zusammen.

Nach diesen Testergebnissen scheinen heterosexuelle Beziehungen in der Regel starrer, ruhiger, geordneter zu verlaufen. Konflikte dürften mehr unterdrückt als durchgearbeitet werden. Es scheint so, daß die größere Rollenerwartung das individuelle Wachstum eher hemmt als fördert, wodurch die lustvollen, erregenden, leidenschaftlichen Möglichkeiten weniger gelebt werden können. Lesben dagegen scheinen ihre Beziehungen gleichberechtigter, individueller, konflikthafter, unsicherer, erregender und leidenschaftlicher als Heterosexuelle zu gestalten. Für Heterosexuelle sind diese Schlußfolgerungen sicher unbequem zu lesen. Aber die genannten Studien geben durchaus Anlaß, in diese Richtung zu denken. Ihre Argumente können nicht damit abgetan werden, daß die Forscher sicher alle homosexuell waren und dadurch »geschönte« Ergebnisse präsentierten. Viele Studien führten Männer durch, die gewiß wenig Interesse hatten, Lesben in ein positiveres Licht zu setzen als heterosexuelle Frauen. Der in unserer Gesellschaft weitverbreitete Heterosexismus diskriminiert zwar die lesbische Lebensweise insgesamt, jedoch scheint er im »Binnenverhältnis« die AkteurInnen der heterosexuellen Beziehungen erheblich mehr zu bandagieren als die homosexuellen Paare.

Zwar entkommen Lesben nicht den Auswirkungen der seit Jahrzehnten verinnerlichten Homophobie. Diese behindert oft einen ungezwungenen Umgang mit der heterosexuellen Umgebung. In der Paarbeziehung kann sie zu schmerzhaften Abwertungen der Partnerin führen, wenn die eigene Homophobie auf sie projiziert wird. Andererseits werden die homosexuellen Paare durch die relative Leere an vorgegebenen Beziehungsbildern und Gefühlsmustern immer wieder mit der Notwendigkeit der Improvisation und der Formgebung von starken, oft chaotischen, leidenschaftlichen, ursprünglichen, ungestalteten Gefühlen konfrontiert, was Kreativität und eine individuelle Entwicklung geradezu herausfordert.

Auch ergibt sich aus diesen Studien, daß die sexuelle Orientierung eine weit geringere Rolle im Verhalten spielt als bis jetzt angenommen, wenn wir Personen charakterisieren wollen. Sie ist eine unter vielen Verhaltensweisen, die kaum mehr über Personen aussagen kann als die banale Tatsache, daß sie das gleiche Geschlecht lieben. Alle anderen Fähigkeiten und Möglichkeiten scheinen so unterschiedlich verteilt zu sein, wie sie es unter Heterosexuellen auch sind. Das Geschlecht selbst, also ob jemand Mann oder Frau ist, scheint viel mehr auszusagen. Frauen, egal ob homo- oder heterosexuell lebend, weisen mehr gemeinsame Eigenschaften auf und verhalten sich in Beziehungen ähnlicher als Männer. Die Sozialisation zur Frau und zum Mann hat uns weit mehr geprägt als die sexuelle Orientierung.

Die Ergebnisse können zwar beschreiben, welche unterschiedlichen oder ähnlichen Eigenschaften und Verhaltensweisen hetero- und homosexuelle Menschen besitzen, sie können jedoch nicht erklären, wie es zu der jeweiligen Orientierung kommt. Erklärungen lieferten bis jetzt hauptsächlich analytische Theorien, die die gesamte Lebensgeschichte mit einbeziehen. Deren Mangel ist, daß nur von PatientInnen ausgegangen wird, also nicht zwischen aufgetretenen psychischen Symptomen und sexueller Orientierung getrennt wird. In einer Studie wurde herausgefunden, daß homosexuelle PatientInnen sich von NichtpatientInnen erheblich unterscheiden, und zwar sowohl in ihrem gegenwärtigen Verhalten als auch in ihrer Entwicklungsgeschichte (Bell und Weinberg, 1981). Es ist also wissenschaftlich unredlich, von homosexuellen PatientInnen auf die Gesamtheit aller Homosexuellen zu schließen. Um zu allgemeineren psychologischen Erklärungen lesbischen Erlebens und Verhaltens zu gelangen, ist es sinnvoll, sich die Forschungen anzusehen, die sich mit dem familiären Hintergrund und der Kindheit von lesbisch lebenden Frauen befassen, die nicht PatientInnen sind.

Familiärer Hintergrund

Die umfassendste Studie führten Bell und Weinberg (1981) durch, die Angaben von 979 homosexuellen und 477 heterosexuellen Männern und Frauen bezüglich ihrer Familien, ihrer Kindheit, Pubertät und Adoleszenz ausgewertet haben. Sie kamen zu dem Schluß, daß der Einfluß der Mutter auf prälesbische Mädchen in tiefenpsychologischen Theorien zu übertrieben dargestellt wird. Insgesamt schienen identifikatorische Prozesse in der Familie die sexuelle Orientierung wenig zu beeinflussen. Allerdings beschrieben lesbische Frauen ihre Mütter häufiger negativ als heterosexuelle Frauen. Auch wollten weniger lesbische Frauen sich mit ihren Müttern identifizieren als heterosexuell lebende Frauen. Insgesamt spielte jedoch dieser Faktor nur eine untergeordnete Rolle. Auch die Väter wurden von lesbischen Frauen weniger günstig beschrieben als von heterosexuellen Frauen.

Interessant fand ich, daß nach dieser Studie lesbische Frauen sich mit dem Vater weniger identifiziert haben als heterosexuelle Frauen, was dem tiefenpsychologischen Modell völlig widerspricht. Die Unterschiede waren jedoch so gering, daß auch die Vater-Beziehung nicht als kritischer Faktor in der Entwicklung der weiblichen Homosexualität angesehen werden konnte. Ein stärkerer Faktor war eine relative Dominanz der Mutter über den Vater. Jedenfalls gaben etwa die Hälfte der homosexuellen und nur ein Fünftel der heterosexuellen Frauen an, daß die Mutter den Vater beherrscht habe. Diese Töchter neigten dann auch dazu, sich weniger nach dem traditionellen weiblichen Rollenmodell zu verhalten. Ich schließe daraus, daß lesbische Frauen sich unbewußt doch weitgehend mit ihren Müttern identifiziert haben, zumindest mit dem dominanten Anteil der Mutter, der ihnen im späteren Leben die Kraft gab, die von der patriarchalen Gesellschaft erwartete passive, untergeordnete weibliche Rolle zu verwerfen und nach Alternativen zu suchen.

Die Geschwisterkonstellation, sexuelle Spiele unter Geschwistern oder traumatische sexuelle Erlebnisse spielten keinerlei Rolle in der Entwicklung zu einer sexuellen Präferenz. Auch hatten lesbische Frauen etwa gleich viele heterosexuelle Erlebnisse in der Pubertät wie heterosexuelle Frauen. Nur

wurden sie anders bewertet. Heterosexuelle Frauen empfanden heterosexuelle Kontakte in der Regel befriedigender als lesbische Frauen.

Die beiden wichtigsten Faktoren waren nichtkonformes weibliches
Rollenverhalten während der Kindheit und »heimliche« sexuelle Gefühle
Frauen und Mädchen gegenüber. Die Gefühle waren wichtiger als sexuelles
Verhalten. Wie diese letztlich entstehen, das konnten die AutorInnen sich
nicht erklären, beziehungsweise sie mochten einen biologischen Faktor
nicht ausschließen. Sie meinten, es könnte durchaus sein, daß das Kind
seine Eltern irgendwie fremder, abweisender erlebte, weil es sich vielleicht
anders verhielt als die anderen Kinder. Und daß die Eltern auf dieses andere
Verhalten auch befremdlicher reagierten. In meiner eigenen Untersuchung
kam ich allerdings zu anderen Ergebnissen (vgl. Kapitel 6). Die von mir
interviewten Lesben beschrieben mindestens eine weibliche Bezugsperson
in ihrer Kindheit als sehr nah, befriedigend und liebevoll.

Newcomb (1985) ging von der Hypothese aus, daß Personen mit »nicht-
konformem sexuellem Verhalten« Eltern haben, die irgendwie aus der
»Rolle« fallen. Er geht also davon aus, daß Eltern die ersten und wesentlichsten Rollenmodelle abgeben, an denen Kinder lernen, wie sich Männer
und Frauen in unserer Gesellschaft zu verhalten haben. Eltern, die sich sehr
entschieden an die Stereotypien halten, die für Männer und Frauen in der
patriarchalen Gesellschaft vorgesehen sind, werden demnach öfter Kinder
haben, die heterosexuell werden.

Er befragte 106 heterosexuelle Männer, 122 heterosexuelle Frauen, 34
homosexuelle Männer und 63 lesbische Frauen, wie sie ihre Eltern sehen. Er
fand keine unterschiedlichen Beschreibungen von Mutter und Vater zwischen hetero- und homosexuell lebenden Männern, auch nicht zwischen
heterosexuellen Männern und Frauen. Unterschiede gab es nur zwischen
den Lesben und den übrigen Gruppierungen. Denn Lesben beschrieben
ihre Väter als abhängiger, weicher und weniger dominant als ihre Mütter.
Die Mütter wurden dagegen, ähnlich wie in der obengenannten Studie,
als unabhängiger, aggressiver und dominanter als die Väter beschrieben.
Nur die Lesben lebten also in Familien, in denen die Eltern sich nicht
nach dem erwarteten patriarchalen Rollenmodell verhielten. Dabei kam
es nicht darauf an, wie die Eltern handelten oder dachten, sondern der

wesentliche das Kind beeinflussende Faktor war, wie sie fühlten. Mehrere Untersuchungen (in Newcomb, 1985, beschrieben) kamen zu demselben Ergebnis. Newcomb meint deshalb, daß die sexuelle Orientierung zwar nicht ausschließlich von elterlichem Verhalten geprägt wird, jedoch sei es auch kein zu vernachlässigender Faktor.

Siegelman (1981) verglich die Antworten von 61 Lesben und 49 heterosexuellen Frauen bezüglich der Wahrnehmung ihrer Eltern. Sie fand, daß Lesben beide Elternteile weniger liebevoll und mehr zurückweisend erlebten als Heterosexuelle. Auch sie überlegte, ob lesbische Mädchen ihre heterosexuellen Eltern mehr zurückweisen und diese als Reaktion dann das Kind weniger lieben oder umgekehrt, ob die Eltern vielleicht nicht-rollenkonformes Verhalten des Mädchens irritierend finden und es deshalb weniger lieben. Dies sei gegenwärtig nicht beantwortbar.

Miller u.a. (1980) befragten 34 lesbische und 31 heterosexuelle Frauen und fanden, daß alle ihre Väter und Mütter ähnlich beschrieben. Trotzdem gab es einen wesentlichen Unterschied; 97 Prozent der heterosexuellen Frauen akzeptierten nämlich ihre Väter, während nur 62 Prozent der Lesben ihre Väter positiv beschreiben konnten. Die Mütter wurden von 90 Prozent der Heterosexuellen und von 70 Prozent der Lesben respektiert.

Sie schließen daraus, daß die Vater-Tochter-Rolle ein determinierender Faktor ihrer späteren sexuellen Orientierung sein könnte, zumindest für manche Lesben.

Die neueste Untersuchung auf diesem Gebiet kommt von Dancey (1990). Sie fand keine signifikanten Unterschiede bei der Einschätzung ihrer 52 Lesben und 36 heterosexuellen Frauen. Sie kam zu dem Schluß, wenn es Unterschiede gibt, dann sind sie so subtil, daß sie mit Fragebogen-Untersuchungen nicht herausgefunden werden können. Allerdings fragte sie ganz andere Dinge als die vorher genannten ForscherInnen. Sie fragte zum Beispiel, wem sich die Frauen ähnlicher fühlen, dem Vater oder der Mutter, oder zu wem sie als Kind gegangen sind, wenn sie Probleme hatten. Fast alle antworteten, daß sie der Mutter ähnlicher seien und bei Problemen zu ihr gegangen sind.

Insgesamt ist festzustellen, daß die Untersuchungsergebnisse recht unterschiedlich ausfallen. Allerdings gibt es mehr Untersuchungen, die herausfanden, daß lesbische Frauen ihre Mütter und Väter weniger positiv beschrieben als Heterosexuelle. Den Vätern scheint dabei eine entscheidendere Rolle zuzukommen als den Müttern. Auch scheinen bedeutend mehr Lesben als heterosexuell lebende Frauen in Familien aufgewachsen zu sein, in denen die Eltern sich nicht nach dem traditionellen patriarchalen Rollenmodell verhielten. Allerdings waren die Fragen in den verschiedenen Untersuchungen nicht miteinander vergleichbar. Auch die Personengruppen variierten häufig in unvergleichbarer Weise.

Die sehr spärlichen Untersuchungen im deutschsprachigen Raum zu diesem Thema sind, gemessen an den wissenschaftlichen Kriterien der empirischen Psychologie, kaum erwähnenswert. Meist wurden nur Homosexuelle untereinander verglichen, ohne heterosexuelle Kontrollgruppe, und häufig ging es nur um männliche Homosexuelle. Sigrid Schäfer (1975) befragte 150 lesbisch lebende Frauen über die Phasen des »coming out«[6], über ihre Arten, sich vor Diskriminierung zu schützen, und über den Grad ihrer Selbstakzeptanz. Sie fand, daß Lesben später als männliche Homosexuelle das erste Interesse an Frauen spüren (durchschnittlich mit 14 1/2 Jahren). Auch der Zeitpunkt der Gewißheit ihrer lesbischen Orientierung liegt später (mit 20 1/2 Jahren) als bei den Männern. Drei Viertel der Lesben hatten heterosexuelle Erfahrungen, und viele davon lagen vor dem ersten Kontakt mit einer Frau. Die Lesben ihrer Befragung fühlten sich gesellschaftlich sehr eingeengt. Nicht einmal die Hälfte der befragten Frauen wollte homosexuell sein, wenn sie ihre sexuelle Orientierung selbst bestimmen könnten. Heute, zwanzig Jahre später, konnte ich solche Tendenzen bei meinen lesbischen Interviewpartnerinnen nicht feststellen. Auf meine Frage, ob sie Lust hätten, wieder heterosexuell zu leben, wenn es möglich wäre, antwortete keine mit Ja.

Reinberg und Roßbach (1985) untersuchten ausschließlich Diskriminierungserfahrungen von Lesben in ihrer heterosexuellen Umwelt, wofür sie

---

6 Darunter ist die Phase zu verstehen, in der sich ein Mädchen oder eine Frau bewußt wird, daß sie lesbisch leben will. Es ist die Zeit vom ersten Interesse an einer Frau, über den Verdacht, lesbisch zu sein, bis zur Gewißheit und der Aufnahme lesbischer Beziehungen.

373 Frauen befragten. Interessant fand ich den Vergleich zu Schäfers Studie zehn Jahre davor. Im Familienbereich hielten noch genauso viele Lesben ihre Orientierung geheim wie die Frauen in Schäfers Studie. Gelockert hat sich offenbar das Bedürfnis nach Geheimhaltung im Beruf und bei FreundInnen. 80 Prozent gaben an, daß ihre FreundInnen ihre lesbische Lebensweise kennen, während es bei Schäfer nur 29 Prozent waren. Was den Beruf angeht, gaben 63 Prozent an, daß zumindest einige ihre Orientierung kennen, bei Schäfer waren es nur 34 Prozent. Besorgniserregend fand ich, daß 76 Prozent der Lesben angaben, in der Öffentlichkeit, also auf der Straße, in Gaststätten, in den Verkehrsmitteln verbale und körperliche Angriffe, und zwar hauptsächlich von Männern, erlebt zu haben.

Die gesellschaftliche Homophobie hat also wohl nicht abgenommen, wenn es sich um relativ anonyme lesbische Frauen handelt. Wer persönlich welche kennt, scheint weniger homophobe Tendenzen zu haben oder zumindest zu zeigen. Insgesamt kommen die AutorInnen zu dem Schluß, daß Geheimhaltung Lesben nicht vor Diskriminierung bewahrt, daß sie nur denen nützt, die Lesben unsichtbar halten wollen. Andererseits führt Offenlegung nicht unbedingt zu größerer Diskriminierung. Sie halten es daher für sinnvoller, die Energien, »die ohnehin sowohl für Geheimhaltung als auch für Offenheit aufgewendet werden müssen – dort zu investieren, wo sie erfolgversprechend sind. Und das sind sie – jedenfalls auf lange Sicht – dort, wo sie der Totschweige-Strategie entgegenwirken« (S.229).

Darüber hinaus sind mir noch drei weitere Studien bekannt, in denen ausschließlich Lesben in freier Form[7], also nicht durch Fragebogen, nach ihren Lebensverhältnissen befragt wurden. Es handelte sich um sogenannte qualitative Interviews. In ihnen wird jede Frau von einer Interviewerin persönlich nach einem zugrundeliegenden Leitfaden von Fragen befragt, die die Interviewte individuell kurz oder lang beantworten kann.

---

7   In der Studie von Akkermann und Betzelt (1987) wurden zwölf lesbische Frauen interviewt. In der Studie von Palzkill (1990) wurden 19 lesbische Sportlerinnen interviewt. Ihr Schwerpunkt waren die Erfahrungen mit der lesbischen Lebensweise im Sport. Jutta Brauckmann (1986) befragte sechs Lesben und dreizehn heterosexuelle Frauen. Ihre Studie ist mit meiner eigenen am ehesten zu vergleichen.

In allen Studien wurde nach der Kindheit, der Pubertät, nach der Phase des »coming out« und nach den erwachsenen Erfahrungen bezüglich der lesbischen Lebensweise gefragt. Ihre Ergebnisse sind zum Teil mit meinen vergleichbar. Ich gehe im nächsten Kapitel auf sie ein.

TiefenpsychologInnen werden sich von den Ergebnissen der empirischen Psychologie kaum beeindrucken lassen. Denn sie argumentieren, daß Fragebogenantworten nur das bewußte Erleben, und davon auch noch recht wenig, erfassen können. Denn was bedeuten schon Informationen aus einer Untersuchungszeit von zwei bis drei Stunden gegenüber einer Langzeitanalyse von zwei bis drei Jahren. Dies ist sicher richtig, wenn wir von unvoreingenommenen TherapeutInnen ausgehen.

Davon scheint es jedoch wenige zu geben, jedenfalls wenige, die sich öffentlich äußern. Die heterosexistische Voreingenommenheit zeigt sich zum Beispiel darin, daß viele AutorInnen betonen, wie sehr sich die Lebensläufe ihrer lesbischen Klientinnen gleichen, daß sie alle aus einer Familie hätten stammen können, daß die zentralen kindlichen Konflikte alle ähnlich seien, daß Mutter- und Vaterbilder sich gleichen (vgl. Siegel, 1988). Solches können nur diejenigen feststellen, die schon ein festes Konzept im Kopf haben.

Nach meinen Erfahrungen verlaufen lesbische Lebensläufe so unterschiedlich wie die der Heterosexuellen. Auch die kindlichen Konflikte kann man nicht so leicht über einen Kamm scheren, wie die analytische Literatur uns das glauben machen will. So meine ich, daß Langzeitanalysen nicht schon per se »objektivere« Daten über weibliche Homosexualität liefern, besonders dann nicht, wenn die TherapeutInnen von den traditionellen Defizittheorien verseucht sind. Daß sich Wissen und Wahrnehmen gegenseitig bedingen, kann in tiefenpsychologischen Prozessen immer wieder beobachtet werden.

Empirische psychologische Untersuchungen arbeiten in der Regel mit vielen Personen, was manche Mängel bezüglich Oberflächlichkeit ausgleicht. Wenn Hunderte von Personen ähnliche Antworten geben, dann ist es unwahrscheinlich, daß alle dieselben Inszenierungen, dieselben Abwehrstrategien äußern. Ich denke, daß sich in diesen Ergebnissen auch Unbewußtes darstellt, jedoch eher Unbewußtes, das mit kollektiven Phantasien und Bildern zu tun hat. Da bei der Ausbildung der sexuellen Orientierung kollektive, jahrhundertealte unbewußte Phantasien von Männlichkeit und Weiblichkeit am Werk sind, liefern die Ergebnisse der empirischen Psychologie und Sozialforschung auch für ein tiefenpsychologisches Studium der sexuellen Orientierung durchaus beachtenswerte Ergebnisse.

Psychologische Forschungsergebnisse der neunziger Jahre

Der Boom in der Homosexuellenforschung aus den achtziger Jahren setzte sich in den neunziger Jahren fort, allerdings hauptsächlich in den anglo-amerikanischen Ländern. Einen Höhepunkt gab es im Jahr 1993, in dem die Psychological Abstracts 73 Arbeiten zum Lesbianismus verzeichnet hatten. Danach ging es mit der Forschung etwas zurück. 1995 verzeichneten die Psychological Abstracts nur 57 Studien.

In Deutschland stieg die Zahl der psychologischen Veröffentlichungen zum Lesbianismus nach dem Psychologischen Index bis 1994 auf immerhin zehn Arbeiten an. 1995 und 1996 sank die Zahl dann auf nur noch ein beziehungsweise zwei Veröffentlichungen ab.

Das lesbische Leben scheint sich in der Literatur fortwährend weiter aufzufächern und zu entfalten. Immer wieder bin ich überrascht und angeregt, wenn ich wahrnehme, über wie viele verschiedene Aspekte lesbischen Lebens die anglo-amerikanische Lesbenforschung sich Gedanken macht. Bei den Untersuchungen der achtziger Jahre spürte ich häufig das hintergründige Motiv, die reichlich angesammelten Vorurteile über Homosexualität nachzuprüfen und gegebenenfalls aufzulösen. Ein weiteres Motiv schien zu sein, homosexuelle, bisexuelle und andere erotische Lebensstile neben der Heterosexualität als befriedigende Lebensweisen darzustellen. Der Beweisdruck hier war wohl enorm, und vielleicht schossen deshalb manche Untersuchungen übers Ziel hinaus, denn der Tenor der Ergebnisse zeichnete hauptsächlich zufriedene, glückliche Lesben, die ihr Leben gut, ja manchmal besser als heterosexuelle Frauen bewältigen können.

In den neunziger Jahren entspannte sich mit zunehmender gesellschaftlicher Toleranz Homosexuellen gegenüber die Lage, und die ForscherInnen rückten nun auch konflikthaftere Themen aus dem lesbische Leben ins wissenschaftliche Licht:

- Das Thema *Gewalt* in Lesbenbeziehungen war ein neuer Forschungsgegenstand. Dabei ging es sowohl um körperliche als auch um psychische Gewalt. *Partnerinnenmißbrauch* war ein neues Schlagwort. Allerdings gab es auch Untersuchungen zur gesellschaftlichen Gewalt Lesben gegenüber.
- Auf dem Gebiet *Lesben und Therapie* lag nun der Schwerpunkt mehr auf der Aufarbeitung der Homophobie, sowohl bei den TherapeutInnen als auch bei den KlientInnen. Auch Aspekte der spezifischen Übertragungs-Gegenübertragungs-Konstellationen in Abhängigkeit vom Geschlecht und der sexuellen Orientierung wurden ausgiebig erforscht. Auch wurden verschiedene psychologische Therapie- und Theorieformen auf ihre Eignung geprüft, mit Homosexuellen auf ichstärkende Weise zu arbeiten. Und es gab vermehrt Kurse für heterosexuelle TherapeutInnen, um ihnen bei der Arbeit mit ihren homosexuellen Klientinnen zu helfen.
- *Lesbische Mütter und ihre Kinder* traten stärker ins Blickfeld der Forschung. Auch hier galt es zunächst, Vorurteile abzubauen. Manche Arbeiten beschäftigten sich mit der Situation der Kinder von lesbischen Müttern oder mit den heterosexuellen Eltern von lesbischen Müttern.
- Beim Thema der *lesbischen Entwicklung* wurden Lesben und ihre heterosexuellen Geschwister genauer untersucht. Es ging auch um die Frage, wie bestimmte Erziehungsstile in der Kindheit die sexuelle Orientierung beeinflussen, zum Beispiel ein rigider, rollenkonformer Stil im Gegensatz zu einem eher flexiblen Erziehungsstil. Auch interessierte, wie sich pränatale Östrogene auf die sexuelle Orientierung auswirken.
- Die *Karriere* von Homosexuellen, besonders ihre Probleme damit, scheint ein neuer Schwerpunkt der Forschung zu werden. Und es scheint in USA schon einen neuen Berufszweig zu geben: die Karriereberaterin für Lesben.

- *Spiritualität* ist als neues Forschungsfeld aufgetaucht. Es gab eine
  Arbeit über spirituelle Reisen mit Lesben, über die spirituellen
  Bedürfnisse von aidskranken Lesben und Schwulen. Eine andere
  Arbeit befaßte sich mit den Unterschieden, wie Lesben und hetero-
  sexuelle Frauen ihren Hausaltar gestalten. Über was sich Amerika-
  nerInnen alles Gedanken machen!
- Der weitaus größte Anteil von Arbeiten befaßte sich mit *psycho-
  sozialen Problemen*. Da gab es Studien zu den spezifischen Pro-
  blemen von katholischen, jüdischen, behinderten und »farbigen«
  Lesben. Die Probleme von Lesben in bestimmten Berufen wurden
  untersucht, zum Beispiel Lesben beim Militär, bei der Polizei, in
  Pflegeberufen, im Lehrberuf, im Management, beim Sport, in den
  Medien. Die Einstellung bestimmter Berufsgruppen, zum Beispiel
  Psychiater und Psychotherapeuten, Lesben gegenüber wurde untersucht. Die Homophobie und Möglichkeiten, sie zu verringern,
  spielten dabei jeweils eine große Rolle.

Lesben sind heute selbstbewußter, aber auch selbstkritischer geworden.
Es zeigte sich, daß sie nicht nur Opfer sind, sie können auch Täterinnen
sein. Auch unter lesbischen Therapeutinnen gibt es sexuellen Mißbrauch
in der Therapie. Auch Lesben haben sexuelle Probleme, die lesbische
Beziehung kann konfliktreich verlaufen, und auch unter Lesben gibt es
körperliche und psychische Gewalt. Der Tenor der Forschung der neunziger Jahre könnte lauten: Es gibt verschiedene erotische Lebensstile. Alle
bringen unterschiedliche Befriedigungen und unterschiedliche Probleme
mit sich. Von den Problemen »der Homosexuellen« zu sprechen ist heute
nicht mehr möglich. Die verschiedenen Lebensstile und ihre Probleme
müssen differenzierter betrachtet werden.

6. Identitätsbildung in der Kindheit

Der Versuch, die psychosoziale Entwicklungsgeschichte von Lesben zu erforschen, stößt bei Lesben oft auf Ablehnung. Zu häufig haben sie in den letzten Jahrzehnten erfahren, daß ihre Erlebnisse zur Entwicklungsgeschichte einer Krankheit umgeschrieben wurden. Eine Krankengeschichte der lesbischen Lebensweise zu erforschen hat sich erübrigt. Trotzdem halte ich es im Rahmen der Entwicklungs- und Persönlichkeitspsychologie für interessant und notwendig, Faktoren in der Sozialisation von Frauen aufzudecken, die möglicherweise eine hetero- oder homosexuelle Orientierung begünstigen. Es geht mir dabei gleichermaßen um heterosexuelle, homosexuelle und andeutungsweise auch um bisexuelle Lebensformen.[1]

Die heterosexuelle Lebensweise wurde schon vielfach erforscht. Der größte Teil der Entwicklungspsychologie befaßt sich mit ihr. Dagegen gibt es kaum Studien, die sich mit der Entwicklungsgeschichte von Lesben befassen. Da ich alle sexuellen Lebensstile für Varianten des sexuellen Erlebens im Bereich der Normalität halte, erscheint es mir auch sinnvoll, die Entwicklung aller sexuellen Lebensweisen gleichermaßen zu erforschen.

Die Ursachenfrage in der Homosexualität zu vernachlässigen hält Pagenstecher (1987) für politisch verfehlt, zumindest solange Homosexualität gesellschaftlich unterdrückt wird, weil wir damit das Feld den Defizitanhängern gänzlich überlassen. Durch Schweigen stimmen wir ihnen zu. Und wenn wir nur Konzepte der Krankheit beziehungsweise des Defizits in der Homosexualität haben, werden nur solche in den Köpfen der PolitikerInnen, der ÄrztInnen, der TherapeutInnen und letztlich auch der Lesben selbst vorhanden sein, die sich entsprechend destruktiv auswirken.

Denn »jeder Art von Beratung, Therapie und Politik liegen ja bewußte oder unbewußte Ursachenkonzepte zugrunde, die die Richtung mitbestimmen, in die Beratung, Therapie oder politische Maßnahmen sich

---

1 Ich habe allerdings nur Frauen interviewt, die sich als eindeutig hetero- oder homosexuell bezeichneten. Daher geht es in dieser Studie schwerpunktmäßig um Hetero- und Homosexualität.

bewegen... Und nicht zuletzt haben Vorstellungen über Ursachen auch Einfluß auf die Selbstwahrnehmung von Homosexuellen« (Pagenstecher, 1987, S.15).

Wissenschaft schafft Realität

Ich versuche in diesem Kapitel Ansätze einer Entwicklungstheorie der lesbischen Lebensweise zu entwerfen, wie es sie für den heterosexuellen Lebensstil in jedem Buch über Entwicklungspsychologie zu lesen gibt. Es geht mir also nicht darum, die Ätiologie der weiblichen Homosexualität mit neuen Ideen zu »bereichern«, sondern darum, herauszufinden, wie ein lesbischer Lebensstil entstanden sein könnte, welche Persönlichkeitsmerkmale des Kindes und seiner Bezugspersonen, welches soziale und kulturelle Umfeld eine spätere lesbische Entwicklung begünstigen.

Allerdings sind damit längst nicht alle Faktoren beschrieben, die bei der Bildung eines sexuellen Lebensstils mitwirken. Die sexuelle Orientierung entsteht wohl durch ein Zusammenspiel von vielen Komponenten: Genen, Hormonen, Sozialisation, der Vernetzung zwischen Erbanlagen und Umwelt, psychophysischen Bedingungen im Mutterleib und vielleicht noch heute völlig unbekannten Faktoren. Alle zu berücksichtigen würde den Umfang dieses Buches sprengen. Daher beschränke ich mich auf das Gebiet, von dem ich am meisten verstehe, nämlich auf Komponenten der psychosexuellen Entwicklung.

Dabei bin ich mir bewußt, daß meine nachfolgenden Thesen Konstruktionen sind, gewonnen aus Lebensberichten von Erwachsenen. Die Erinnerung Erwachsener an ihre Kindheit ist immer schon moduliert. Was zu unangenehm war, kann vergessen oder besonders hervorgehoben sein. Was angenehm war, aber nicht in das Gesamtbild paßt, das wir uns mittlerweile von uns selbst gemacht haben, lassen wir auch aus unserem Bewußtsein verschwinden. Je nachdem, mit welchen Erkenntnissen und Theorien eine Person sich gerade identifiziert, wird sie ihre erinnerten Erlebnisse entsprechend wahrnehmen und einordnen. Unsere Kindheitserinnerung ist also nicht das genaue Abbild des Erlebten.

Die in den Interviews gehörte Lebensgeschichte wird nun noch einmal von mir, gemäß meinen unbewußten Rastern, »umgearbeitet«. Wir können häufig nur das »wahrnehmen«, wofür wir einen Blick haben, was wir für denkbar halten, was uns wichtig erscheint, wofür es schon gewisse Strukturen in unserem Bewußtsein und Unbewußten gibt, kurz, was in unser Weltbild paßt. Daher ist es so schwer, wirklich Neues zu entdecken und zu verbreiten. Denn das Neue erfordert Gedankengänge in uns, die es noch nicht gibt, wofür erst »Pfade« in unserem Gehirn und unserem Erleben angelegt werden müssen. So werde auch ich wohl nur das hören können, was in mein gegenwärtiges Weltbild paßt, wofür ich »offen« bin, was für mich denkbar ist.

Die daraus gewonnenen theoretischen Konstruktionen beeinflussen wiederum die Personen, die sie lesen. Psychologische Theorien scheinen »neue Pfade« in unserem Bewußtsein zu eröffnen, nach denen wir unser Erleben häufig erst nachträglich ausrichten, wenn uns die Theorie einleuchtend erscheint oder wenn wir die jeweiligen VerfasserInnen als Autoritäten anerkennen. Dies wurde für Lesben in der Geschichte häufig zum Verhängnis.

Als Ende des 19. Jahrhunderts Krafft-Ebing die Angeborenheit der Homosexualität verbreitete und ein »drittes Geschlecht« erfunden wurde, begannen sich viele lesbische Frauen sehr schnell damit zu identifizieren. Sie nannten sich von nun an kurz die »Krafft-Ebingschen«. Auch heute noch beginnen Lesben, die meinen, daß Homosexualität angeboren ist, ihre Vergangenheit entsprechend zu rekonstruieren, um sich sagen zu können: Ich war wohl schon immer lesbisch, diese Tendenz habe ich nur bis jetzt unterdrückt. Dies passiert auch dann, wenn sie vorher jahrelang in einer glücklichen heterosexuellen Beziehung gelebt hatten.

Theorien beschreiben also nicht nur angeblich Vorhandenes, sie schaffen neues Wissen. Dies beeinflußt unsere Wahrnehmung und unser Handeln und Erleben. Theorien, besonders die auf dem Gebiet der Psychologie, schaffen also neue Realitäten.

Pathologisierende Theorien haben die Tendenz, nicht nur unter Lesben, sondern in der gesamten Bevölkerung ein pathologisierendes Bewußtsein bezüglich Homosexualität zu erzeugen. Mein Entwurf soll den Defizittheorien etwas entgegensetzen, um diese Pathologisierungstendenzen endlich auszurotten. Dabei halte ich es zum gegenwärtigen Zeitpunkt für unnötig, herausfinden zu wollen, ob diese Theorie wirklich stimmt oder nicht. Denn beim gegenwärtigen Wissensstand über die Entwicklung verschiedener sexueller Lebensstile – nämlich nahezu nichts – wäre solches sowieso nicht zu entscheiden. Sie ist eine Konstruktion wie die Defizittheorien auch. Der wesentliche Unterschied ist jedoch, daß meine Theorie positive, »gesunde Bilder« von gleichgeschlechtlicher Liebe »erschafft«, die hoffentlich die Diskussion über die lesbische Entwicklung und über verschiedene sexuelle Lebensstile im Rahmen der Normalität vorantreiben wird, womit unser Denken und Handeln erweitert und lesbischen Frauen ein positives Selbstgefühl vermittelt wird.

Allerdings ging ich in meinen Überlegungen nicht so willkürlich vor, wie es vielleicht den Anschein hat. Ich bemühte mich, so viele »Fakten« wie möglich zum Thema zu sammeln. Ich suchte nach Ansätzen einer lesbischen Entwicklungstheorie und fand leider nur zwei Autorinnen, die in die von mir angestrebte Richtung verweisen: Lising Pagenstecher (1980) und die Amerikanerin Jean Eisenbud (1982). Aufgrund dieser mageren Ausbeute befaßte ich mich ausführlich mit den heute gängigen Defizittheorien und fand doch vereinzelt Splitter, die Hinweise für eine Theorie gesunder lesbischer Entwicklung liefern könnten. Teilweise habe ich einfach pathologisierende Erklärungen umgedreht, um zu schauen, wie sie wirken, wenn wir sie des pathologisierenden Charakters entkleiden.

Aus dieser veränderten Perspektive ergaben sich dann oft neue, spannende Überlegungen. Zum Beispiel wird Homosexuellen von vielen AutorInnen sexuelle und intellektuelle Frühreife bescheinigt, was als krankmachend gilt. Ich fragte mich, was daran so schädlich sein soll, sexuelle Gefühle so früh wie möglich zu erleben. Sind sie doch eine der wichtigsten Quellen unserer Lebensenergie und unseres Wohlbefindens. Ab welchem Alter die Wahrnehmung sexueller Empfindungen nicht mehr schädlich ist, konnten die AutorInnen nicht mitteilen. Da ich der Auffassung bin, daß Sexuelles von Geburt an empfunden wird, gibt es für mich keine sexuelle Frühreife. Es gibt allerdings Bemühungen zur Unterdrückung des Sexuellen, wenn es die Umgebung fordert, und dies wahrscheinlich von Anfang an.

Meine Untersuchung

In verschiedenen Artikeln habe ich schon einige Thesen und Vermutungen veröffentlicht, was in der Kindheit von lesbischen Frauen anders gewesen sein könnte als in der Kindheit von heterosexuellen Frauen. Meine Gedanken stützten sich damals hauptsächlich auf Äußerungen von Freundinnen, eigene Erfahrungen und Erkenntnisse aus Einzel- und Gruppenanalysen von 20 lesbischen Patientinnen. Für dieses Buch befragte ich 16 lesbisch und 16 heterosexuell lebende Frauen nach der Art eines tiefenpsychologischen Erstinterviews. Keine von ihnen war jemals meine Patientin. Die wenigsten hatten bis heute für ihre Lebensbewältigung psychotherapeutische Hilfe gebraucht. Hintergrund meiner theoretischen Überlegungen sind also ein ausgiebiges Literaturstudium, meine Befragung von 32 Frauen und meine eigenen Erfahrungen mit Hetero- und Homosexualität als Frau und Analytikerin.

Allerdings beansprucht mein Ansatz nicht universelle Gültigkeit. Es ist ein Versuch, Ursachen herauszuarbeiten, die in unserer patriarchal-bürgerlichen Gesellschaft des 20. Jahrhunderts verankert sind. In anderen Gesellschaften wird die Entwicklung eventuell ganz anders verlaufen. Auch kann ich nicht alle Ausprägungen der lesbischen und heterosexuellen Lebensweise beschreiben. Es handelt sich um Grundzüge der lesbischen Orientierung, die ich jeweils im Vergleich mit der heterosexuellen Lebensweise diskutieren möchte.

Nach den weiter oben beschriebenen Testergebnissen fand ich es erstaunlich, daß viele Lesben bei der immer noch weitverbreiteten Diskriminierungspraxis in unserer Gesellschaft offenbar trotzdem in der Lage sind, ein relativ symptomfreies Leben zu führen.

So zielen meine Fragen in die Richtung, herauszufinden, woher Lesben die nötige Selbstbestätigung bekommen, wie sie ihr Selbstbewußtsein, ihre Ichstärke entwickeln, die sie brauchen, um in einer sie unterdrückenden, bestenfalls ignorierenden Umwelt einigermaßen gesund leben zu können.

Die Interviews

Für mein Ziel erschien mir die Form des halbstrukturierten Tiefeninterviews am geeignetsten, indem ich anhand einiger Leitfragen die Interviewpartnerinnen ausführlich zu Wort kommen lassen konnte. So hoffte ich, mit den interviewten Frauen an Erinnerungen und Gefühle zu kommen, die sie bis jetzt vielleicht selbst noch kaum wahrgenommen hatten. Gemäß meinem Interesse unterteilte ich meine Fragen in vier Bereiche, die ich den Frauen am Anfang kurz erläuterte.

Im ersten Fragenkomplex ging es um die Erlebnisse in der Kindheit, Pubertät und Adoleszenz. Besonders interessierten mich dabei die Erinnerungen an frühe erotische Beziehungserfahrungen, an ihre Vorstellungen über sich selbst und die ihrer wichtigsten Bezugspersonen in dieser Zeit. Im zweiten Fragenkomplex ging es um die Erfahrungen in Liebesbeziehungen im Erwachsenenleben. Im dritten Bereich ging es um die spezifischen sexuellen Erfahrungen. Im vierten Bereich stellte ich Fragen, die allgemeine Erfahrungen mit Beziehungen zu Männern und Frauen betrafen.

Hilfreich bei der Zusammenstellung der Fragen fand ich Jutta Brauckmanns (1984) Fragebogen, dem ich einige Fragen entnahm. Auch sie führte 1979/80 halbstrukturierte Tiefeninterviews mit 19 Frauen durch, so daß sich meine und ihre Ergebnisse zum Teil vergleichen lassen. Ich war gespannt, ob sich in den zwölf Jahren, die seit ihrer Untersuchung vergangen sind, bestimmte Erfahrungen und Selbstbilder verändert hatten. Allerdings legte ich größeren Wert auf die Erforschung der spezifischen erotisch-sexuellen Erlebnisse als sie damals. Jeder Fragenkomplex enthielt eine Reihe untergeordneter Fragen, die ich zwanglos einfließen ließ, beziehungsweise manche Frauen kamen im Erzählen selbst darauf zu sprechen.

Die interviewten Frauen

Da mein Hauptziel ist, herauszufinden, ob es in der Kindheit, Pubertät und Adoleszenz irgendwelche Unterschiede in den emotional-erotischen Erfahrungen von Frauen gibt, die eine hetero- oder homosexuelle Lebensweise eingeschlagen hatten, suchte ich Frauen, die sich selbst als lesbisch oder heterosexuell definierten. Dadurch ersparte ich mir, gleich am Anfang definieren zu müssen, wer nun eigentlich lesbisch und wer heterosexuell lebt.

Um die Frauen einigermaßen miteinander vergleichen zu können, wählte ich in beiden Gruppen nach Alter, Beruf und Lebensweise ähnliche Frauen aus. Um wissenschaftlich signifikante Aussagen zu machen, ist diese Anzahl zu klein. Auch dürften die Frauen nicht repräsentativ für alle Lesben und Heteras sein. Denn sie kommen hauptsächlich aus meinem Bekanntenkreis. Es sind Frauen, die sich der Situation der Frauen im Patriarchat bewußt sind. Alle bezeichnen sich als emanzipiert. Viele der heterosexuellen Frauen und fast alle Lesben nannten sich auch Feministin und engagierten sich in Frauenkulturprojekten oder in politischen Gremien für die Gleichberechtigung der Frau. Alle lesbischen Frauen hatten eine Phase des Coming out hinter sich oder waren gerade dabei, die Heimlichkeit ihres Lebensstils zu hinterfragen und so weit wie möglich aufzulösen. Insofern ist nicht sicher, ob meine Ergebnisse auch für sehr versteckt lebende Lesben und für traditionell lebende heterosexuelle Mütter gelten. Allerdings gibt es bis jetzt keine Untersuchung, die als repräsentativ für alle lesbischen Frauen akzeptiert werden kann. Und dies wird so lange so bleiben, solange lesbische Frauen das Gefühl haben, versteckt leben zu müssen.

Da dieses Buch keine wissenschaftliche Abhandlung sein soll, sondern eher Anregungen für eine neue Sichtweise von weiblicher Hetero- und Homosexualität geben will, erübrigen sich Fragen nach allgemeiner Repräsentativität, nach Objektivierbarkeit und Reproduzierbarkeit. Schwerpunkt dieses Buches sind die von mir neu gefundenen Gedankengänge, nicht die empirische Arbeit selbst, die jedoch den nötigen Hintergrund dafür abgibt.

Um geeignete Frauen zu finden, verbreitete ich mein Vorhaben zunächst in meinem Bekanntenkreis. Viele von mir angesprochene Frauen waren spontan bereit, sich interviewen zu lassen. Viele gaben mir weitere Adressen von ihren Freundinnen. Auch inserierte ich in einer in Baden-Württemberg bekannten Frauenzeitschrift und führte einen Diskussionsabend in einem Frauenkulturzentrum durch, wobei ich weitere Frauen fand.

Da alle lesbischen Frauen beruflich außer Haus arbeiteten, suchte ich beruflich engagierte heterosexuelle Frauen. Nur eine heterosexuelle Frau arbeitete ausschließlich als Hausfrau und Mutter. Das Alter der Lesben lag zwischen 21 und 48 Jahren, das Alter der heterosexuellen Frauen zwischen 23 und 57 Jahren. Ledig waren zwölf der Lesben und acht der Heteras, geschieden waren vier Lesben und drei heterosexuelle Frauen. Verheiratet waren fünf Heteras und niemand von den Lesben. Neun Heteras und 13 Lesben waren kinderlos. Die sieben heterosexuellen Mütter hatten insgesamt zwölf Kinder, die drei lesbischen Mütter hatten sechs Kinder.

Akademische Berufe übten elf der Lesben und sieben der Heteras aus, zum Beispiel als Theologin, Lehrerin, Psychologin, Unternehmerin. Fünf Lesben und acht Heteras waren Handwerkerinnen oder Angestellte, darunter gab es Journalistinnen, Schauspielerinnen, Buchhändlerinnen, Mechanikerinnen, Malerinnen, Schreinerinnen.

Da in der einschlägigen Literatur häufig vermutet wird, daß die Stellung in der Geschwisterreihe eventuell die spätere sexuelle Orientierung beeinflussen könnte, habe ich auch dieses abgefragt und kam zu keinerlei signifikanten Ergebnissen. Bei den Lesben gab es vier Einzelkinder, bei den Heteras eines. Drei der Lesben und sechs der Heteras waren jeweils die Älteste in einer Geschwisterreihe. Die Mittlere waren vier der Lesben und fünf der Heteras, und die Jüngste waren fünf der Lesben und fünf der Heteras.

Durchführung der Interviews

Ich legte Wert darauf, die Frauen in ihrer eigenen Umgebung zu befragen, um eine möglichst vertraute und offene Atmosphäre entstehen zu lassen, weshalb ich zu den meisten der Frauen nach Hause fuhr. Zunächst erzählte ich ihnen über mein Buchprojekt, sicherte ihnen absolute Anonymität zu und stellte ihnen die vier Fragenbereiche vor. Dann begann ich mit dem Abfragen der »Sozialdaten«. Dadurch kamen wir gleich in den ersten Fragenkomplex, die Kindheit.

Je nach Erzählstil der Frauen dauerte ein Interview zwischen zweieinhalb und dreieinhalb Stunden. Ich versuchte dabei, ganz offen für die jeweilige Frau zu sein und mich so weit in sie einzufühlen, wie ich es vermochte. Die meisten Frauen und ich selbst fanden die Gespräche sehr spannend und hilfreich. Besonders überraschend und erfreulich fand ich, daß alle Frauen so offen und spontan auch über die intimsten Erlebnisse, zum Beispiel über Sexualität, sprachen. So frage ich mich, warum Weiblichkeit für die ForscherInnen der letzten Jahrzehnte angeblich ein solch dunkler Kontinent war. Haben sie es versäumt, die Frauen direkt zu fragen, oder waren die Frauen früherer Zeiten weniger gesprächig? Sigmund Freud empfahl ja bekanntlich seinem interessierten Publikum bezüglich Weiblichkeit, die (männlichen) Dichter und Forscher späterer Generationen zu befragen.

Wir sind multierotische Wesen

Im zweiten Kapitel habe ich meine Vorstellung vom Sexuellen und der Sexualität beschrieben. Danach ist das Sexuelle am Beginn des Lebens ein ungerichtetes und ungeformtes Potential, äußerst flexibel und modifizierbar. Es ist emotionale Bewegung, die alles zum Gegenstand der Bewegung machen kann: Menschen, Tiere, Pflanzen, Gegenstände, Gedanken. Diese relativ ungeformte Kraft dürfte in ihrer Stärke, nicht in ihrer Richtung von Mensch zu Mensch variieren. Diese Stärke hängt wohl von biologischen und/oder uns noch unbekannten Gegebenheiten ab. Ich nenne diese sexuelle Kraft unser multierotisches Potential. Ich möchte dabei den Schwerpunkt auf die Erotik legen, denn unter Erotik lassen sich alle sexuellen Verfeinerungen, Verzweigungen und Sublimierungen des Sexuellen unterbringen, während mit dem Sexuellen doch eher genital-sexuelles Erleben assoziiert wird.

Exkurs in die Biologie

Von manchen Genforschern und Physiologen wird seit Jahren überlegt, ob Homosexualität biologisch verursacht ist. Besonders ins Rampenlicht traten zwei Forschergruppen, nämlich das Team um den amerikanischen Sexologen John Money und die Gruppe um den Neuroendokrinologen Gunter Dörner aus Berlin (vgl. Sommer, 1990). Dörner behauptet, daß die spätere homosexuelle Orientierung nahezu unumkehrbar von vorgeburtlichen Einflüssen determiniert sei. Er untersuchte die Entwicklung des Hypothalamus bei neugeborenen Ratten. Der Hypothalamus ist ein Teil des Zwischenhirns, der viele Lebensprozesse steuert. Ratten eignen sich besonders zum Experimentieren mit dieser Hirnregion, da der Hypothalamus bei ihnen sich erst einige Tage nach der Geburt differenziert, während er sich beim Menschen vor der Geburt ausgestaltet.

Dörner gab den neugeborenen weiblichen Ratten nun eine größere Dosis des männlichen Hormons Androgen. Als sie geschlechtsreif waren, zeigten sie »Aufreiten« als Paarungsverhalten. Dörner definiert das Aufreiten auf ein anderes Tier als männliches Verhalten und »einen Hohlrücken machen« als weibliches Verhalten. Für ihn sind weibliche Ratten homosexuell, wenn sie bei der Paarung »aufreiten«. Dementsprechend konnte er zeigen, daß männliche Ratten, die kurz nach der Geburt kastriert wurden, die also kein Androgen produzierten, während der Paarung das »Hohlrücken-Verhalten« zeigten. Auch konnte er Veränderungen in den Gehirnzellen des erwachsenen Tiers feststellen, je nachdem, ob die Ratte bei Geburt androgenisiert oder die Androgenproduktion unterdrückt wurde. Weiter behauptet er, daß männliche Homosexuelle im »Sexzentrum« ihres Hypothalamus eher weibliche Strukturen haben, während Lesben eher männliche Formationen aufweisen würden.

Diese Ergebnisse setzen eine recht primitive Auffassung von Homosexualität voraus. Sie reduziert sich auf ein paar wenige Handlungen und Gesten im Geschlechtsverkehr. Die lesbische Lebensweise hat nichts mit »Aufreiten« und »Hohlrücken« zu tun. Nach Dörners Definition von Homosexualität müßten auch alle heterosexuellen Frauen, die in der Sexualität nicht die »Missionarsstellung« mögen, ein männliches Sexzentrum im Gehirn haben und potentiell homosexuell sein. Denn auch die androgenisierten Ratten zeigten nicht nur bei Weibchen »Aufreiten«, sondern auch bei Männchen. Weiblichkeit und Männlichkeit definiert Dörner einfach durch die Geschlechtsorgane und das Paarungsverhalten. Er scheint noch nie etwas davon gehört zu haben, daß diese Begriffe soziologische Konstrukte sind, die je nach Gesellschaft andere Inhalte aufweisen.

Weiter wissen wir heute, daß das menschliche Gehirn nicht etwas Statisches ist, sondern seine Strukturen das ganze Leben hindurch modifiziert werden gemäß den gemachten Erfahrungen. So können wir grundsätzlich nicht feststellen, was früher war: die modifizierte Gehirnstruktur, die homosexuelles Verhalten »erzeugte«, oder die homosexuellen Erfahrungen, also psychologische Einflüsse, die das Gehirn entsprechend verändert haben. Beides wirkt immer gleichzeitig, weshalb Neurobiologen neben einer Neurobiologie der Hormone auch eine Neurobiologie des Lernens und des Gedächtnisses kennen. Gooren behauptet, daß das Sexzentrum des Hypothalamus in der frühen Kindheit noch gar nicht existiere, weshalb es auch unsere sexuelle Orientierung nicht beeinflussen könne.

Spannender finde ich den Ansatz der Forscher um Money. Sie haben biologische und soziale Komponenten miteinander vernetzt. Auch für sie spielten die Androgenhormone eine wesentliche Rolle. Sie untersuchten Menschen, die aus den verschiedensten Gründen vor ihrer Geburt mehr oder weniger als die durchschnittliche Menge von Androgen zugeführt bekommen haben. Zusätzlich untersuchten sie, wie sich die Definition des Neugeborenen als männlich oder weiblich auf die Geschlechtsrolle des Kindes und die später erwachsene sexuelle Orientierung ausgewirkt hat. Sie fanden, daß genetische Jungen, die im Mutterleib keine Androgenzufuhr erhielten, bei der Geburt als Mädchen definiert wurden. Die Eltern erzogen sie als ihre Tochter, und später lebten sie heterosexuell. Die genetischen Mädchen, die im Mutterleib einer zu hohen Dosis Androgen ausgesetzt waren, wurden bei Geburt als Mädchen definiert. Sie wuchsen als »Wildfang« auf, und später lebten 17 Prozent davon als Lesben.

Obwohl ich den Ansatz für interessant halte, sagen die Ergebnisse wenig Substantielles aus. Nach Money lebten 82 Prozent der androgenisierten Mädchen später hetero- oder bisexuell. Wir wissen angesichts der Dunkelziffer an lesbischen Frauen nicht, wie hoch die durchschnittliche Bevölkerungsrate von Homosexuellen ist. In vielen Untersuchungen wird von 10 Prozent und mehr ausgegangen. Möglicherweise liegen die 17 Prozent der Lesben in Moneys Untersuchungen ganz im Durchschnitt. Gooren berichtet von Untersuchungen, in denen Homosexuelle mit Androgen behandelt wurden, was sich in keiner Weise auf ihre sexuelle Orientierung auswirkte, auch wurden heterosexuelle Männer, die ihre Hodenfunktion verloren hatten, deshalb nicht homosexuell.

Auch die Zwillingsforschung liefert wenig Eindeutiges. In einer groß angelegten amerikanischen Studie von LeVay, San Diego, wurden 167 ein- und zweieiige männliche Zwillinge sowie 46 »normale« oder Adoptivgeschwister über ihre sexuelle Orientierung befragt[2]. Dabei wurde darauf geachtet, daß einer davon homosexuell war. 52 Prozent der eineiigen Zwillingspaare waren offenbar homosexuell »veranlagt«. Von den zweieiigen Zwillingen waren es nur 22 Prozent. Über die sozialen Verhältnisse und die Erziehungsweise der Eltern ist mir nichts bekannt. Da von den eineiigen Zwillingen »nur« 52 Prozent homosexuell wurden, ist zumindest klar, daß die Genstruktur alleine Homosexualität nicht verursachen kann. Es ist nicht einmal ersichtlich, ob die Gene überhaupt an der Homosexualität beteiligt waren.

Eine genaue Studie der kindlichen Entwicklung beider Zwillinge müßte folgen. Denn es ist durchaus denkbar, daß die Zwillinge aufgrund ihres ähnlichen Aussehens, ähnlichen Verhaltens, ihrer ähnlichen Motive die Eltern zu ähnlichem Verhalten anregten, was wiederum die homosexuellen Gefühle gefördert haben könnte. Denn das Verhalten der Eltern und das der Kinder ist untrennbar miteinander verwoben. Da keine Frauen an der Untersuchung beteiligt waren, ist völlig unklar, ob dieses Ergebnis für Frauen irgend etwas aussagen kann.

Insgesamt ist festzustellen, daß wir einen biologischen Faktor bei der Entstehung der Homosexualität und der Heterosexualität nicht ausschließen können. Allerdings ist noch völlig unklar, was dieser Faktor beinhaltet, ob es die Gene sind, Hormone, eine bestimmte Struktur im Nervensystem, oder ob ein bestimmtes Zusammenspiel aller Komponenten vorhanden sein muß. Unklar ist auch, wie sich dieser Faktor im Zusammenspiel von Person und Umweltforderungen auswirkt.

Ganz sicher ist jedenfalls, daß die Biologie alleine Homosexualität nicht erzeugen kann. Es müssen noch auslösende Erfahrungen in Erziehung und Umwelt dazukommen, damit die jeweilige »Anlage« im Leben auch realisiert wird. Es scheint sogar so, daß soziokulturelle Einflüsse stärker wirken als die biologischen. Allerdings scheint die Stärke der jeweiligen

---

2   Einen Bericht darüber gab es im »Schwäbischen Tagblatt« vom 10.2.1992

Aktivität von biologischen Faktoren abhängig zu sein. Denn Money stellte fest, daß ein erhöhter Androgenspiegel das aktiv-aggressive Verhalten von Frauen und Männern erhöht. Die Richtung des Verhaltens war davon jedoch nicht beeinflußt.

Die Plastizität des Sexuellen

Das Sexuelle ist also nicht gemäß einem genetischen Code einfach vorhanden. Es entwickelt sich auch nicht von selbst. Es muß geweckt, gefördert und gelernt werden (Gindorf, 1989). Dies machten sich alle Gesellschaften dieser Welt zunutze. Gemäß den jeweiligen Erwartungen und Vorstellungen einer Bevölkerung wird das Kind im Laufe der Sozialisation in die entsprechenden sexuellen Rollenerwartungen mehr oder weniger gewalttätig hineinsozialisiert. Die gesellschaftlichen Normen sind der soziale Rahmen, in den ein Mädchen hineingeboren wird, innerhalb dessen es Glücks- oder Unglückszustände, Abhängigkeits- und Autonomiewünsche verwirklichen muß, der ihr die Möglichkeit erleichtert oder erschwert, sich »in Ordnung«, sich fremd oder krank zu fühlen. Die eigenen Wünsche und Motive haben sich an dieser Basis abzuarbeiten.

Brauckmann (1986) betonte die Hierarchie zwischen den Geschlechtern als wesentliches normgebendes Handlungsmuster in unserer Gesellschaft. So verliere jede Handlung an Wert, sobald sie von Frauen vollbracht wird. Andererseits erfahre das Mädchen, daß alle lebenserhaltenden Handlungen zuerst von einer Frau kamen. So erzeuge die Hierarchisierung von männlichen und weiblichen Handlungen eine grundlegende Spaltung zwischen der Realität der konkreten Erfahrungen einerseits und Bewußtsein und Mythos auf der anderen Seite. Die Frau/Mutter vollbringt zwar die wichtigsten, weil lebenserhaltenden Handlungen, diese dürfen jedoch nicht als wichtig wahrgenommen werden.

Unsere Sexualität ist also kein »Triebschicksal«, das uns mit unserer Geburt unverrückbar mitgegeben wurde. Sie ist das Ergebnis der individuellen Verarbeitung von biologischen, psychischen und sozialen Faktoren. Als Potential ist sie angeboren, und in ihrer jeweiligen Ausprägung ist sie das Ergebnis von Lernprozessen. Daher gibt es auch nicht nur einen sexuellen Lebensstil, eine Sexualität. Gerade der sexuellen Gestaltbarkeit verdanken wir es, daß sich die verschiedensten »Sexualitäten« herausbilden beziehungsweise daß unsere Umwelt bestimmte sexuelle Lebensstile fördern beziehungsweise behindern kann. So gibt es auch nicht nur eine Homo- oder Heterosexualität. Kinsey beschrieb die Sexualitäten auf einem Kontinuum zwischen ausschließlich homo- und ausschließlich heterosexuell. Dazwischen finden sich alle Varianten sexuellen Erlebens. Je nachdem, mit welcher Intensität wir uns eine bestimmte »Sexualität« angeeignet haben oder aneignen mußten, werden wir im Erwachsenenleben über ein entsprechend starres oder flexibles erotisches Erlebensrepertoire verfügen. Unsere Kreativität und Neugierde, unsere Lust, uns auf neue Situationen einzulassen, aus vorgegebenen, tradierten Erfahrungs- und Rollenmustern auszubrechen, könnte damit zusammenhängen, wieviel wir aus der Kindheit noch an »ungebundener« sexueller Energie ins Erwachsenenleben hinüberretten konnten. Und wenn wir es schaffen, das Sexuelle, die uns bewegende Energie mit unseren Gedanken zu durchdringen, dann werden neue Erfahrungen und Impulse uns auch zu neuen Erkenntnissen führen.

Für Anaïs Nin (1980) ist Erotik ein grundlegendes Mittel der Selbsterkenntnis, und Brückner (1990) nennt Erotik und Sexualität eine »Grenzgängerei zwischen Selbstwerdung, Selbsterhaltung und Selbstverlust, zwischen Aneignung und Hingabe, zwischen Lust und schmerzhaften Übergriffen«.

Für Lou Andreas-Salomé (1910) war die Liebesleidenschaft das »tiefste Eingehen in uns selbst« (in: Brückner). Die größte Gefahr für die Leidenschaft sei jedoch die Selbstaufgabe, denn nur wer das eigene Selbst bewahrt, kann »in seiner lebendigen Fülle dem andern das Leben symbolisieren«. Dieser Satz hat mich tief bewegt. Denn in meinen eigenen erotischen Begegnungen, ob sie nun glücklich oder schmerzhaft verliefen, empfand ich das Erkennen von Lebensprozessen, die Wahrnehmung dessen, was offenbar alles möglich ist, die Gesetzmäßigkeiten oder Überschreitungen von vermeintlich unumstößlichen Gesetzen unseres Erlebens als den eigentlichen Gewinn und Reichtum jeder Begegnung.

Daß leidenschaftliche Begegnungen nicht auf Männer oder Frauen beschränkt sind, daß wir folglich multierotische Wesen sind, hat mich eine

Kuh gelehrt. Dieses Erlebnis hat nicht nur mein Fühlen, sondern auch mein Denken erweitert. Gleich am nächsten Tag mußte ich folgendes aufschreiben:

Der Zaun
Im Juni 1990 gehe ich zu einem Abschiedsfest einer Freundin, die für ein Jahr nach Amerika fährt. Es ist sehr lustig dort – trotzdem fühle ich mich einsam, habe das Gefühl, mit niemand richtig in Kontakt zu kommen. Nach ein paar Stunden – am frühen Abend – schleiche ich mich davon, möchte eine Weile spazierengehen. Ich komme zu einer Wiese mit jungen Kühen hinter einem Zaun. Sie sind neugierig, kommen langsam auf mich zugetrabt. Wenn sie den Zaun berühren, schrecken sie zurück. Offenbar ist er elektrisch geladen. Und langsam gehen sie auch wieder weg, bis auf zwei, die länger bei mir bleiben. Die eine blutet aus der Nase. Das berührt mich, und ich streichle sie. Die andere steht daneben und schaut zu. Dann gehe ich weiter.

Es wird dämmrig, und ich beschließe, wieder umzudrehen. Auf dem Rückweg schaue ich noch einmal nach den beiden Kühen. Das Nasenbluten der einen ist zurückgegangen. Wir berühren uns vorsichtig durch den Zaun, es folgt: anschauen, riechen, streicheln, schnauben, schlecken. Ich denke: gemütliche Tiere, mit den großen gutmütigen Augen, groß und sanft. Dann gehe ich weiter. Plötzlich höre ich hinter mir ein Stampfen, wie ich es noch nie gehört habe. Eine der beiden Kühe rennt mir nach im Galopp. Verwundert drehe ich mich um und schaue sie an. Ich habe noch nie eine Kuh so rennen sehen – oder ist es ein Bulle? Wir stehen voreinander – etwas Merkwürdiges passiert – wir begegnen uns. Wir sehen uns an, berührt, für Augenblicke vergessen wir den Zaun, sie reibt ihre Schnauze an meinem Knie, ich streichle ihre Stirn – wir können uns nicht satt sehen aneinander. Habe ich jemals früher eine Kuh gesehen? Ist es denn eine Kuh? Für Augenblicke vergessen wir, daß ich ein Mensch und sie eine Kuh ist – wir sind einfach voneinander fasziniert. Zwei Wesen, die alle Zäune transzendieren – die Zeit steht still, alle Umwelt ist vergessen – nur schauen, berühren, spüren, wie es wohl nur zwischen Liebenden in manchen Augenblicken geschieht. Den Zaun zwischen uns haben wir vergessen.

Ich bin gerührt, wie sie immer wieder ganz dicht an mich herangehen will, wie sie mir offensichtlich ihre Liebe zeigt. Ich gehe einige Schritte weiter – nun galoppiert sie übermütig los, an mir vorbei, voraus, bleibt stehen und schaut, wie ich langsamer nachkomme. Rührend, wie sie mir zeigt, was sie alles kann, daß sie trotz ihrer Massigkeit viel schneller ist als ich, oder ist es einfach überschäumende Lust an unserer Begegnung? Wieder stehen wir voreinander, es gibt keine Zeit und keine Grenzen zwischen uns. Wir schauen uns an, zwei Wesen, so verschieden und doch in diesem Augenblick mit ähnlichen Gefühlen, verschmolzen in dieser Begegnung. Liebe trägt uns über alle körperlichen Grenzen. Liebe macht aber auch individuell, denn plötzlich ist sie nicht mehr eine von vielen Kühen. Sie ist eine einmalige Kuh geworden, die sich in mein Gedächtnis eingräbt, die ich nie mehr vergessen werde.

Ein paarmal wiederholen wir das Spiel. Wenn ich mich in Bewegung setze, fällt sie in Galopp und rennt vor mir her. Die Wiese ist groß. Aber nun kommt doch endgültig ein Zaun, über den sie nicht hinweggaloppieren kann. Hier wird wohl unser Spiel enden. Inzwischen ist es dunkel geworden. Ich beginne etwas zu frieren. Die reale Situation wird mir wieder bewußt. Mein Gegenüber ist eine Kuh, und ich bin ein Mensch. Ich muß zu den Menschen zurück. Ich kann doch nicht die ganze Nacht hierbleiben, oder soll ich über den Zaun klettern? Soll ich sie kaufen, aber was mache ich dann mit ihr? Mein Leben ist nicht eingerichtet für eine Kuh. Die Vernunft kommt zurück und sagt, das ist doch alles Unsinn – ich muß zu den Menschen zurück. Dort ist mein Platz, auch wenn ich mich dort viel einsamer fühle als hier draußen bei meiner neuen Freundin.

Langsam entferne ich mich von ihr. Sie kann mir nicht mehr folgen. Ich drehe mich noch einige Male um. Sie steht wie angewurzelt und schaut mir nach. Als ich sie in der Dunkelheit nicht mehr sehen kann, brüllt sie ein klägliches Muuuh. Es trifft mich bis ins Mark. Es ist ein Schmerz wie bei jeder Trennung von Liebenden, ich kenne ihn nur zu gut. Jedoch die Vernunft sagt: lächerlich. Schnell, fast fluchtartig gehe ich zu dem Fest zurück. Ich bin wieder unter den Menschen, esse, lache, rede. Aber innerlich sehe ich die Kuh, wie sie am Zaun steht und mir einsam nachschaut. Nach einer halben Stunde habe ich keine Ruhe mehr. Ich stehle mich wieder hinaus auf

»meine« Wiese und möchte »meine« Kuh noch einmal sehen. Ich komme zu dem Zaun, wo ich sie verlassen habe. Sie steht nicht mehr dort. Habe ich gedacht, sie bleibt dort stehen und wartet, bis ich wiederkomme? Ich gehe zu den andern Kühen und suche sie. Neugierig kommen sie wieder auf mich zu. Erst später kommt »meine« Kuh auch, langsamer, zögerlicher, wie mir scheint. Jedoch schleckt sie mich herzlich ab – hat sie mich wiedererkannt? Wieder ein Augenblick freundschaftlicher Begegnung – aber doch distanzierter. Ich möchte unser Spiel wiederholen, gehe weiter, aber sie rennt mir nicht mehr nach. Sie bleibt stehen, bei den anderen Kühen, schaut nur im Weggehen noch einmal nach – ist also alles schon wieder vorbei? Hat sie auch kapiert, daß sie eine Kuh ist und ich ein Mensch bin und sie mit Kühen zusammenleben muß und nicht mit mir? Traurig gehe ich wieder zu den Menschen.

Die Augenblicke, in denen wir alle Grenzen überwinden können, kommen plötzlich, unvorbereitet und ganz anders, als wir denken – und sie sind nicht wiederholbar und nicht festzuhalten. Aber es gibt sie. Sie sind wie Sterne, die plötzlich vor dir aufleuchten und wieder verschwinden. Aber in der Erinnerung bleiben sie ewig.

Als ich dieses Erlebnis einer Kollegin erzählte, meinte sie, ich hätte wohl ein Mutterproblem. Sie konnte das Gehörte bei sich nur in ihre gelernten Raster einordnen: Kuh ist für sie ein Muttersymbol; wer so etwas erlebt, muß innerlich an die Mutter fixiert, also irgendwo in der Entwicklung stehengeblieben sein! Diese Kollegin wird ähnlich Faszinierendes wohl nie in ihrem Leben erleben. Da sie keine beziehungsweise nur eine pathologische Matrize dafür hat, wird sie, selbst wenn ihr etwas Vergleichbares begegnet, es kaum wahrnehmen können, beziehungsweise es würde sie ängstigen, denn es würde nicht in ihr Weltbild passen.

Ein anderes Erlebnis hatte ich vor circa zwei Jahren mit einer Wespe: Ich saß auf meinem Balkon und ruhte mich aus. Plötzlich »stand«, wie ein kleiner fliegender Hubschrauber, circa fünfzig Zentimeter vor meinen Augen eine Wespe. Sie schaute mich an, bewegungslos, nur die Flügel surrten, die sie in dieser Position hielten. Ich schaute sie auch an. Ich hatte noch nie zuvor den Eindruck, einer Wespe wirklich in die Augen geblickt zu haben.

Ich spürte, wie sich unsere Blicke trafen. Es war wieder eine »Begegnung«, der ich mich fasziniert hingab. So verharrten wir eine Weile miteinander. Plötzlich flog die Wespe in rasendem Tempo auf meine Augen zu. Dort prallte sie an meiner Brille ab. Dann flog sie davon.

Sie ließ mich betroffen und nachdenklich zurück. Bei ihr meinte ich die Sehnsucht nach »Vereinigung«, wie ich sie zwischen Liebenden kenne, »wahrgenommen« zu haben. Diese Sehnsucht scheint sich über alle körperlichen Schranken hinwegsetzen zu wollen. Und gleichzeitig spürte ich wieder das Tragische an der Liebe, die Grenzen, die uns unser Körper setzt, das Unmögliche einer Verschmelzung zwischen körperlichen Wesen, da bilden Menschen keine Ausnahme. Je häufiger ich über solche Erlebnisse berichte, desto häufiger erfahre ich auch ähnliche Geschichten von anderen, was meine Ansicht von unserer grundsätzlichen multierotischen Orientierung bekräftigt.

Wenn die Liebe sich von Geburt an auf alles und jeden beziehen kann, ist es auch unmöglich, Liebesbeziehungen in Kategorien von normal und pathologisch einzuteilen. Homosexualität ist kein »abweichendes« Verhalten, sondern eine unter verschiedenen »Sexualitäten«, also das Ergebnis eines bestimmten Sozialisationsprozesses.

Frühe Kindheit

Mädchenwelt – Jungenwelt

Junge und Mädchen, männliche und weibliche Föten sind vom Zeitpunkt der Schwangerschaft, in dem das Geschlecht bekannt ist, bestimmten Geschlechtsrollenerwartungen seitens der Erwachsenen ausgesetzt. Die psychosoziale Entwicklung verläuft für Mädchen und Junge von Anfang an unterschiedlich. Es gibt keine primäre Parallelität der Entwicklung, wie die Psychoanalyse früher angenommen hatte. Mädchen und Junge wachsen zumindest von Geburt an in verschiedenen psychischen Umwelten auf. Bewußt und unbewußt werden die kollektiven Geschlechtsrollenerwartungen durch Mimik, Gestik, bestimmte Kleider, unterschiedliches Spielzeug, Bücher, unterschiedliche Gebote und Verbote vermittelt (vgl. Hagemann-White, 1984, Greenglass, 1986).

Aber der Säugling ist keineswegs ausschließlich das Produkt der Erziehung seiner Eltern. Es stellt sich eine Wechselbeziehung zwischen der individuellen Eigenart von Erziehungsperson und Kind ein. Von Geburt an kennt das Kind Methoden, um seine Umwelt in einem gewissen Umfang zu »steuern«. Aus der neueren Säuglingsforschung ist bekannt, daß ein Säugling ein gewisses Ausmaß an sozialer Stimulierung sucht. Empfindet das Kind zu wenig Aufmerksamkeit, versucht es zum Beispiel durch Bewegung, Lautgebung, Schreien, diese zu bekommen. Findet es sich zu stark stimuliert, versucht es sich durch bestimmte Signale, zum Beispiel durch Gähnen, Abwenden oder Niesen, zu schützen. Das Kind ist also von Geburt an ein potentes, aktiv wahrnehmendes, lernendes, Sinneseindrücke strukturierendes Subjekt (Grossman, 1976). Auch gibt es von Geburt an gravierende Verhaltensunterschiede bei den Babys. Bestimmte Reize, zum Beispiel das Geräusch einer Rassel, nehmen manche Babys aufmerksam wahr und bewegen sich stark, manche nehmen sie nur kurz wahr und schließen dann die Augen wieder, manche beginnen zu schreien. Auch in der Art, sich selbst zu trösten, gibt es Unterschiede. Manche Babys trösten sich, indem sie die Hand an den Mund führen, mit manchen muß man sprechen, und manche lassen sich nur beruhigen, indem man sie auf den Arm nimmt oder wiegt.

Manche ForscherInnen behaupten, daß aggressives Verhalten ein angeborener Geschlechtsunterschied zwischen Junge und Mädchen sei. Jungen seien von Geburt an aggressiver als Mädchen. Fausto-Sterling (1988) analysierte eine Fülle von Untersuchungsergebnissen auf diesem Gebiet und kam zu dem Schluß, daß eine solche monokausale Verknüpfung keinesfalls gerechtfertigt sei. Sie erwähnt zum Beispiel eine Studie von Condry, in der StudentInnen ein Film über ein Kleinkind gezeigt wurde, das verschiedenen Reizen ausgesetzt war. Der einen Gruppe wurde gesagt, daß dieses Baby ein Mädchen sei, die andere sollte glauben, daß es ein Junge sei. In dem Film begann das Kind zu weinen. Die ZuschauerInnen wurden danach gefragt, wie das Weinen auf sie wirke. Die Gruppe, die meinte, einen

Jungen vor sich zu haben, empfand das Weinen als Ausdruck von Zorn. Die Gruppe, die das Baby für ein Mädchen hielt, meinte, das Kind weine aus Angst.

Erwachsene deuten also das Verhalten des Kindes entsprechend anders, wenn sie es als Junge oder als Mädchen definieren. Untersuchungen haben gezeigt, daß Eltern von Jungen diese häufiger körperlich bestrafen, sie häufiger zu grobmotorischem Verhalten anregen als Mädchen und von ihnen vehementer die entsprechende »Jungenrolle« fordern als von Mädchen die »Mädchenrolle«. All dies kann aggressives Verhalten fördern. Auch die anderen beiden, von vielen PsychologInnen immer noch erwähnten angeborenen »Geschlechtsunterschiede«, nämlich das bessere räumliche Vorstellungsvermögen und die größere mathematische Begabung von Jungen, sind nach der Analyse von Fausto-Sterling höchst fragwürdig. Obwohl sie häufig beobachtet werden können, scheinen sie doch ein Sozialisationsprodukt zu sein.

Nach all diesen Erkenntnissen müssen wir feststellen, daß die Geschlechtszuschreibung bei der Geburt ein wesentlicher Faktor für die Bildung der Geschlechtsidentität ist. Denn sie löst bestimmtes Verhalten bei den Erwachsenen aus, was wiederum auf das Kind wirkt. Mit 15 Monaten hat jedes Kind ein undifferenziertes Bewußtsein darüber, ein Junge oder ein Mädchen zu sein, nach etwa 18 Monaten soll dieses »Wissen« irreversibel sein, und mit drei bis fünf Jahren dürfte die Geschlechtsidentität fest etabliert sein.

Die Geschlechtsidentität hat nichts mit der sexuellen Orientierung zu tun. Das Mädchen »weiß« zwar, daß es ein Mädchen ist, seine Liebesgefühle kann es aber immer noch auf sich selbst, auf Männer, Frauen, Tiere oder Objekte lenken. Auch hat es noch keine Vorstellung von zwei Geschlechtern, die in ihren Möglichkeiten begrenzt sind. Es hat eher ein vages, geschlechtsübergreifendes Bewußtsein seines Geschlechts. Es glaubt, alle Menschen seien so wie es selbst und könnten über alles verfügen wie es selbst. Erst mit der Wahrnehmung des Geschlechtsunterschieds, etwa ab dem dritten Lebensjahr, erfährt jedes Kind etwas über seine Grenzen. Der Junge muß realisieren, daß er nie Kinder bekommen wird, das Mädchen muß sich damit abfinden, daß es nie einen Penis haben wird. Damit einher gehen die Konflikte der »ödipalen Phase«, also Enttäuschung und Wut über die eigene Unvollkommenheit, Neid auf das andere Geschlecht, Wunsch, vom gegengeschlechtlichen Elternteil das Vorenthaltene zu bekommen.

In dieser ersten Phase gibt es wohl noch keine Unterschiede zwischen später lesbisch oder heterosexuell lebenden Mädchen. Beide entwickeln eine primäre, primitive Identität von sich als Mädchen, eine Kernidentität. Denn auch später lesbisch lebende Frauen haben in der Regel keine Probleme, sich als Frau zu empfinden. Selbst wenn sie phasenweise ein Junge sein wollten, wissen sie doch zutiefst, daß sie eine Frau sind.

Auch unser sexuelles Erleben entwickelt sich nicht von selbst, gemäß einer inneren biologischen Uhr, phasenspezifisch (oral, anal, phallisch, ödipal), wie früher angenommen. Es formt sich vom Beginn des Lebens an unter dem Druck gesellschaftlicher Normen, die dem Kind durch die Eltern, meist durch die Mutter, vermittelt werden. Die Mutter gibt in ihrem Umgang mit ihrem Kind nicht nur ihre eigenen Reaktionen weiter, sie wird zur Vermittlerin der Inhalte des »kollektiven Unbewußten«, das von Frauen eine passive, reaktive, abhängige Haltung erwartet, und entsprechend erziehen Mütter ihre Töchter.

Hagemann-White berichtet von einer großangelegten Studie von Newson und Newson, in der das Erziehungsverhalten von 700 Familien in England über einen Zeitraum von 16 Jahren beobachtet wurde. Sie fand, daß Mütter ihre Töchter strenger beaufsichtigten als ihre Söhne. Die Töchter wurden mehr dazu angehalten, in der elterlichen Wohnung zu spielen, die Söhne konnten ohne größere Kontrolle draußen herumstreifen. Wer aber mehr zu Hause ist, steht unter dem Druck der elterlichen Rollenerwartungen. So werden Söhne eher dazu ermutigt, sich dem Einfluß der Mutter zu entziehen und die Welt auf eigene Faust zu erkunden.

Hagemann-White meint, daß die Mütter ihre Töchter mit dieser Kontrolle vor möglichem sexuellem Mißbrauch schützen wollen. Verdrängt wird dabei, daß die sexuelle Bedrohung am häufigsten von der Familie selbst ausgeht. Das heißt, das Mädchen ist nirgendwo sicher. Neben der Einschränkung der Bewegung, der Neugierde, der Chancen, neue Erfahrungen auf eigene Faust zu sammeln, und der ständigen Kontrollmöglichkeit der Erwachsenen wird dem Mädchen durch die vermehrte Beaufsichtigung signalisiert, daß die Welt draußen gefährlich ist, daß es offenbar alleine diesen Gefahren nicht gewachsen ist, daß es zu deren Bewältigung auf andere angewiesen ist. Mädchen haben dadurch auch weniger Chancen, sich unter Gleichaltrigen und in größeren Gruppen als eigenständig zu erfahren. So werden »weibliche« Eigenschaften wie Passivität, Reaktivität, niederes Selbstwertgefühl und Abhängigkeit von Generation zu Generation weitergegeben.

Das Urmuster des Liebens ist weiblich

Obwohl sich in den letzten 20 Jahren durch die Aktivitäten der Frauenbewegung ein sensibleres Bewußtsein für die ungleiche Chancen- und Machtverteilung für Männer und Frauen durchgesetzt hat, ist dieses Wissen meist noch kaum von den Köpfen in den Körper gedrungen. Gehandelt wird häufig noch gemäß den traditionellen Rollenmustern. So verläuft unsere Kindererziehung immer noch mehrheitlich asymmetrisch. Immer noch fühlen sich hauptsächlich die Mütter für ihre Kinder zuständig. Dadurch hat jedes Kind am Beginn des Lebens in der Regel nur eine wesentliche Bezugsperson zur Verfügung, auf die es hauptsächlich seine Liebesgefühle richtet, und diese ist eine Frau. Immer noch verbinden sich die ersten Welt- und Liebeserfahrungen mit einer Frau, und zwar für Mädchen und Jungen gleichermaßen.

Mit einer Frau lernen wir unsere tiefsten Gefühle von Liebe, Enttäuschung, Wut, Haß, Trauer, Einsamkeit kennen, an ihr erfahren wir, was es bedeutet, gehalten, getröstet, umsorgt zu werden, durch sie erleben wir aber auch, wie es ist, in unseren Aktivitäten gebremst, alleine gelassen zu werden oder Angst zu haben. In der Regel ist sie die erste, nicht der Vater, die die Aufmerksamkeit des Kindes auf die Welt lenkt, indem sie das erste Spielzeug vor seinen Augen hin und her bewegt, indem sie ihm die verschiedensten Dinge zeigt, mit ihm spricht, es hin und her trägt oder es spazierenfährt. Sie regt die Sinne an. Indem sie mit ihm spielt, weiht sie es in die Welt der Farben, der Gerüche, des Geschmacks, des Gehörs ein. Sie vermittelt dem Baby ein erstes Gefühl, erkannt zu werden als eigenständiges Wesen und doch zur Mutter gehörend, wenn es beim Saugen mit stillem Interesse in die Augen der Mutter blickt und diese vielleicht denkt, ja, das ist mein Kind, und doch ist es jemand anders als ich. Und das Baby hat auch schon die Mutter »erkannt«, denn es bevorzugt von Geburt an die Milch der eigenen Mutter, es kann ihren Geruch und Tonfall von anderen unterscheiden.

Diese Vorstellung von der Interaktion zweier relativ eigenständiger und doch in vielen Bereichen voneinander abhängiger Subjekte ist in der Psychoanalyse ein relativ neuer Gedanke. Erst mit dem Bekanntwerden der Ergebnisse der empirischen Säuglingsforschung (zum Beispiel Stern, 1992, und Benjamin, 1990) beginnt die Psychoanalyse ihre bisherige Auffassung von einem ursprünglich symbiotisch verschmolzenen Mutter-Kind-Paar, aus dem sich das Kind im Laufe der ersten drei Jahre herausarbeiten muß, um ein abgegrenztes Subjekt zu werden, aufzugeben.

Die heutigen Vorstellungen gehen von einem Neugeborenen aus, das in einem gewissen Ausmaß schon ein eigenständiges Subjekt ist, das sich für die Welt der anderen interessiert und sich von ihr abgrenzt. Unsere wesentliche Entwicklungsaufgabe ist also nicht, uns unter allen Umständen von der Mutter abzulösen, denn wir waren noch nie in einer solch »undifferenzierten Einheit« mit ihr verschmolzen, wie uns frühere analytische Theorien glauben machen wollten. Es geht nicht darum zu erkennen, »auf welche Weise wir uns von der primären anderen befreien, sondern auf welche Weise wir uns aktiv in die Beziehung zu dieser anderen einbringen und uns darin zu erkennen geben« (Benjamin, 1990, S.22).

Da also auch Frauen am Beginn des Lebens eine mehr oder weniger glückliche »Liebesaffäre« mit einer Frau – in der Regel mit der Mutter – erlebt haben, sind allen Frauen homosexuelle Erfahrungen vertrauter und näher als Männern. So verbindet alle Frauen ein erotisches Kontinuum, das entsprechend den späteren Sozialisationserfahrungen mehr oder weniger sexuell manifest gelebt wird.

Die sexuelle Orientierung kann sich mit jeder neuen Erfahrung ändern. Sie variiert wahrscheinlich bei Frauen das ganze Leben hindurch viel stärker als bei Männern. Das Alter, in dem die von mir interviewten Lesben ihre homosexuellen Gefühle »erkannten«, schwankte von sechs bis 46 Jahren. Auch wurde mir von einer 80jährigen Frau berichtet, die sich im Altenheim in eine 83jährige verliebte, und dies zum ersten Mal in ihrem

Leben. Nur zwei meiner lesbischen Interviewpartnerinnen hatten noch nie in ihrem Leben sexuelle Kontakte zu einem Mann gehabt. Eine davon lebte vor ihrem lesbischen Leben in einer nichtsexuellen Freundschaft mit einem Mann. Zehn der Frauen benannten ihre heterosexuellen Kontakte als normal bis gut und erregend. Nur vier Frauen hatten Schwierigkeiten, mit einem Mann zum Orgasmus zu kommen. 50 Prozent der Lesben hatten sich in ihrer heterosexuellen Zeit auch als heterosexuell bezeichnet. Von den heterosexuellen Frauen hatten 40 Prozent wenigstens einmal in ihrem Leben einen erotischen Kontakt mit einer Frau.

Die Entwicklung der sexuellen Orientierung können wir mit dem Bild eines Flusses vergleichen, der sich der jeweiligen Landschaft anpaßt. Bei jedem Hindernis ändert er die Richtung und fließt einmal in das Gebiet der Heterosexualität, bei neuen Ereignissen bewegt er sich vielleicht zur Homosexualität, was jedoch auch nichts Endgültiges sein muß.

Die erste Liebesbeziehung für den Jungen ist eine heterosexuelle. Und an dieser Erfahrung kann er grundsätzlich die ganze Kindheit hindurch festhalten. Er muß zwar seine sexuellen Wünsche der Mutter gegenüber aufgeben, aber das Liebesobjekt Frau wird ihm sein ganzes Leben hindurch nicht streitig gemacht. Er muß sein Grundmuster des Liebens nicht verändern, um ein »normaler« heterosexueller Mann zu werden. Daher halte ich die Heterosexualität in der männlichen Psyche für tiefer eingraviert und weniger veränderbar als bei Frauen.

Erklärungsbedürftig erscheint mir bei Männern eher die Homosexualität und bei Frauen die Heterosexualität zu sein. Denn würden Frauen – wie es den Männern erlaubt ist – gemäß ihrem emotionalen Grundmuster lieben, müßten alle Frauen homosexuell leben. Bei Männern wird dies Verhalten als normal beurteilt, Frauen, die dasselbe tun, gelten bei vielen immer noch als entwicklungsgestört. Von ihnen wird also ein »Objektwechsel« verlangt, wenn sie eine »normale« heterosexuelle Identität ausbilden wollen. Daß dies nicht so einfach ist und im Erwachsenenleben häufig zu Konflikten in der heterosexuellen Liebe führt, habe ich im dritten Kapitel dargestellt.

In jeder intensiven, leidenschaftlichen Liebe werden unsere tiefsten unbewußten Gefühlsbereiche berührt, wird wahrscheinlich die Sehnsucht wiederbelebt, die ich im dritten Kapitel als die »primäre Liebe« bezeichnet habe. Damit werden auch bestimmte Erinnerungen wieder bewußt oder drohen ins Bewußtsein zu dringen: Bilder, Gerüche, Töne, Räume, die mit einem weiblichen Körper verbunden sind. In ihrer bewußten Lebensgestaltung möchte die heterosexuelle Frau jedoch einen Mann lieben. So lebt sie häufig in einer Spannung zwischen ihrem Bewußtsein und ihren unbewußten Sehnsüchten. Verzweifelt versucht sie, diese Spannung auszugleichen, indem sie den Mann dazu drängen will, ihre Bedürfnisse, die eigentlich an eine Frau gerichtet sind, zu befriedigen. Olivier schreibt: »Die Brüste waren beiden Geschlechtern von Anfang an vertraut, als wir in den Armen der Mutter lagen. Wir haben sie verloren, und wir träumen immer davon, sie wiederzufinden« (S.36).

In vielen Therapien mit heterosexuellen Frauen, die ihren Männern Unfähigkeit vorwerfen, auf die weiblichen Gefühle und Sehnsüchte einzugehen, geht es um dieses Thema. Und naturgemäß wehren sich Männer gegen diesen »Mißbrauch« ihrer Person. Nur wenn Frauen sich ihre homosexuellen Grundmuster bewußtmachen und versuchen, diese in irgendeiner Form zu leben, kann Heterosexualität gelingen. So sollen sich Frauen darüber klarwerden, daß die tiefsten Schichten ihrer Psyche, das Urmuster ihres Begehrens, ihre ursprünglichste Körpererfahrung, ihre leidenschaftlichsten Liebesgefühle und ihre stärksten Verlassenheitsängste, ja ihre grundsätzliche Bindung an das Leben in der Regel untrennbar mit einer Frau verbunden sind. Die Erfahrungen mit Männern sind peripherer, tauchen später im Leben des Mädchens auf, sind etwas Hinzukommendes, Bereicherndes, Erweiterndes, die Identitätsbildung Stabilisierendes, jedoch häufig nicht mit unseren emotionalen Grundmustern verknüpft.

Manche AnalytikerInnen behaupten, Heterosexualität könne nur gelingen, wenn Frauen sich innerlich von ihrer Mutter vollständig ablösen. Nach meiner Ansicht würde ein solches »Gelingen« tiefgreifende psychische Schäden erzeugen. Es wäre, als ob man uns empfehlen würde, uns vom Leben abzulösen. Es gibt soziale Konstellationen, in denen ein Kind eine ungenügende, unbefriedigende Mutterbindung erfahren mußte. Vielleicht war die Mutter in den ersten Lebensjahren lange krank oder abwesend. Wenn keine entsprechende Ersatzperson vorhanden ist, dann können dadurch die schwersten psychischen Schäden entstehen.

Denn nach der Ablösung von der frühen Muttererfahrung beziehungsweise, wenn diese zu wenig vorhanden war, bleibt eine Leere zurück, die danach drängt, mit etwas/jemand anderem aufgefüllt zu werden. Die Person wird dann zwanghaft versuchen, die Leere »aufzufüllen«, vielleicht mit der Ausbildung einer Sucht, mit der Produktion von Krankheiten, mit einem psychotischen Wahnsystem oder mit der »Welt des Vaters«.

So erlebe ich die Verfechterinnen der radikalen Mutterablösung oft als »vatersüchtige« Frauen, die dem Patriarchat unkritisch gegenüberstehen, die sich häufig so vollständig mit dem männlichen Weltbild identifiziert haben, daß sie sich zu Verfechterinnen männlicher Werte und Ideen aufschwingen und feministisches Gedankengut und damit auch weibliches Erleben und sich selbst als Frau abwerten und ignorieren, weil sie wohl etwas Eigenständiges, Weiblich-Subjekthaftes nicht mehr spüren können.

Wie sehr das Mutterbild in unsere Sinne eingegraben ist, bemerkte ich einmal, als ich alleine auf einer Wiese saß und mich einfach entspannen wollte. Ich roch plötzlich den Geruch eines Stücks Holz neben mir, und gleichzeitig tauchten früheste Bilder, Gerüche und Farben von meiner Mutter auf. Ich bemerkte, wie der Geruch des Astes untrennbar mit dem Geruch und ganz typischen Bewegungen meiner Mutter verbunden war. Sprache tauchte nicht auf. Offenbar handelte es sich um Erlebnisse vor meinem Spracherwerb.

Allerdings gibt es Mutter-Tochter-Beziehungen, die so eng sind, daß die Tochter ohne die Mutter kaum einen selbständigen Schritt zu tun wagt. Zweifellos muß eine solche Tochter sich von ihrer Mutter ablösen, um eigenständig leben und andere Beziehungen finden und leben zu können. Hier geht es jedoch um Erfahrungen mit der Mutter aus der späteren Zeit, der »ödipalen« Phase, also circa ab dem dritten Lebensjahr. Eine zu enge Mutter-Tochter-Beziehung kann entstehen, wenn das Kind bei seinen ersten Versuchen, sich von ihr zu entfernen, scheitert, weil es merkt, daß dies der Mutter unangenehm ist. Vielleicht bekommt die Mutter Angst, daß die Tochter sie nicht mehr mag oder daß ihr etwas zustoßen könnte. Eine sensible Tochter spürt die Ängste der Mutter und möchte sie beruhigen. So kann es passieren, daß das Mädchen seine eigenständigen Impulse aufgibt, um die Liebe zur Mutter nicht zu verlieren. Daraus können neurotische Mutter-Tochter-Verbindungen entstehen. Hat jedoch die Mutter genug Selbstbewußtsein, so daß sie die Tochter – zum Beispiel in der zweiten Phase der Differenzierung – ihre eigenen Wege gehen lassen kann und in der dritten Phase der Wiederannäherung sie nicht mehr zurückweist (vgl. Kapitel 2), wird die Tochter auch später genug Freiheit empfinden, sich so weit von der Mutter zu lösen, wie sie es braucht, um sich als eigenständiges Subjekt zu empfinden, und so viel Bindung bewahren, wie sie braucht, um sich dem Leben verbunden zu fühlen. Eine Frau, die eine nicht einengende, gute Mutterbindung erlebt hat, wird in sich eine Bindungsfähigkeit ausgebildet haben, mit der sie sich schnell auf andere Menschen einlassen kann, ohne sich vereinnahmen zu lassen. Sie wird sich innerlich erfüllt und selten wirklich alleine fühlen, denn überall wird sie spannende, bereichernde Begegnungen erleben können.

Sind Lesben sexuell frühreif?

Verschiedene analytische AutorInnen behaupten, daß Lesben in ihrer Kindheit zu früh mit sexuellen Impulsen konfrontiert worden seien, die sie »überschwemmt« hätten, was die Ausbildung ihrer Ichgrenzen beeinträchtigt haben soll. Sie hätten demnach auch im Erwachsenenleben ein zu schwaches Ich, würden von sexuellen Phantasien überschüttet, was ihre Liebes- und Arbeitsbeziehungen behindere. Ich habe diesbezüglich in meinen Interviews besonders auf Hinweise geachtet, die obige Theorie bestätigen könnten. Keine Frau konnte von sexuellen Mißbrauchserfahrungen aus den ersten fünf Lebensjahren berichten.

Nur bei einer fand ich etwas, was eventuell in die genannte Richtung verweist. Auf meine Frage nach frühen sexuellen Erinnerungen berichtet LC:

»Ich liege auf dem Wickeltisch und fühle mich irgendwie bedrängt. Da ist etwas, was zuviel war. Ich wollte da nicht sein, das weiß ich. Ich weiß aber nicht, was zuviel war. Auch kann ich es nicht an meiner Mutter festmachen. Ich habe aber das Gefühl, daß es eine Frau war.«

LC lebte bis zu ihrem 31. Lebensjahr in einer heterosexuellen Ehe. In dieser Zeit wäre sie nicht auf die Idee gekommen, einmal in einer Frauenbeziehung zu leben.

So halte ich die Vorstellung von einer überschwemmenden, krankmachenden sexuellen Frühreife von Lesben für ein Vorurteil.

Ein anderes Vorurteil möchte ich hier auch gleich ausräumen, nämlich die weitverbreitete Vorstellung, daß das Geschlecht oder sogar die Existenz von später lesbisch lebenden Frauen für die Eltern nicht akzeptabel war. Weil sie unerwünscht waren oder ein Junge werden sollten, hätten sie die weibliche (heterosexuelle) Geschlechtsrolle ungenügend ausbilden können, heißt es. In meiner Untersuchung berichteten 70 Prozent der Heteras und 60 Prozent der Lesben, daß sie erwünscht waren. 50 Prozent der Heteras und 75 Prozent der Lesben gaben an, auch als Mädchen erwünscht gewesen zu sein.

Überrascht hat mich, daß sogar mehr lesbische Frauen als Mädchen erwünscht waren, als es bei den heterosexuellen Frauen der Fall war. Vielleicht hat dies etwas mit meiner spezifischen Stichprobe zu tun. Aber vielleicht hat sich auch seit den Zeiten, als Charlotte Wolff ihre Untersuchung an über 100 Lesben durchführte und fand, daß mehr Lesben als Heterosexuelle hätten ein Junge werden sollen, etwas verändert. Auf jeden Fall hat die lesbische Orientierung nichts damit zu tun, ob die Frauen als Mädchen erwünscht waren oder nicht.

Allerdings fand ich etwas anderes: 60 Prozent der lesbischen Frauen erzählten, in der Kindheit besonders lebendig, trotzig oder wild gewesen zu sein. Von den Heterosexuellen erwähnten dies nur 35 Prozent, die Wörter »wild« oder »Wildfang« oder »Lausemädel« benützten nur die Lesben für ihre Selbstbeschreibung.

LA erzählt:

»Ich war ein richtiges Lausemädel, habe lieber mit einem Kran geschafft und Lägerle gebaut als mit Puppen gespielt. Vom Vater bekam ich eine Seppelhose, die ich immer anzog. Auch hatte ich früh ein Taschenmesser.«

Ich: »Fanden deine Eltern das gut?«

Sie: »Manchmal haben sie mich schon in Kleider gesteckt. Aber richtig unterbunden haben sie es nicht.«

Oder:

LC: »Ich war wohl ein sehr lebhaftes Kind. Die Mutter sagte immer, in mir stecke die Energie von drei Jungen. Ich sei immer fröhlich gewesen und sei auf die Leute zugegangen, wurde mir gesagt.«

Ein weiteres Beispiel von LF:

»Ich war eigentlich schon immer ein sehr lebendiges Kind, trotzig, ein kleiner Wildfang. Ich habe immer sehr viel erzählt, sobald ich sprechen konnte, auch den Erwachsenen. Mit Opa ging ich immer spazieren. Er sagte, ich hätte den ganzen Weg über geredet, er hätte mich nicht still gekriegt. Mit Nachbarjungen habe ich mich immer gerauft. Ich habe nicht eingesehen, wenn jemand sagte, das darfst du als Mädchen nicht. Im Kindergarten gab es Sanktionen wegen meiner Lebendigkeit. Ich war immer unternehmungslustig, habe viele Sachen angestellt. Die anderen hatten es wohl schwer mit mir.«

Nun folgen zwei Beispiele von Lebendigkeit, berichtet von heterosexuellen Frauen:

HB: »Ich war kein stilles, sondern ein sehr vitales Kind, aber eines, das sich nicht so toll angenommen fühlte, schon als kleines Kind nicht. Ich war zwar keine Bettnässerin, hatte jedoch unheimliche Probleme, Pipi zu halten. Hab dann manchmal ins Bett gemacht, obwohl ich mit einem Jahr schon sauber war. Ich weigerte mich aber auch konstant, abends noch einmal aufs Klo zu gehen. Mutter sagte, das wäre von mir der pure Trotz gewesen.«

HD: »Ich war als Kind eher lebendig, vorlaut, vorpreschend, neugierig. Zornig war ich manchmal auch sehr. Dann hatte ich wieder unendliche selbstmitleidige Weltschmerzphasen.«

Die meisten Antworten der Heterosexuellen gingen in Richtung brav, angepaßt:

HC: »Ich war wohl ein sehr angepaßtes Kind, hatte im ersten Lebensjahr Windpocken und Gürtelrose. Über Trotzphasen wurde mir nichts erzählt.«

HE: »Man sagte mir, ich hätte im ersten Lebensjahr vor allem viel geschlafen. Ich sei ein sehr braves, kränkliches Kind gewesen, hätte nie viele Probleme gemacht. Ich bin auch schrecklich viel gelobt worden. Später, ab circa drei Jahren, war ich schon lebhaft, ich fing früh an zu tanzen, zu balancieren.«

HF: »Im ersten Lebensjahr gab es nichts Auffälliges. Es hieß immer, daß ich pflegeleichter war als meine Schwester. Ich denke, ich war eher ein ruhiges Kind, die Schwester war aufmüpfiger.«

HG: »Ich war wohl ein braves, introvertiertes Kind. Im ersten Lebensjahr habe ich nach dem Essen immer viel geschrien, man fand, ich hätte eine zu große Bauchspeicheldrüse. Das Schreien ging dann weg. Meine Lieblingsbeschäftigung war, in dunklen Ecken zu sitzen und mich ganz rauszunehmen aus dem Getriebe. Meine Schwester, die jetzt lesbisch lebt, war hyperaktiv, und ich war hyperpassiv.«

HH: »Im ersten Jahr gab es keine Auffälligkeiten. Wir waren total unproblematische Kinder, man konnte uns problemlos alleine lassen. So hat es die Mutter wenigstens dargestellt. Es gibt ein Foto, da mache ich so ein trotziges Gesicht. Da war vielleicht schon was da, aber die Mutter hat das ignoriert.«

Weiter fiel mir ein noch gravierenderer Unterschied zwischen Lesben und heterosexuellen Frauen bezüglich Selbständigkeit auf. Elf Lesben betonten besonders, schon früh selbständig gewesen zu sein, während dies nur eine heterosexuelle Frau äußerte. Hier zwei Beispiele:

LF: »Als nach zweieinhalb Jahren der Bruder kam, habe ich ziemlich schnell eine große Selbständigkeit entwickelt oder mußte es. Meine ältere Schwester war zum Beispiel schon im Kindergarten. Ich noch nicht. Als niemand Zeit hatte, sie abzuholen, ging ich einfach los und holte sie ab, obwohl ich noch gar nicht dort war. Ich hatte immer viel weniger Angst als die andern Kinder.«

LL berichtet beides, sehr lebendig und früh selbständig gewesen zu sein:

»Ich war schon sehr früh ein ungemein lebendiges Kind, ich habe alle überzeugt, daß es viel Optimismus gibt. Ich habe vieles selbst unternommen. Die Mutter erzählte, kaum als ich Mama sagen konnte, sagte ich auch schon immer: selber machen. Alles wollte ich selber machen, anziehen, waschen. Ich wollte wohl schnell selbständig werden. Das war sogar der Mutter zuviel.«

Und das Beispiel der heterosexuellen Frau HA:

»Ich war eine Frühgeburt, dann bekam ich gleich Lungenentzündung. Ich habe mich sehr ins Leben gekämpft, weil es erst hieß, das sei aussichtslos mit mir. Man sagte mir, ich hätte mich wahnsinnig bewegt, so klein ich war. Ich habe damals wohl die Krankenschwestern so richtig rumdirigiert. Essen wollte ich nicht nach Plan. Ich war ganz durchsetzungsfähig. Sonst wäre ich wohl nicht so weit gekommen. Erst nach sechs Monaten kam ich aus der Klinik.«

HA lebt heute ohne Beziehung zu einem Mann. Sie fühlt sich in einer Wohngemeinschaft mit Frauen sehr wohl.

Angesichts dieser Ergebnisse fragte ich mich, ob sich darin ein angeborener Faktor bemerkbar macht, nicht ein Faktor, der richtungsweisend für Homosexualität wäre, aber ein Faktor für erhöhte Vitalität oder Triebstärke, der, mit vielen weiteren Faktoren zusammen, weibliche Homosexualität begünstigen könnte. Wenn wir annehmen, daß das Bewegende, das Aktive seine Energie aus dem Sexuellen bezieht, dann könnte man vermuten, daß viele später lesbisch oder bisexuell lebende Frauen eventuell mit einem stärkeren sexuellen Potential auf die Welt kommen. Zumindest kann ich dies nicht ausschließen. Allerdings können auch die Eltern gerade solches Verhalten bei ihrer Tochter verstärkt haben, jedenfalls haben sie es nicht verhindert. Ich hatte bei den genannten lesbischen Frauen immer den Eindruck, daß die Mutter und häufig auch der Vater unbewußt stolz auf ein solches Mädchen waren, obwohl sie ihnen bewußt durchaus Mädchenverhalten anerziehen wollten. So schenkte der Vater LA eine Seppelhose, und das Taschenmesser wird sie wohl auch von einem Erwachsenen bekommen haben.

Ist hier der »geheime Auftrag« der Mütter am Werk (Pagenstecher, 1987), die unbewußt eigene unterdrückte emanzipatorische Wünsche an ihre Tochter delegieren? Für die meisten lesbischen Frauen meiner Stichprobe trifft dies zu. Einschränkend muß erwähnt werden, daß es sich bei den von mir interviewten Frauen ausschließlich um Lesben handelte, die den Mut besaßen, zumindest in Teilbereichen der Gesellschaft öffentlich zu ihrer Lebensweise zu stehen, die also einen mehr oder weniger breiten Coming-out-Prozeß durchlebt hatten, was einigen Mut erfordert. Ob meine Thesen auch auf versteckt lebende Lesben zutreffen, kann ich nicht sagen.

Ansätze von Trotz oder Eigenständigkeit wurden bei den später Heterosexuellen eher ignoriert oder unterdrückt, wie es im Beispiel von HH sichtbar wird.

Das verbotene Begehren der Mutter

Die Sehnsucht nach der Frau

Meine These ist, daß viele offen lesbisch lebende Frauen schon in den ersten beiden Lebensjahren über ein großes Ausmaß an Vitalität und Aktivität verfügt haben. Es ist nicht zu beantworten, ob die Triebkraft angeboren war oder ob sie in der frühesten Zeit von den Eltern besonders gefördert wurde. Jedenfalls wurde sie von ihnen akzeptiert, zumindest nicht unterdrückt.

Einen weiteren, möglicherweise Homosexualität begünstigenden Faktor fand ich in den Reaktionen der Mutter ihrem weiblichen Baby gegenüber. Vielleicht hat sie die Vitalität des Kindes besonders beeinflußt, vielleicht drangen durch die Geburt eines Mädchens ihre eigenen tiefsten Sehnsüchte nach einer liebevollen Mutter wieder ins Bewußtsein. Jedenfalls scheinen Mütter von später lesbisch lebenden Frauen sich den erotischen Genuß am Stillen, Wickeln, Baden, Einreiben des Kindes und so weiter mehr zu gestatten als die Mütter später heterosexuell lebender Frauen. Schon Freud (1905, GW Bd.5) beschrieb die Rolle der Erotik beim Pflegen des Kindes:

»Der Verkehr des Kindes mit seiner Pflegeperson ist für dasselbe eine unaufhörlich fließende Quelle sexueller Erregung und Befriedigung von erogenen Zonen aus, zumal letztere – in der Regel doch die Mutter – das Kind selbst mit Gefühlen bedenkt, die aus ihrem Sexualleben stammen, es streichelt, küßt und wiegt und ganz deutlich zum Ersatz für ein vollgültiges Sexualobjekt nimmt« (S.124).

Auch die scheinbar asexuelle Zärtlichkeit stammt für Freud aus den Quellen der Sexualität, denn er schreibt weiter:

»Sie hält ihr Tun für asexuelle reine Liebe, da sie es doch sorgsam vermeidet, den Genitalien des Kindes mehr Erregung zuzuführen, als bei der Körperpflege unumgänglich ist. Aber der Geschlechtstrieb wird nicht nur durch Erregung der Genitalzone geweckt, wie wir ja wissen; was wir Zärtlichkeit heißen, wird unfehlbar eines Tages seine Wirkung auch auf die Genitalzonen äußern.« Die Tiefenpsychologie hält alle zärtlichen Re-

gungen für ursprünglich sexuelle Strebungen, die später »zielgehemmt«
oder »sublimiert« worden sind.

Ihr Begehren, der erotische Glanz im Auge der Mutter wird das Begehren
des Kindes fördern und bestätigen und ihm dadurch vermitteln, daß sein
Begehren in Ordnung ist, daß es seine sexuellen Gefühle genießen darf,
daß es ein attraktives, begehrenswertes kleines Mädchen ist. Die An- oder
Abwesenheit des Begehrens der Mutter wird die sexuelle Identitätsentwick-
lung des Kindes entscheidend beeinflussen. Olivier (1987) behauptet, daß
Frauen, weil sie heterosexuell sind, nur ihren Söhnen diesen begehrlichen
Blick »schenken«, ihren Töchtern nicht. Der Sohn habe also von Beginn an
ein »befriedigendes Sexualobjekt«, die Tochter nicht, denn der Körper der
Tochter löse bei der Mutter kein sexuelles Begehren[3] aus. Dies sei der Ur-
sprung der permanenten Entfremdung der Frau von ihrem eigenen Körper.
Dadurch werde in ihr eine Leere erzeugt, die sie zeitlebens versuchen muß
zu füllen. Wenn sie später den begehrenden Blick des Mannes wahrnimmt,
dann wird sie sich ihm hingeben und ihr ganzes Leben versuchen, nicht
mehr aus der männlichen Aufmerksamkeit herauszufallen. Sie dürste also
danach, die Aufmerksamkeit des Mannes zu erringen, wofür sie bereit ist,
nahezu jeden Preis zu bezahlen. All dies muß sie tun, weil der begehrende
Blick der Mutter am Beginn des Lebens fehlte.

So behauptet also auch Olivier wie schon früher Freud, daß die Frau
das Begehren des Mannes nicht an sich genießt. Er ist zeitlebens der Ersatz für das abwesende Begehren der Mutter. Liest man ihr Werk und das
zahlreicher heutiger Analytikerinnen, die sich mit weiblicher Entwicklung
auseinandersetzen (zum Beispiel Chodorow, Dinnerstein, Rohde-Dachser,

---

3 Mit Recht wird in unserer heutigen Zeit bei diesem Thema schnell auf die
   Grenzüberschreitung zum sexuellen Mißbrauch verwiesen. Ich denke, daß diese
   Grenze klar erkennbar und spürbar ist. Eine Mutter, die ihrem Mädchen mit Blicken,
   Sprache und Zärtlichkeiten vermittelt, daß sie es attraktiv und begehrenswert
   empfindet, begeht damit keinen sexuellen Mißbrauch. Im Gegenteil, sie verstärkt
   dadurch das erotische Selbstverständnis des Mädchens. Der Mißbrauch beginnt,
   wenn die Mutter das Kind zu Handlungen veranlaßt, die der alleinigen Vermehrung
   der Lust der Mutter dienen. Kinder signalisieren in der Regel deutlich, wenn ihnen
   etwas keinen Spaß mehr macht. Die Grenze ist also meist klar erkennbar.

Chasseguet-Smirgel) aufmerksam, dann ist darin die Sehnsucht nach der Nähe und erotischen Begegnung mit der Mutter, also mit einer Person ihres Geschlechts, nicht zu verkennen. Olivier schreibt:

»Das in unserem Leben immer gegenwärtige Lustprinzip drängt uns, die ideale Verschmelzung mit der Mutter wiederzufinden. Eine Verschmelzung, die wir hinter uns gelassen haben, die wir aber unaufhörlich über das geliebte Objekt wiederfinden wollen« (1980, S.148).

Weiter unten heißt es:

»Die Zweierbeziehung ist das Phantasma vom Wiederfinden einer Mutter, die uns noch nie begegnet ist: die den Mann nicht erstickt und die Frau begehrt« (S.149).

Dinnerstein schreibt vom »Urverlust« (S.90), dem das Mädchen nachtrauere, und die spätere Umarmung eines Mannes soll ihr den Zugang zu dem verschaffen, worauf sie verzichtet hat: der »nonverbal-poetischen« Liebe ihrer ersten Geliebten gegenüber.

Das Begehren beider Geschlechter in der Liebe scheint auf das Urbild des Liebens gerichtet, ist also letztlich eine Sehnsucht nach der Frau.

Der heterosexuelle Mann kann sich grundsätzlich dieses Begehren erfüllen. Obwohl auch er spezifische Schwierigkeiten hat, die damit zusammenhängen, daß sein erstes Liebes- und Identifikationsobjekt eine Person des anderen Geschlechts ist. Diese wurden eingehend von Olivier, Chodorow, Dinnerstein, Chasseguet-Smirgel und mir (1991) beschrieben, weshalb ich darauf hier nicht eingehen möchte.

Auch die Frauen könnten sich diese Sehnsucht teilweise erfüllen. Ich frage mich, warum tun sie es nicht? Warum benehmen sie sich so, als ob es ein »Naturgesetz« gäbe, das besagt, den »Urverlust« hinnehmen zu müssen, um dann fortan diese Ursehnsucht von einem Mann einzufordern? Warum beklagen sie sich im Gespräch, in zahlreichen Büchern und Artikeln immer wieder, wie schwierig die Mann-Frau-Beziehung ist, wie sehr sie auf den Mann angewiesen sind, sich von ihm vereinnahmt fühlen, der sie dann doch immer wieder enttäuscht? In den Büchern über das Geschlechterverhältnis wird bis zum Ermüden die gestörte Mann-Frau-Beziehung analysiert, wobei der Blick immer und ausschließlich auf den Mann gerichtet ist, mit dem kaum verhüllten Anliegen, er möge doch endlich das tiefste Begehren, das eigentlich einer Frau gilt, erfüllen.

Auf einer psychoanalytischen Tagung in Frankfurt über das Geschlechterverhältnis diskutierten die Frauen heftigst über ihre Unzufriedenheit mit den Männern. Es waren circa 200 Frauen anwesend. Eine Frau warf in die Diskussion: Das Dilemma sei, wenn sie sich als Konsequenz von den Männern abwende, dann sei sie ja alleine. Um sie herum standen viele Frauen. Und ich dachte entsetzt: Warum sehen sie sich nicht? Warum versuchen diese Frauen sich am Mann abzuarbeiten mit ihrem – eigentlich auf eine Frau gerichteten – Begehren; warum wagen sie nicht, sich umzuschauen, um eine Begegnung mit der Frau neben sich zu riskieren? Warum wiederholen auch die glühendsten Feministinnen dieses Ausblenden der Frau? Sie scheinen immer noch beim Mann ihre weibliche Identifikation, ihre Bestätigung als Frau zu suchen, der sie ihnen beim besten Willen nicht geben kann, weil er nur die normierten Bilder von Weiblichkeit im Kopf hat, die Frauen ja gerade so wütend machen. Oder warten sie darauf, daß er ihnen erlaubt, sich von ihm zu entfernen, um sich mit sich selbst zu beschäftigen, sich selbst zu entdecken, eigene Werte und Weltvorstellungen zu entwickeln?

Wir können unsere weiblichen Bedürfnisse, unsere weibliche Art zu denken, zu fühlen, zu sein in der Spiegelung durch Frauen weiterdifferenzieren. Aber wollen wir uns überhaupt entdecken? Ist dieses jahrelange Herumzerren des Mann-Frau-Verhältnisses nicht ein grandioses Ablenkungsmanöver der Frauen von der Aufgabe, sich selbst zu entdecken, sich mit sich selbst, mit dem Frau-Sein, mit Frauen auseinanderzusetzen? Wovor haben sie Angst? Was für Schauerlichkeiten meinen sie da zu entdecken, wovor meinen sie die Augen verschließen zu müssen? Ist es vielleicht die Angst vor der Reaktion des Mannes, wenn sie entdecken, daß sie auf ihn nicht unbedingt angewiesen sind? Denn dann würde der Mann entdecken, wie sehr er auf die Frau angewiesen ist.

Eine verheiratete Frau, die sich zum erstenmal in ihrem Leben in eine Frau verliebt hat, erzählte, daß sie sehr Angst habe vor der Gewalt ihres Mannes, wenn sie ihn jetzt verlassen wollte. Als sie ihm ihre neue Verliebtheit erzählte, bekam er tatsächlich entsetzliche Angst, die er in Tobsuchtsanfällen »ausagierte«. Er warf sich auf den Boden und schrie wie ein kleines Kind. Die Frau lebt seit fünf Jahren mit ihrer Freundin, hat es aber bis heute nicht gewagt, sich scheiden zu lassen.

Ich möchte nicht dafür plädieren, daß sich alle Frauen von Männern abwenden sollten. Allerdings fordere ich dazu auf, daß Frauen sich bewußtmachen sollten, welche Bedürfnisse sie an welches Geschlecht richtet. Wer Bedürfnisse, die eigentlich der Mutter gelten, auf den Mann richten, mißversteht ihn und wird von ihm immer enttäuscht werden. Beziehungsweise sollte der Mann versuchen, auf die Bedürfnisse nach Weiblichkeit einzugehen, dann droht er sich selbst zu verlieren. Männer können uns etwas anderes geben, als es Frauen können, und dies gilt es zu unterscheiden. Solange Frauen ihre Sehnsucht nach der Frau auf den Mann richten, werden sie das, was ihnen ein Mann geben könnte, nicht wahrnehmen können. Was dann meist passiert, ist eine heillose Verwirrung zwischen den Geschlechtern. Beide fühlen sich mißverstanden und mißbraucht. Wenn Frauen ihr Bedürfnisse nach der Frau mit Frauen stillen, werden sie wahrscheinlich offener für das, was ihnen ein Mann geben kann.

Nun aber wieder zurück zu der Mutter der ersten beiden Lebensjahre. Ich meine, daß in jeder Mutter, die ihre Tochter in den Armen hält, die alte Sehnsucht nach dem mütterlichen Körper, der Wärme, der mütterlichen Brust geweckt wird. Die Tochter ist von ihrem Geschlecht. Es ist wahrscheinlicher, daß sie sich mit ihr identifiziert als mit dem fremderen Sohn. Und in Identifikation mit ihr, im Rollentausch, kann sie die erotische mutter-töchterliche Vereinigung mit sich selbst, an sich selbst noch einmal genießen. Ich glaube nicht, daß die Mütter ihren Töchtern gegenüber völlig asexuell empfinden, allerdings dürfte der Genuß ambivalent sein, weil mit einem Tabu belegt, das so tief in uns eingewurzelt ist, so rigoros befolgt wird, so selbstverständlich daherkommt, daß die meisten AnalytikerInnen dieses nicht einmal als Tabu erkennen, sondern meinen, Mütter hätten tatsächlich kein Begehren ihren Töchtern gegenüber. Ich meine, das am meisten tabuisierte Thema in der kindlichen Sexualgeschichte ist nicht das Inzesttabu zwischen Mutter und Sohn oder Vater und Tochter, sondern das zwischen Mutter und Tochter. Denn es könnte das gesamte Geschlechtergefüge ins Wanken bringen.

Das erotische Begehren zwischen Mutter und Tochter ist mehr oder weniger bewußt immer vorhanden, da jede Mutter durch ihre Tochter an ihre eigene erste Liebesgeschichte mit ihrer Mutter erinnert wird. Und diese Liebesgeschichte war eine starke, leidenschaftliche, denn sie war das Urbild allen Liebens, die Sehnsucht nach der Einheit mit einer andern, die unser Selbst repräsentieren kann, die wir mit unserer Mutter mehr oder weniger erfüllend schon einmal erlebt haben. Die Ursehnsucht allen Liebens ist wohl die Sehnsucht nach dem eigenen Selbst. Und das Selbst ist in dieser stofflichen Welt nun einmal mehr durch dasselbe Geschlecht repräsentiert. Daher sind wir alle, die wir auf der Suche nach uns selbst sind, zutiefst homosexuell. Das homosexuelle Gefühl ist wohl das ursprünglichste. Heterosexualität kann als Erfahrung und als Lebensmöglichkeit zu einem späteren Zeitpunkt dazukommen.

Hätten Frauen das homosexuelle Begehren – zumindest rudimentär – nie erlebt, wären sie vermutlich nie liebesfähig geworden, könnten sie sich auch nicht nach sexueller Liebe sehnen. Denn wir können uns nur nach etwas sehnen, wovon wir zumindest eine Ahnung haben. Die Erinnerung an diese erste Liebesgeschichte könnte jedoch den Glauben der Mutter an die ausschließliche sexuelle Erfüllung durch ihren Mann ins Wanken bringen, könnte womöglich ihre so fest angenommene heterosexuelle Orientierung gefährden. So muß sie, kaum erweckt, wieder unterdrückt werden und das Begehren der Tochter gleich mit. Unterschiede gibt es allerdings in der Intensität der Unterdrückung und im Zeitpunkt, wann in der kindlichen Entwicklung sie einsetzt.

Viele später lesbisch lebende Frauen scheinen den erotischen Glanz im Auge der Mutter[4], die ihr Baby anblickt, »gesehen« zu haben. Ihre Mütter konnten vielleicht in der frühesten Zeit, in der das Baby passiv, relativ hilflos auf die Mutter angewiesen ist, sich erotisch also eher reaktiv verhält, die Erinnerung an ihre erste Geliebte etwas mehr zulassen und die erotische mutter-töchterliche Liebe mehr genießen als die Mütter später heterosexueller Frauen. Die Mütter der heterosexuellen Frauen in meinen Interviews glichen eher den von Chodorow und Olivier beschriebenen

---

4   Es kann auch die Großmutter, Tante, Erzieherin, Schwester gewesen sein; aber es war eher eine Frau als ein Mann.

Müttern, die ihr kleines Mädchen für »niedlich, reizend, anmutig, artig und vieles mehr, nur nicht sexuell anziehend oder begehrenswert« halten (Olivier, 1980, S.80). Sie mußten wohl diese erotische Dimension rigoros verdrängen. Meine These ist, daß heterosexuelle Frauen länger in einer eher asexuellen, starken emotionalen Verschränkung mit der Mutter lebten, während lesbische Frauen in den ersten Lebensjahren eher in einer erotisch stimulierenden Beziehung mit einer Frau lebten.

Es ist schwierig, diese These aus den Aussagen von Erwachsenen zu rekonstruieren, da es sich um Erlebnisse aus den ersten Lebensjahren handelt, die meist verdrängt sind. Daß ich überhaupt auf diese Idee kam, verdanke ich dem Artikel von Eisenbud (1982), die Ähnliches erwähnte. Dann fiel mir plötzlich ein Foto in die Hände von mir und meiner Mutter. Darauf bin ich höchstens zwei Jahre alt, meine Mutter kniet vor mir und gibt mir einen Kuß auf den Mund. Der Kuß auf dem Bild wirkte auf mich höchst erotisch. Wäre nicht dieses Foto, nie hätte ich meiner Mutter solches Verhalten zugetraut. Denn in meiner bewußten Erinnerung ist sie keine besonders zärtliche und schon gar nicht eine erotische Frau. Solche Impulse und Erinnerungen mußten also auch von mir radikal verdrängt werden.

Dadurch sensibilisiert, forschte ich weiter und fand besonders bei lesbischen Frauen Erinnerungen, die in diese Richtung weisen.

Hier einige Beispiele:

LA: »Ich durfte oft abends zu meiner Mutter ins Bett kommen. Da habe ich mich so an sie rangekuschelt. Das war schon sehr intensiv, da neben ihr einzuschlafen. Da würde ich schon sagen, daß das eine erotische Komponente hatte. Mit circa 14 Jahren sagte die Mutter, daß sie mit dem Vater nicht mehr in einem Zimmer schlafen könne, weil er so schnarcht. Dann zog er in mein Zimmer und ich in ihres. Da schlief ich also jede Nacht so eng bei meiner Mutter. Das war schon schön.«

Ich: »Für dich oder für die Mutter auch?«

Sie: »Na für sie sicher auch, denke ich.«

LS: »Ich lag oft neben meiner Mutter. Sie drehte mir den Rücken zu. Da habe ich ihr den Rücken gestreichelt, das war sehr aufregend für mich.«

LC: »Ich ging oft abends zu Mutter ins Bett. Da hab ich mich ganz arg geborgen gefühlt, da war so 'ne Gemütlichkeit, so was Kuscheliges, so etwas von Es-sich-schön-Machen. Ich habe sie da im Nachthemd gesehen, durfte ihre Haut, ihren Körper spüren, das war schön. Da waren wohl schon Anteile von Sexualität da. Das war ein ganz wohliges körperliches Gefühl. Die Mutter fand das auch schön. Manchmal war da so ein prikkelndes, spannendes Gefühl zwischen mir und meiner Mutter, auch etwas befremdlich. Das ging, bis ich elf Jahre alt war.«

LE: »Meine Mutter war verständnisvoll, liebevoll, verspielt. Ich ging immer mit ihr ins Bett. Das war ihr wohl auch recht, so konnte der Vater keine Ansprüche an sie stellen. Sie war sehr dick. Ich spürte dann ihre große Brust, ihren Bauch und dicken Po, das fand ich toll. Ich mag auch heute noch dicke Frauen.«

LN: »Ich habe viel Körperkontakt zu ihr gehabt. Schmusen konnte ich nahezu uneingeschränkt. Geküßt wurde viel. Auch habe ich ihre Brust berühren dürfen, eigentlich ihren ganzen Körper. Ich bin sehr ungezwungen erzogen worden. Wie das auf mich wirkte, daran kann ich mich nicht mehr erinnern. Ich weiß nur, daß ich ab circa fünf Jahren begann, mich selbst zu befriedigen.«

LI: »Ich habe viele Jahre meines Lebens mit der Mutter im Bett geschlafen. Das war immer sehr warm, kuschelig, gemütlich. Ich hatte eine ganz innige Beziehung zu ihr. Ich wollte immer zu ihr. Der Vater wollte das nicht, da gab's Auseinandersetzungen. Aber wir haben uns durchgesetzt. Ich habe dann in der Mitte geschlafen, aber eher auf der Seite der Mutter. Das war ein Gefühl von totaler Geborgenheit. Für die Mutter war das wohl auch schön, auch konnte sie sich dadurch der Sexualität mit dem Vater entziehen, was ihr sehr recht war. Ich habe sie immer sehr geliebt.«

Auffallend viele, nämlich zehn der interviewten Lesben berichteten von ausgiebigen, ausgedehnten Zärtlichkeiten mit der Mutter oder einer Schwester oder Tante, jedenfalls mit einer Frau in den ersten sieben Lebensjahren. Nur zwei erinnerten sich an »Kuscheln« mit dem Bruder, eine an ausgiebige Zärtlichkeiten mit beiden Eltern, und nur drei konnten sich nicht an irgendwelche Körperkontakte mit Eltern oder Geschwistern in den ersten Lebensjahren erinnern.

Dagegen konnten sich nur sechs heterosexuelle Frauen an Zärtlichkeiten mit der Mutter erinnern. Die Beschreibungen wirken gegenüber den Darstellungen der lesbischen Frauen eher dürftig. Sie beschränken sich häufig darauf, in sachlicher Form zu erwähnen, daß es Zärtlichkeiten gab. Manche summierten Zärtlichkeit unter »Körperkontakte«, worunter sie auch »Nachlaufen« oder »Kissenschlachten im Bett« einordneten. Auch mußte klargestellt werden, daß dieses Schmusen nichts mit Erotik zu tun hatte.

HA: »Ich schlief die ersten drei Jahre mit der Mutter in einem Zimmer. Mittags haben wir zusammen Mittagsschlaf gehalten. Das hätte ich so gewollt, sagte sie später. Als ich größer wurde, bin ich morgens früh aufgestanden und habe Brötchen für sie geholt. Da gab es viel Körperkontakt, das war schön. Wir haben viel Nachlaufen um den Tisch herum gespielt.«

HB: »Sonntag morgens durften wir (Bruder und ich) in die Betten der Eltern kommen. Das war sehr vergnüglich, wir haben Häuser gebaut und Kissenschlachten gemacht. Aber der Vater war kein Schmusevater. Da war Sehnsucht, daß der Vater zärtlicher wäre, daß er mit mir Hoppe-Reiter macht. Zärtlichkeiten gab es mit der Mutter, da wurde das Emotionale gesättigt.«

HO: »Die Mutter war zärtlich, hat uns auch umarmt.«

HE: »Zwischen der Mutter und mir gab es viele Zärtlichkeiten, wir haben viel geschmust. Sie hat sich gefreut, daß ich das so lange zulasse. Das war aber kein erotisches Gefühl, stand unter völlig anderem Stern.«

Trotz intensiven Nachfragens sagten neun Frauen, daß es zwischen der Mutter und ihnen keine oder kaum Zärtlichkeiten gab. Eine erlebte die Mutter sogar als abstoßend.

HK: »Die Mutter war eher sachlich, nicht unliebenswürdig. Die Zärtlichkeiten kamen eher vom Vater. Das hat sie ihm auch gerne überlassen. Sie sagte von sich selbst, sie habe uns in der Kindheit immer irgendwie wie aufgespießte Schmetterlinge betrachtet.«

HM: »Die Mutter ist keine mütterliche Person, sie ist eher rational. Zärtlich war sie kaum, das kann sie nicht. Wir lagen manchmal zusammen im Bett der Eltern. Da gab's schon Körperkontakt, aber nicht so, daß wir uns umarmt hätten.«

HN: »An Zärtlichkeiten kann ich mich nicht erinnern. Ich kann mich auch nicht erinnern, daß ich zu ihr ins Bett durfte. Später gab's mehr Körperlichkeit, das habe aber ich angefangen.«

HH: »Ich kann mich an keinerlei Körperkontakt zur Mutter erinnern. Sie ist eher hart, rigoros, auch sich selbst gegenüber. Sie hat alles erreicht, was sie wollte. Mit dem Bruder hat sie gerauft und gebalgt. Da war ich oft neidisch.«

HG: »Körperkontakte zur Mutter waren sehr abstoßend. Wenn ich geheult habe, wollte sie nie, daß ich zu ihr komme. Sie sagte dann: Hänge dich nicht so an mich. Sie hatte Angst, daß ich ihre Kleider schmutzig mache.«

Eine erlebte die Zärtlichkeit der Mutter als zu eng, zu vereinnahmend.

HL: »Zärtlichkeiten von Mutter gab es. Mir war das eher zu nahe. Sie war gleich so vereinnahmend, das war mir nicht angenehm.«

Keine der Frauen berichtete auch nur annähernd etwas, das in Richtung Erotik ging.

Dieses doch recht unterschiedliche Ergebnis könnte in die von mir vermutete Richtung weisen, nämlich, daß viele später lesbisch lebende Frauen in ihrer frühen Kindheit mehr und intensivere körperlich-erotische Erfahrungen mit einer Frau gemacht haben. Allerdings fragte ich mich, ob der andere Teil meiner These stimmt, nämlich, daß heterosexuelle Frauen länger in einer intensiven asexuellen symbiotischen Verschränkung mit der Mutter gelebt haben. Nach meinem Ergebnis haben 60 Prozent der Frauen insgesamt mit sehr wenig Zärtlichkeit und Körperkontakt mit der Mutter leben müssen. Wenn es symbiotische Verbindungen gab, dann wurden diese eher auf einer unkörperlichen und unbewußten Ebene gelebt.

Interessant wäre zu untersuchen, ob sich dieses Ergebnis auf das Körpererleben von Lesben und heterosexuellen Frauen auswirkt, also ob heterosexuelle Frauen ihren Körper entfremdeter wahrnehmen als Lesben. Eines kann hier schon festgestellt werden, nämlich, daß Lesben einen weiblichen Körper attraktiv und schön finden und weniger Schwierigkeiten haben, ihn anzufassen, als heterosexuelle Frauen. Interessant ist allerdings, daß auch die meisten heterosexuellen Frauen auf meine Frage, welchen Körper sie schöner finden, einen Männer- oder einen Frauenkörper, antworteten: einen Frauenkörper.

Spätestens an dieser Stelle kommt wohl der Einwand meiner analytischen KollegInnen, daß die Antworten die »ödipale Verdrängung« spiegeln, das heißt, daß wir in der »ödipalen« Phase die Mutter als Rivalin um die Liebe des Vaters erleben müssen (vgl. Kapitel 4). Sie bekommt dann negative Züge, egal wie liebevoll sie eigentlich ist. Wäre dem so, müßten allerdings auch die Antworten der Lesben dieses verzerrte Mutterbild spiegeln. Wenn Lesben ihre Mutter dennoch liebevoller beschreiben können, dann ist dies ein Hinweis darauf, daß sich in der »ödipalen Phase« bei prälesbischen Mädchen wesentlich anderes abspielt als bei präheterosexuellen Mädchen. Es könnte sein, daß sich die Mütter von Lesben anders, zum Beispiel erotisch bestätigender verhielten, so daß Lesben es in der ödipalen Phase weniger nötig hatten, um den Vater zu konkurrieren. Es könnte auch sein, daß sich Väter erotisch abweisender verhielten, so daß die Mädchen sich von der Mutter mehr Bestätigung erhofften und wieder zu ihr zurückkehrten.

Wahrscheinlich greift beides ineinander. Wer schon in einer liebevollen Beziehung lebt, braucht nicht um eine neue Liebesbeziehung zu kämpfen.

Die Erfindungen des Kindes im Umgang mit frühen Konflikten

Einen weiteren, vermutlich die sexuelle Orientierung beeinflussenden Faktor fand ich in den Konfliktbewältigungsstrategien, die ein Kind erfindet, um mit frühen schmerzhaften, unumgänglichen Frustrationen durch die Mutter fertig zu werden.

Jede Mutter, auch die liebevollste, fügt ihrem Kind schmerzhafte Erlebnisse der Trennung, der Enttäuschung und der Angst zu. Mit zunehmender Reifung seiner Wahrnehmungsfunktionen, also je mehr das Kind zwischen sich und den Personen der Umwelt, zwischen seinen Handlungen und denen der anderen unterscheiden kann, desto schmerzhafter muß es feststellen, wie sehr es auf die Mutter oder die Erziehungspersonen angewiesen ist. Es kann manche Tür noch nicht selbst aufmachen, ein Lieblingsspielzeug noch nicht selbst vom Regal herunterholen, manches hat es kaputtgemacht und kann es nicht selbst wieder reparieren. Die Mutter kann das alles regeln. Die Mutter ist aber auch eine, die einfach aus dem Zimmer geht, ohne daß das Kind weiß, wie lange sie wegbleiben wird oder ob sie überhaupt jemals wiederkommt. Denn das Kleinkind hat noch kein Zeitgefühl. Es weiß nicht, wie lange fünf Minuten oder eine Stunde sind. Die Mutter bekommt für das Kind Züge einer mächtigen, willkürlichen, unberechenbaren, manchmal lieben, manchmal egoistischen bösen Frau. Besonders tief werden diese Trennungserlebnisse in der dritten präödipalen, oder multierotischen, Phase erlebt.

So wird die Mutter zu einer Person, die offenbar alle Wünsche befriedigen kann, die auch alle Wut des Kindes aushält, ohne zerstört zu werden. Sie kann offenbar auch in die Zukunft sehen, denn sie weiß meist besser als das Kind, daß es bald Hunger bekommen wird, daß es irgendwann pinkeln muß, und sie trifft Vorkehrungen für diese Bedürfnisse. Sie wird zur höchsten Lustspenderin, zur guten Fee und Göttin, und daneben wird sie auch zur egoistischen, bösen Hexe, der das Kind hilflos ausgeliefert ist, wenn seine Bedürfnisse nicht sofort befriedigt werden. Die Märchen über allmächtige Göttinnen und teuflische Hexen könnten mit diesen Urerfahrungen zusammenhängen. Die wesentlichste Entwicklungsaufgabe des Kindes in dieser Zeit ist es, mit solch enormen Gefühlsschwankungen irgendwie fertig zu werden.

Das Kind hat viele Möglichkeiten, mit den eigenen unerfüllten emotionalen und sexuellen Wünschen umzugehen. Wenn Saugen und Lutschen am lustvollsten war, wird es sich in Streßsituationen daran erinnern und vielleicht beginnen, am Daumen zu lutschen. Wenn Urinieren am lustvollsten war, wird es vielleicht für einige Jahre wieder einnässen. Wenn Essen am lustvollsten war, wird es versuchen, sich etwas zu essen zu holen, und vielleicht später eßsüchtig werden.

In dem Buch »Frauen definieren sich selbst« habe ich weitere Strategien beschrieben, die Jungen und Mädchen in der Regel ausbilden, um mit diesen gewaltigen Frustrationserlebnissen zurechtzukommen. Darauf möchte ich hier nicht weiter eingehen.

Später lesbisch lebende Frauen scheinen eine zusätzliche Strategie entwickelt zu haben, die Eisenbud (1982) die Bildung einer »primären erotischen Objektrepräsentanz« nennt. Diese Mädchen haben ja gewisse lustvolle, erotische Beziehungserfahrungen mit ihren Müttern erleben dürfen, die mit zunehmender Reifung der Gehirnfunktionen im Gedächtnis abgespeichert wurden. Das heißt, das Mädchen wird von nun an lustvoll-erotische Erinnerungsbilder, die mit der Mutter verknüpft sind, im Gedächtnis zur Verfügung haben. Es hat ein erotisch besetztes Objekt »geschaffen«, das untrennbar mit einer Frau verbunden ist.

Bei schmerzhaften Frustrations- und Trennungserlebnissen werden nun diese Mädchen ihre erotisch besetzten Erinnerungsbilder mit der Mutter aktivieren, das heißt, sie beginnen, die Mutter herbeizuphantasieren. Sie stellen sich vor, die Mutter sei vorhanden und umsorge sie mit den schon erlebten erotischen Stimulationen, womit sie versuchen, sich zu beruhigen und das verlorengegangene Wohlbefinden wiederherzustellen. Es dürfte allgemeinmenschlich sein, daß wir in schmerzhaften Situationen bewußt oder unbewußt nach einem Ausgleich streben. Wir überlegen, was uns in der Vergangenheit gutgetan hat, und versuchen, entsprechend lustvolle Situationen wiederherzustellen. Auch wenn wir nicht bewußt nach lustvollem Ausgleich Ausschau halten, bewerkstelligen dies unbewußte Mechanismen für uns, zum Beispiel Träume:

Eine Patientin berichtet, wie lustlos und depressiv sie schon seit Wochen ist. Nach ihren Träumen befragt, erzählt sie, daß sie in den letzten Tagen merkwürdigerweise sehr angenehme Träume hatte. Darin liegt sie auf Sommerwiesen, beschienen von der Sonne. Sie wacht immer ganz heiter auf. Aber dann erinnert sie sich an ihre Situation und wird wieder ganz niedergeschlagen.

Die Mädchen mit erotischen Beziehungserfahrungen mit der Mutter haben also ein erotisches Erinnerungsbild mit der Mutter »ausgebildet«, eine »Objektrepräsentanz«, die sie in unlustvollen Situationen aktivieren, um die innere Beziehung zur Mutter zu halten und sich selbst zu beruhigen. Diese »lesbische« Konfliktbewältigungsstrategie hat nur insofern etwas mit Regression zu tun, als jede Erinnerung einen Schritt zurück in die Vergangenheit bedeutet. Sie ist jedoch eine »Regression im Dienste des Ichs«, denn sie bewirkt keine Entdifferenzierung des schon Gelernten, sie destabilisiert also das Ich nicht. Im Gegenteil, sie regt zur Differenzierung bestimmter Ichfunktionen an, zum Beispiel fördert sie die Fähigkeit, sich selbst zu beruhigen, sie hilft dazu, die Mutter als jemand von sich Getrenntes wahrzunehmen, die man in der Phantasie von außen herholen kann;

sie fördert das Erinnerungsvermögen und die Steuerung der Gefühle. Sie trägt also dazu bei, daß sich das Kind als unabhängiges, potentes und doch bezogenes Subjekt neben der Mutter erleben kann.

Wahrscheinlich hilft die Ausbildung dieser lesbischen Strategie dem Mädchen auch, die bedrohlich erscheinende Allmacht der Mutter einzuschränken. Denn im erotischen Erleben wissen wir uns als Gebende und Nehmende gleichzeitig. Wir empfinden Lust durch die andere, sind jedoch auch Quelle der Lust für sie, wodurch wir uns wertvoll, anerkannt und potent erleben. Das kleine Mädchen, das den erotischen Glanz im Auge der Mutter wahrnimmt, wird wohl auch bemerken, daß die Mutter sich an ihm freut, daß also das Mädchen der Mutter etwas geben kann, daß es nicht nur von der Mutter nimmt. Die Mutter gleicht sich in der Phantasie also dem Mädchen an, es erlebt einen relativ gleichwertigen Austausch mit einer anderen, die ihr jedoch ähnlich ist.

So ist diese Strategie ein progressiver Schritt, denn sie regt die Differenzierung des Ichs an. Sie kann aber auch zu einer schnelleren Beendigung der früheren, eher symbiotisch organisierten Beziehung beitragen. In der »symbiotischen« Phase[5], mit circa eineinhalb Jahren, erlebt sich das Kind noch sehr auf die Mutter angewiesen und daher vielleicht noch weniger abgegrenzt von ihr. Dadurch könnte die lesbische Strategie für die größere Selbständigkeit und innere Unabhängigkeit verantwortlich sein, die die lesbischen Frauen in meinen Interviews immer wieder betont haben.

Die lesbische Strategie ist also mit der Ausbildung einer *erotischen gleichgeschlechtlichen Beziehung* verbunden, die, einmal verinnerlicht, von nun an als unbewußte Matrize wirkt, auf die in späteren lesbischen Beziehungen zurückgegriffen werden kann. Später heterosexuell lebende Mädchen konnten in schmerzhaften Situationen wahrscheinlich weniger auf eine erotische Erinnerung mit der Mutter zurückgreifen, weil es diese kaum gab. Sie werden eher fürsorgliche Erinnerungen beleben können und holen

---

5   Diese Phase wurde von M. Mahler beschrieben. Nach den Ergebnissen der heutigen Säuglingsforschung ist fraglich, ob es sie in dem von Mahler beschriebenen Ausmaß überhaupt gibt. Sicher ist jedoch, daß der Säugling in dieser Zeit noch mehr auf die Mutter angewiesen ist, was sich auf seine psychische Struktur auswirken wird.

zur Beruhigung in Streßsituationen vielleicht ihre Lieblingspuppe, die sie nun ausgiebig bemuttern. Ihre wesentliche Konfliktbewältigungsstrategie wäre demnach weniger die Ausbildung einer erotischen, sondern eher einer *fürsorglichen Beziehung.*

Auffallend ist, daß elf der heterosexuellen Frauen von ausgiebigem Puppenspiel berichteten, während dies nur drei der lesbischen Frauen taten. Die meisten lesbischen Frauen besaßen zwar Puppen, aber sie wußten nicht, was sie mit ihnen anfangen sollten. Eine nahm sie mit ins Bett, ohne jedoch mit ihr zu spielen. Viele berichteten, daß sie das Puppenspiel zu langweilig empfanden, daß sie Bewegungsspiele (auf Bäume klettern, Roller fahren, Hütten bauen) und Beziehungsspiele (Indianerspiele, Doktorspiele) einfach spannender fanden. Die Beziehungsspiele der Lesben betrafen eher Situationen außer Haus. Spielkameraden waren eher Jungen oder gemischte Gruppen.

Heterosexuelle Frauen spielten mehr mit Mädchen oder in gemischten Gruppen. Ihre Beziehungsspiele betrafen mehr Situationen im Haus. Sie spielten mit ihren Puppen baden, ausziehen, ins Bett bringen, anziehen, kochen, also alles, was sie in der Beziehung mit den Eltern erlebt hatten. Dagegen spielte eine puppenspielende Lesbe mit ihren Puppen Taufe, Gottesdienst, wobei sie selbst der Priester war. Auch sie inszenierte also eher außerhäusliche Situationen.

Es ist schwer, solche Unterschiede richtig zu interpretieren. Vielleicht ist die größere Triebstärke bei prälesbischen Mädchen für das unterschiedliche Spielverhalten verantwortlich. Vielleicht haben sie ihre frühen erotischen Gefühle in Bewegung umgesetzt, wie wahrscheinlich die Jungen auch, die den »erotischen Blick« ihrer Mütter wahrgenommen haben. Und vielleicht lebten später heterosexuelle Mädchen in ihrem Kinderspiel mehr die fürsorgliche, asexuelle Atmosphäre ihrer Kindheit nach. Allerdings trat der Wunsch, ein Junge zu sein, bei Lesben nicht häufiger auf als bei Heterosexuellen.

Die Hälfte der interviewten Lesben und Heterosexuellen wollten phasenweise lieber ein Junge sein. Sie entwickelten den Wunsch erst dann, als sie erkannten, was Jungen dürfen und welchen Einschränkungen sie als Mädchen unterworfen waren. Es ging ihnen also nicht eigentlich um ihr

Geschlecht, sondern um eine gerechte Behandlung. Auch spielten prälesbische Mädchen öfter Männerrollen, nicht weil sie sich darin als Mann
erleben wollten, sondern weil es den Mädchen hauptsächlich darum ging,
sich als wichtig und machtvoll zu erleben, und schnell erkannten sie, daß
dies in Frauenrollen kaum möglich war.

Die andere Hälfte der Lesben spielte mit Jungen und Mädchen gleichermaßen und machte keine Angaben darüber, ob sie mit ihrem Geschlecht
zufrieden war oder nicht. Viele Heterosexuelle äußerten sich dagegen
ausgesprochen zufrieden damit, Mädchen zu sein und mit Mädchen zu
spielen. Jungen waren vielen zu wild und zu roh. Keine Lesbe erwähnte,
daß Jungen zu unangenehm gewesen wären.

Der Frage, welche Beziehungsmatrizen später homosexuelle Männer ausgebildet haben, bin ich nicht nachgegangen. Morgenthaler (1987) beschrieb
Entwicklungsaspekte von homosexuellen Männern und fand, daß sie in
frühester Kindheit in Streßsituationen sich an lustbereitende Situationen
mit ihrem Penis erinnern. Sie wollten vielleicht durch *autoerotisches Verhalten* das unterbrochene Wohlbefinden wiederherstellen. Eine wesentliche kindliche Konfliktbewältigungsstrategie von später homosexuellen
Männern wäre demnach weniger an eine Beziehung geknüpft, was im
Erwachsenenalter vielleicht die häufig beobachtete größere Promiskuität
und eine stärkere Betonung der Autonomie mit verursacht.

Offenbar sind die erotischen Beziehungsstrategien bei homosexuellen
Männern und Frauen völlig verschieden. Wir werden uns wohl daran ge-
wöhnen müssen, daß es noch nie eine einzige Sexualität (die heterosexuelle)
für Männer und Frauen gegeben hat, sondern daß es viele sexuelle Lebensstile gibt[6], die alle ihre unterschiedlichen Entwicklungen, ihre spezifischen
Probleme und Erlebensweisen haben.

Später heterosexuelle Jungen dürften ein der lesbischen Strategie ähnliches Muster ausgebildet haben, da sich heterosexuelle Mütter in unserer
heterozentristischen Gesellschaft den erotischen Umgang mit ihren Jungen

---

6   Auch die Entwicklung von heterosexuellen und bisexuellen Männern und Frauen ist
    verschieden. Ebenso können wir die Sexualität von Älteren, von Behinderten, von
    Menschen anderer Rassen und Gesellschaften jeweils unterschiedlich beschreiben.

eher gestatten als mit ihren Mädchen. Auch sie dürften sich in traumatischen Situationen an ihre erotisch gefärbten Erfahrungen mit der Mutter erinnern, womit sie die einzigen waren, die eine *heterosexuelle* Beziehungs-Matrize ausgebildet haben. Deren weitere Ausgestaltung, Differenzierung, Behinderung, Vermischung mit anderen Bedürfnissen wird in vielen Büchern der Entwicklungspsychologie dargestellt, weshalb ich hier nicht weiter darauf eingehe. Ich wollte mit diesen noch relativ grob dargestellten Modellen hauptsächlich zeigen, daß es sinnvoll ist, die Entwicklung aller sexuellen Lebensstile bei beiden Geschlechtern getrennt zu erforschen.

Nach der Erkenntnis, daß es verschiedene sexuelle Lebensstile gibt – mit ganz verschiedenen sexuellen Grundmustern –, erhebt sich für mich die Frage, warum sich in unserer Gesellschaft nur eine »Sexualität«, nämlich die heterosexuelle, so ausbreitet, sich so sehr als die »normale« brüstet und alle anderen Formen der Sexualität unterdrückt und als pathologisch abgewertet werden. Ich weiß darauf keine schnelle Antwort. Jedoch scheint es so, daß sich der sexuelle Lebensstil des heterosexuellen Mannes durchgesetzt hat. Die heterosexuelle Frau scheint nach meinem Modell in der Kindheit keine gewesen zu sein. Sie erlebte sich wohl eher indifferent. Sie scheint eher durch das Begehren des Mannes/ Vaters und der Gesellschaft in Richtung Heterosexualität gezogen zu werden. Demnach hat sie sich im späteren Leben die Sexualität des Mannes zu eigen gemacht, ihm geglaubt, daß seine die »natürliche« sei und sie die entsprechende Ergänzung zu liefern habe.

Aber wahrscheinlich ist der Unterschied in den Grundmustern des Erlebens zwischen Lesben und heterosexuellen Frauen nur ein quantitativer. Wahrscheinlich bilden alle Frauen ein mehr oder weniger intensiv besetztes erotisches Beziehungsmuster zu ihrer Mutter aus, das im Unterbewußten schlummert. Denn in der Regel erleben alle Frauen ihre ersten erotisch-sinnlichen Stimulationen durch eine Frau. Und sicher gibt es noch eine Menge anderer Beziehungsmuster, die wohl hauptsächlich in der praödipalen oder multierotischen Phase gebildet werden.

Von den Ereignissen des weiteren Lebensverlaufs wird es abhängen, welche Matrizen belebt werden und welche vielleicht das ganze Leben hindurch zu den gut verpackten »Requisiten« gehören werden. So halte ich Frauen wegen ihrer spezifischen Entwicklungsgeschichte in unserer Gesellschaft bezüglich ihren sexuellen Erlebensformen grundsätzlich für beweglicher und weniger heterosexuell fixiert als Männer.

Die lesbische Strategie, also die »Erfindung«, die Mutter erotisch als vorhanden zu phantasieren, um sich von Trennungsschmerzen zu heilen, halte ich für eine kreative, entwicklungsfördernde Strategie, im Unterschied zu manch anderen »Konfliktlösungen« wie Einnässen, übermäßiges Essen, autistisches Schaukeln, Nägelkauen, Sich-Zurückziehen und ein »falsches« Selbst Ausbilden, was später eher zu neurotischen Störungen führt als die lesbische Konfliktlösung. Allerdings darf nicht übersehen werden, daß solch ein Abwehrverhalten bei lesbischen Frauen genauso häufig vorkommt wie bei heterosexuellen Frauen, daß Lesben nicht vor Neurosen gefeit sind. Hier geht es mir jedoch eher um die Darstellung »normaler« lesbischer Entwicklung.

Spätere Kindheit – zwischen drei und sechs Jahren

Die Mutter der späteren Kindheit

Ein weiterer Knotenpunkt für die sexuelle Orientierung dürfte zwischen dem dritten und sechsten Lebensjahr liegen, in der »ödipalen« Phase (vgl. Kapitel 2). Das Mädchen verhält sich nun erotisch immer eindeutiger, offener und fordernder der Mutter gegenüber. Freud wies schon darauf hin, daß Mädchen in dieser Phase genauso leidenschaftlich um die Mutter werben wie die Jungen. Mütter von Mädchen in diesem Alter berichteten mir, in welch fordernder Weise die kleinen Mädchen verlangen, die Brüste, den Bauch, die Schamlippen, den ganzen Körper der Mutter untersuchen zu dürfen. Wenn sie nicht eingeschüchtert wurden, wollen sie mit ihr schmusen, sich auf sie legen, sie überall berühren. Und danach wollen sie die Berührungen an sich selbst fortsetzen. Mütter, die Zugang zu ihren homoerotischen Gefühlen haben, konnten bestätigen, wie erotisch stimulierend sie selbst die Wünsche ihrer kleinen Mädchen erlebten.

Mütter mit ausgeprägter heterosexueller Orientierung kommen nun sehr in Bedrängnis. Denn nun droht ihre eigene verdrängte Liebesgeschichte mit ihrer Mutter ihr Bewußtsein zu überschwemmen. Und je intensiver und bewußter diese Wünsche werden, desto massiver muß die Abwehr dagegen aufgebaut werden, damit nicht die gesamte heterosexuelle Orientierung ins Wanken gerät. Daher neigen sie nun dazu, die allzu offensichtlichen homosexuellen und masturbatorischen Impulse ihrer Tochter rigoros abzublocken.

Eine Frau erzählt: »Früher wollte ich immer gerne zur Mutter ins Bett gehen. Ich wollte mit ihr schmusen, mit ihr im Bett herumtollen. Ich sehe noch, wie sich einmal ihr Gesicht verhärtete, wie sie völlig versteinerte und sagte: Das solltest du mit deinem Vater machen. Seither ging ich nie mehr zur Mutter ins Bett.«

Wenn die Mutter früher unbewußt erotische Impulse zugelassen beziehungsweise gefördert hat, kann diese jetzige mütterliche Abweisung für die Tochter eine traumatische Erfahrung sein. Sie kann dazu führen, erotisches Erleben für lange Jahre zu verdrängen. Von nun an wird die Mutter vielleicht immer noch sehr geliebt, jedoch muß die Erinnerung an erotische Impulse ausgeblendet werden. Wahrscheinlich erlebt ein Mädchen mit einer intensiv ausgebildeten »lesbischen Matrize« den nun folgenden Ausschluß von der Erotik der Mutter als besonders schmerzhaft. Solcherart früh geweckte und später abgeblockte Libido kann zu einer besonders beharrlichen Sehnsucht führen, die Blockierung, die mit einer Frau verknüpft ist, irgendwann einmal in einer Liebesbeziehung zu einer Frau wieder aufzuheben. Die mütterliche Zurückweisung in der ödipalen Phase kann also gleichzeitig zur Hemmung erotischen Erlebens und zur Fixierung der Erotik an die Mutter beziehungsweise an eine Frau führen.

Von nun an versucht das prälesbische Mädchen seine Liebe zur Mutter umzugestalten. Sie gibt in der Regel die Liebe zu ihr nicht auf. Sie »verdrängt« die erotische Dimension und wird eventuell zur »besten Freundin« der Mutter. Manche beginnen sich nun für die Mutter verantwortlich zu fühlen, umsorgen sie, verhalten sich mütterlicher als die Mutter. Manche bieten sich als Sohn- oder Mannersatz an und reparieren kaputte Lampen, Stühle oder Autos. In meinen früheren Arbeiten beschrieb ich in dieser Zeit einen Bruch zwischen Mutter und Tochter und meinte damit, daß die meisten Lesben nun hauptsächlich ambivalente bis feindselige Gefühle ihren Müttern gegenüber entwickeln. Da sie diesen Bruch in einer erinnerbaren Zeit erlebt haben mußten, hätten entsprechend feindselige Gefühle der Mutter gegenüber in den Interviews sichtbar werden können. Ich stützte mich damals noch mehr auf die analytische Literatur und auf Erfahrungen mit meinen Patientinnen.

Nach der Auswertung der Tiefeninterviews mußte ich feststellen, daß ich einen solch starken Bruch, wie von vielen AutorInnen angenommen, nicht finden konnte. Nur zwei der lesbischen Frauen schätzten ihre Beziehung zur Mutter als schlecht ein. Zehn hielten ihre Beziehung für ausgesprochen gut oder intensiv, und vier beschrieben sie eher als ambivalent. Interessant ist, daß acht der zehn Frauen mit guter Mutterbeziehung sich nun für die Mutter verantwortlich fühlten oder sich als die besondere Vertraute der Mutter empfanden.

LE: »Meine Mutter war eine gemütliche Frau. Sie hat eine angenehme Atmosphäre verbreitet. Ich war lange Jahre ihre Vertraute. Später war es dann meine Schwester. Da habe ich dann um die Mutter geworben.«

LC war ein uneheliches Kind und wuchs ohne Vater auf. Sie erzählt:
»Ich habe lange Jahre ganz stark das Gefühl gehabt, für meine Mutter verantwortlich zu sein. Ihr Gefühl und ihr Wohlbefinden hängen ganz stark von mir ab. Ich mußte so sein, daß ich sie nicht zu sehr belastete. Ich dachte, ich muß sie erhalten. Sie war ja meine Existenzgrundlage.«

LF: »Ich habe viel mitgekriegt von den Problemen der Eltern. Dafür habe ich mich auch interessiert. Ich habe nachgefragt und zugehört, wenn die über Probleme geredet haben. Die Mutter hat mich da als Freundin oder Partnerin hergenommen. Das hat sie mit meiner Schwester nicht gemacht. Die hat sich auch nicht dafür interessiert.«

Bei LF ist gut zu erkennen, wie sich das eigene Interesse mit dem der Mutter vermischt. Es ist schwer festzustellen, was früher war, ob die Mutter entsprechende Impulse ausgesandt oder ob sie auf die Impulse der Tochter reagiert hat.

Eine Frau, die ihre Mutterbeziehung als schlecht beurteilte, und alle, die eine ambivalente Beziehung hatten, erlebten jeweils intensive Beziehungen zu liebevollen beziehungsweise starken Großmüttern. Nur eine Frau fand in ihrer Kindheit keine nahe weibliche Bezugsperson. Sie erzählte, daß sie relativ früh intensive Frauenfreundschaften gepflegt hatte. Sie war übrigens die einzige, die in den letzten Jahren keine Liebesbeziehung zu einer Frau gelebt hat. Allerdings berichtete sie von einem großen, sie erfüllenden Freundinnenkreis. So mußte ich feststellen, daß, mit einer Ausnahme, alle von mir interviewten lesbischen Frauen lange Jahre ihrer Kindheit in mindestens einer befriedigenden emotionalen Beziehung zu einer Frau gelebt hatten.

LN empfand ihre Mutterbeziehung als ambivalent, war jedoch trotzdem die Vertraute der Mutter.

LN: »Meine Mutter hat sehr früh die Erfahrung gemacht, daß sie das, was sie wünscht, im Leben nicht bekommt. Sie war immer tapfer und hart zu sich. Sie war oft so verzweifelt, daß sie meinte, mir keine gute Mutter sein zu können. Ich hatte oft das Gefühl, ich bin nicht das Kind, ich bin ihre Freundin, ich muß Verantwortung für sie tragen. Es war so eine Haßliebe zwischen uns. Sie war meine erste große Liebe. Manchmal vermittelte sie mir das Gefühl, daß ich störe, dann habe ich sehr um sie geworben. Das war oft so ein Gezerre.«

Auch acht der heterosexuellen Frauen beschrieben ihre Beziehung zu ihrer Mutter als befriedigend und liebevoll. Allerdings erlebten sieben von ihnen ihre Mutterbeziehung eher als ambivalent und eine als ausgesprochen schlecht. Die Unterschiede zu den Lesben sind also nicht sehr gravierend. Allerdings scheinen tendenzmäßig Lesben mehr in befriedigenden, intensiven Beziehungen zu Frauen aufzuwachsen als Heterosexuelle.

Hier ein Beispiel für eine ambivalente Mutter-Beziehung:

HI: »Meine Mutter war eigentlich eine sehr starke Frau, gleichzeitig aber sehr ängstlich, mit vielen Komplexen. In Kleinigkeiten ist sie völlig hohlgedreht. Sie hat mich auch geschlagen, wenn sie mit sich und der Situation nicht zurechtkam. Zärtlich war sie kaum. Sie ist keine zärtliche, warme Frau. Auch die Eltern untereinander waren nicht zärtlich. Da hat sich auch nichts auf die Kinder übertragen.«

Auch berichtete nur eine der heterosexuellen Frauen, daß sie von der Mutter als besondere Vertraute herangezogen wurde. Ich gewann den Eindruck, daß es in der Mutter-Tochter-Beziehung von lesbischen und heterosexuellen Frauen in dieser Zeit Unterschiede gibt. Sie sind jedoch sehr subtil. Die als gut geschilderten Mutterbeziehungen der heterosexuellen Frauen erschienen mir gleichmäßiger freundlich, weniger eng und weniger intensiv zu verlaufen als die »guten« Mutterbeziehungen der Homosexuellen.

Ich habe ausgezählt, wie häufig die Worte: zärtlich, warmherzig, herzlich, liebevoll, vertrauensvoll von den beiden Gruppen bei der Beschreibung ihrer Mutter gefallen sind. Heterosexuelle beschrieben ihre Mutter in zehn Fällen mit diesen Worten, Homosexuelle benützten 19 mal diese Worte, also fast doppelt so häufig. Sätze, die sehr starke Gefühle ausdrücken, wie: Ich habe sie bewundert, sie war meine erste Geliebte, fielen nur bei den Homosexuellen. Selbst bei Lesben, die ihre Mutterbeziehung eher ambivalent beschrieben, wie zum Beispiel LN, empfand ich die Beschreibungen immer noch als viel emotionaler als diejenigen der Heterosexuellen mit ambivalenter Mutterbeziehung, zum Beispiel bei der obigen Schilderung von HI.

Einen gravierenden Unterschied zwischen den Müttern von Lesben und Heterosexuellen fand ich beim Faktor Dominanz – Abhängigkeit. Nur drei Lesben empfanden ihre Mütter als schwächer und abhängiger als ihre Väter. Elf beschrieben ihre Mütter als dominant und stärker als die Väter, zwei empfanden beide Elternteile als gleich stark. Ähnliche Ergebnisse wurden von Bell und Weinberg, Newcomb und Saghir und Robins schon berichtet. Dagegen empfanden nur fünf Heterosexuelle ihre Mütter dominanter als die Väter, neun erlebten sie schwächer und abhängig vom Vater, nur zwei beschrieben beide Eltern als gleich stark. Auf dem Gebiet Unabhängigkeit – Abhängigkeit fand ich also gerade umgekehrte Ergebnisse. Die Mehrzahl der Mütter von Lesben verhielten sich konträr zu den patriarchalen Rollenerwartungen beziehungsweise wurden von den Frauen so wahrgenommen.

Hier einige Beispiele:

LE: »Die Mutter hat immer die Familie geleitet. Manchmal hat der Vater darauf bestanden, daß er mal was durchsetzen will. Sie hat ihm auch erzählt, was wir angestellt haben. Dafür hat sie ihn eingesetzt. Wesentliche Entscheidungen hat die Mutter gefällt. Sie hat das ganze Geld verwaltet. Der Vater gab alles ab. Bei Problemen ging ich immer zu ihr.«

LF: »Die Mutter war die Dominante in der Familie. Sie hat die Entscheidungen getroffen. Sie hat sich immer durchgesetzt.«

LK: »Die Mutter war die Stärkere und Gebildetere. Das war für den Vater manchmal schwierig. Als Kind dachte ich jedoch, daß der Vater stärker war, weil der uns öfter geschlagen hat. Aber die Mutter hatte die absolute Kontrolle übers Geld. Er hat das Geld heimgebracht, sie hat entschieden, wie es ausgegeben wird.«

Manchmal war die Oma noch stärker als die Mutter:

LL: »In der Ehe hat sich die Mutter durchgesetzt. Der Vater konnte schimpfen, aber die Mutter hat letztlich gewonnen. Sie hat ihn überzeugt oder beschwichtigt. Sie war aber die Tochter von Oma. Diese hat letztlich die Dinge entschieden. Sie hat uns auch immer Mut gemacht, sie zog mit mir durch die Gegend. Sie hat sich nichts gefallen lassen. Sie sagte, auch wenn wir ganz arm sind, sind wir doch starke Frauen.«

Übrigens hing die erlebte Stärke der Mütter nicht von ihrer Berufstätigkeit ab. 50 Prozent der Mütter beider Gruppen waren in der Kindheit berufstätig. Auf diesem Gebiet unterschieden sich die Mütter von hetero- und homosexuellen Frauen nicht. Die Dominanz wurde eher daran festgemacht, wer das Geld verwaltete.

Und nun noch zwei Beispiele von eher abhängigen Müttern:

HF: »Der Vater hat wenig in die Erziehung eingegriffen. Aber er hat das Geld verwaltet. Die Arbeit der Mutter ist nichts, was bezahlt wird. Sie mußte ihm immer sagen, wann sie wieder Geld brauchte. Wenn sie mal länger telefonierte, hat er ihr dies vom Haushaltsgeld abgezogen. Er war ein typischer Patriarch.«

HO: »Die Mutter war unheimlich fleißig, ich habe ihr viel geholfen. Der Vater war sehr streng, wir mußten aufs Wort gehorchen. Er hat alle Entscheidungen getroffen, hat auch in die Erziehung eingegriffen. Als er gestorben war, war das für die Mutter schwer, denn sie war nicht sehr selbständig.«

HC und HI empfanden ihre Mütter offenbar recht widersprüchlich:

HC: »Die Mutter wirkte auf den ersten Blick schwach und hilflos. Ich denke, ich habe als Kind immer gedacht, ich muß sie beschützen, ich darf sie nicht im Stich lassen. Ich habe erst sehr viel später durchschaut, daß sich dahinter ein unbeugsamer Wille verbirgt. Sie ist zäh und hartnäckig.«

HI: »Mutter ist eigentlich eine starke Frau, gleichzeitig sehr ängstlich, mit vielen Komplexen. Sie ist Vater niemals entgegengetreten, wenn er sie so beleidigt hat. Sie ist dann abgehauen und hat sich in Depressionen verkrochen, hat tagelang geweint.«

Es scheint, daß Lesben ihre Mütter als Frauen erlebt haben, die die ihnen zugedachte patriarchale Geschlechtsrolle kaum oder zumindest nur brüchig gelebt haben. Prälesbische Mädchen haben diesbezüglich ambivalente Signale von ihren Müttern aufgefangen. Ob die Mütter wirklich anders waren als Mütter von präheterosexuellen Mädchen oder ob die prälesbischen Mädchen eher in der Lage waren, sehr subtiles, nicht rollengemäßes Verhalten ihrer Mütter wahrzunehmen, kann nicht entschieden werden. Jedenfalls erlebten Lesben ihre Mütter als weniger konform mit der ihnen zugedachten Geschlechtsrolle. Dadurch dürften lesbische Frauen auch eher ein brüchigeres Vorbild patriarchaler Weiblichkeit erfahren haben. Manche Mütter erhoben ihre Tochter zu ihrer Verbündeten gegen den Vater oder zu ihrer Ratgeberin oder besseren Partnerin. Wobei auch hier nicht klar ist, ob die Mutter das Mädchen in eine entsprechende Richtung »erzogen« und bestimmte Eigenschaften gefördert hat oder ob das Mädchen sich die entsprechende Rolle angeeignet hat. Vielfach war es wohl ein Ineinandergreifen der beiden Charaktere von Mutter und Tochter, wie das Beispiel von LF deutlich macht. Auch wurde immer wieder berichtet, daß dem »jungenhaften« Verhalten der prälesbischen Mädchen in der ganzen Kindheit bis zur Pubertät wenig Grenzen gesetzt wurden, daß sie von der Mutter und oft auch vom Vater gerade dafür Anerkennung erhielten. Die prälesbischen Mädchen fühlten sich in ihrer Rolle wichtig und stark und erfüllten wohl die Wünsche der Mutter.

Ein brüchigeres weibliches Rollenklischee vermittelt zu bekommen ist jedoch in einer patriarchalen Gesellschaft nichts Besorgniserregendes. Denn die uns zugedachte traditionelle weibliche Rolle, die eher eine vom Mann abgeleitete Identität fördert, halten die wenigsten Frauen heute noch für erstrebenswert. Wir sehnen uns ja gerade danach, uns von diesen Rollenklischees zu befreien. Und wir bedauern, daß es so schwierig ist, sich davon zu lösen, weil uns die Geschlechtsrolle so stark in den Leib eingebrannt ist, weil sie so früh in der Kindheit erworben wurde, weil wir so wenige Vorbilder hatten von starken, selbstbestimmten Frauen.

Lesbische Frauen mit ihrer spezifischen Geschichte, ihren »widersprüchlichen« Müttern, haben wahrscheinlich die kollektiven Weiblichkeitsmuster weniger intensiv, weniger ausschließlich verinnerlichen müssen. Dies dürfte in einer patriarchalen Umgebung, in der sie überall in der Öffentlichkeit andere Formen von Weiblichkeit registrieren mußten, als sie es selbst in der Familie erlebten, zunächst zu Unsicherheiten in der Identitätsbildung geführt haben. Aber gerade die Unsicherheit und die Wahrnehmung verschiedener Modelle von Weiblichkeit provozierten ein Nachdenken über verschiedene Möglichkeiten der eigenen Lebensgestaltung, eröffnen einen größeren Freiraum für die individuelle Entfaltung.

Heterosexuelle Frauen kamen vermehrt aus Familien, in denen entweder die traditionellen Geschlechtsrollen noch ungebrochen gelebt wurden oder die Mütter sich innerlich starken Ambivalenzen ausgesetzt fühlten, ohne eine konstruktive Lösung im Verhalten gefunden zu haben. Viele beschrieben ihre Mütter als einerseits stark, häufig im Beruf und Haushalt gleichzeitig engagiert, aber dann doch wieder so unsicher und ängstlich, daß sie sich zu Hause dem dominanteren Vater unterordneten, was öfter zu massiven Störungen (Ängste, Depressionen oder Tablettensucht) führte. Allerdings erlebten einige Mutter und Vater als gleich stark und souverän. Diese Frauen empfand ich als sehr ausgeglichen und selbstbewußt. Sie beschrieben ihre heterosexuelle Beziehung als gut. Ihrem Partner gegenüber empfanden sie sich ebenbürtig.

Der Vater kommt hinzu

Lesbische Frauen haben sich in der »ödipalen« Phase ebenso an den Vater gewandt wie heterosexuelle Frauen, nur vielleicht aus etwas anderen Motiven. Die präheterosexuellen Mädchen versuchten nun den »erotischen Glanz« im Auge des Vaters zu finden, den sie bei der Mutter vermißt hatten. Sie brauchten ihn wohl, um eine noch wenig bekannte und kaum erlebte sexuelle Identität auszugestalten. Die prähomosexuellen Mädchen suchten beim Vater etwas wiederzugewinnen, was sie in Ansätzen bei der

Mutter schon erlebt hatten. Sie brauchten ihn eher, um eine Blockierung aufzuheben. Sie versuchten, mit ihm den gestauten Strom der Erotik wieder zum Fließen zu bringen. Allerdings sind in der Realität wohl alle Zwischenstufen entlang eines Kontinuums vorhanden. Die hier vorgenommenen Dichotomisierungen dienen nur der Verdeutlichung.

An den untenstehenden Äußerungen der Heterosexuellen wird deutlich, daß sie nun starke erotische Sehnsucht auf ihre Väter beziehungsweise männliche Erwachsene richteten. In dieser Form beschrieben sie ihre Mutterbeziehung nie. Und viele empfanden den Vater oder eine männliche Bezugsperson auch liebevoller als die Mutter, obwohl der Kontakt zu ihm oft eher dürftig war.

HE: »Da war ein Onkel, da hatte ich ein Gefühl von erotischer Distanz. Das war so ein warmes Gefühl, aber es weht so ein leichter kühler Luftzug dazwischen. Es gab Bewunderung, Staunen, nichts Unangenehmes, aber aus irgendwelchen Gründen war er etwas weiter weg. Mit drei Jahren habe ich mich zum erstenmal in den Freund meines Vaters verliebt. Dem wollte ich gerne über die Haare streichen, das war ganz toll.«

HL: »Der Vater hat mit uns gemalt. Zärtlichkeiten gab es kaum. Aber ein Geborgenheitsgefühl hat er mir schon vermittelt.«

HN: »Körperliche Zärtlichkeit war bei uns nicht üblich. Es gibt Fotos, wo ich auf dem Nacken vom Vater sitze, aber an Umarmungen kann ich mich nicht erinnern. Er hat nicht mit mir gespielt, er mußte ja viel arbeiten. Aber er war für mich positiv anwesend. Er war eine Autorität, die ich akzeptiert habe.«

Etwas zögerlich berichtet HG:

»Der Vater war wohl liebevoller als die Mutter, als ich kleiner war. Da gab's wohl eine engere Verbindung zu ihm als zur Mutter. Wenn ich was wollte, ging ich zum Vater. Körperkontakte auf seinem Schoß gab es.«

Auch HB hatte Sehnsucht nach der Liebe des Vaters, der diese eher selten erwiderte:

»Morgens war es oft ganz vergnüglich im Bett. Aber der Vater war kein Schmusevater, das habe ich sehr vermißt. Er war schon meine Bezugsperson, aber das war mehr ein Wunsch von mir. Er war so distanziert, ich hätte gerne einen engeren Kontakt zu ihm gehabt.«

HE konnte sehr gut beschreiben, welche Unterschiede an Zärtlichkeit sie zwischen Mutter und Vater wahrnahm:

»Die Mutter war zärtlicher, was die Ausstrahlung angeht. Aber so ein intensives Dasein, phasenweise, das ging eher vom Vater aus. Das hatte mit der Art zu tun, wie er mit mir geredet hat, wie er mich anblickte, wie er die Zudecke hingelegt hat. Vielleicht kommt das auch daher, daß er viel weniger tat, und wenn er mal was machte, dann war das vielleicht etwas Besonderes. Das hat mich dann sehr gefreut. Das erlebte ich dann als besonders echt. Die Mutter war eher sehr bemüht, hat vieles ausprobiert in bezug auf Zärtlichkeit, war aber eher unecht.«

Die präheterosexuellen Mädchen mußten sich mit solch wenigen Brocken an Zärtlichkeit begnügen. Es war offenbar gerade so viel, daß die Sehnsucht danach immer geweckt blieb. Trotzdem berichteten sechs heterosexuelle Frauen, eine gute Beziehung zum Vater gehabt zu haben, neun erlebten die Beziehung ambivalent, und nur eine beschrieb eine schlechte Vater-Beziehung.

Nur HG empfand ihren Vater uneingeschränkt liebevoll:

»Der Vater war in der frühen Kindheit sehr warm und beschützend. Er hat sich sehr um uns gekümmert. Es gab viel Zärtlichkeit. Wir durften morgens zu ihm ins Bett. Da lagen wir jeder an einer Seite, und dann gab's Schokolade. Abends beim Fernsehen hat er sich mit angezogenen Beinen auf einen Sessel gesetzt. Dann durften wir ins Löchlein sitzen.«

Öfter verwischten sich die Grenzen beim Vater zwischen Zärtlichkeit und handfestem sexuellem Interesse:

HH: »Der Vater hat mich in den Arm genommen, wenn ich eine gute Schülerin war, da hat er sich mit mir gebrüstet. In der Pubertät ist er mir sexuell nachgestiegen. Wenn ich von der Tanzstunde später nach Hause kam, war er total eifersüchtig. Er sagte, du gehörst mir, da darf kein anderer ran.«

Wenn Väter überhaupt in die Erziehung eingriffen, dann richteten sie sich nach konservativeren, normierteren Weiblichkeitsbildern als die Mütter.

Das kleine, um die Liebe des Vaters werbende Mädchen erhält diese offenbar nicht bedingungslos. Männer, die die patriarchalen Rollenklischees von Männlichkeit – Weiblichkeit nicht hinterfragt haben, wollen aus dem kleinen Mädchen nun ein kleines Weib machen. Sie soll lieb und nett, passiv und reaktiv auf die Wünsche des Vaters eingehen, wenn sie seine Liebe erringen will. Heterosexuelle Frauen scheinen mehr traditionell-patriarchale Väter erlebt zu haben, was sich bei manchen schon in früher Kindheit, bei den meisten dann besonders in der Pubertät bemerkbar machte.

HB: »Der Vater hat uns Mädchen viel verboten. Ich habe dann schnell geheult. Das war immer mit Trotz und Zorn verbunden. Ich fühlte mich extrem ungerecht behandelt, denn ich mußte immer im Haushalt helfen, und der Bruder brauchte das nicht. Er hat mich sehr an die Kandare genommen. Ich mußte viel selbständig machen. Später in der Pubertät verbot er mir, mich zu schminken.«

HD: »Der Vater war der Chef in Verhaltensnormen. Er bestimmte, wie man am Tisch zu sitzen hat, daß man am Tisch nicht sprechen darf. Er erzählte, daß es bei ihm zu Hause eine Rute am Tisch gab. Ich hätte mir unheimlich gewünscht, daß der mich mal auf den Schoß nimmt, das gab es nicht. Ich habe mich mit Verklemmungen und Verkrampfungen versucht anzunähern. Er hat den Bruder bevorzugt.«

Auch HD berichtet von ihrer Sehnsucht nach Zärtlichkeit, jedoch bekommt sie hauptsächlich Bedingungen gestellt und muß die Bevorzugung des Sohns ertragen.

Gemäß dem traditionellen Rollenbild waren die Väter der Heterosexuellen in der Regel die Dominanteren in der Familie, zumindest nach außen. Neun Frauen schätzten ihren Vater als besonders stark ein, fünf erlebten ihn als der Mutter eher gleichgestellt oder mit ihr um Macht rivalisierend, nur eine Frau beschrieb ihren Vater als schwach und eine als nicht präsent. Die Dominanz hat die präheterosexuellen Mädchen in der Regel nicht abgeschreckt. Es kam ihnen offenbar nicht in den Sinn, den Vater deshalb abzulehnen oder Widerstand zu leisten. Sie sehnten sich nach seiner Liebe und Anerkennung, wie HD dies gut dargestellt hat. Bei HF zeigt sich noch deutlicher die häufig ambivalente Beziehung, die von Angst und Bewunderung geprägt ist:

»Der Vater war ein Tyrann, ein richtiger Patriarch. Sein Frauenbild ist katastrophal. Er hat häufig gestritten, wenn das Essen nicht rechtzeitig auf dem Tisch stand, es waren oft ganz alltägliche Dinge. Er hat uns auch geschlagen, wenn ihm was nicht gepaßt hat. Wir hatten großen Respekt vor ihm. Er ist ein Mensch, der von bestimmten Dingen Ahnung hat, und er kann seine Entscheidungen vertreten. Ich kann ihn auch um Rat fragen. Wenn ich ihn brauche, ist er da. Er hat viele Dinge mit uns gemacht. Ich habe ihn auch bewundert, was er alles konnte. Ein Gefühl von Schutz hatte ich schon.«

Dagegen empfanden nur vier lesbische Frauen ihre Väter als dominant. Drei erlebten ihn etwa gleich stark wie die Mutter. Sechs beschrieben den Vater als schwach, und für drei Frauen war er so gut wie nicht präsent. Die Mehrzahl der lesbischen Frauen erlebte also ihre Väter eher konträr zur patriarchalen Rollenerwartung. Dabei ist sehr fraglich, ob sie wirklich so anders waren als die Väter der Heterosexuellen oder ob lesbische Frauen das Verhalten ihrer Väter anders bewerteten. Ich habe die Wörter, die dominantes, aggressives, durchsetzungsfähiges Verhalten beschreiben – zum Beispiel aggressiv, autoritär, streng, jähzornig, tonangebend, schlagend –, bei beiden Gruppen ausgezählt und fand keine Unterschiede. Allerdings gab es sehr subtile Unterschiede in der Wortwahl. Zum Beispiel beschrieben Heterosexuelle ihre Väter mehr mit dem Wort Autorität, worin eine gewisse Anerkennung mitschwang. Lesben nannten ihre Väter eher autoritär, was in unserem Sprachgebrauch eine abwertende Nuance hat. Das Wort »stark«, das eine gewisse Achtung vermittelt, wurde nur von Heterosexuellen benutzt. Lesben verwandten eher die Worte »streng«, strikt, kontrollierend, und bei diesen Worten war etwas Ablehnendes spürbar.

Nach diesem Ergebnis bewerteten Lesben das Dominanzverhalten des Vaters negativer als Heterosexuelle. Manche empfanden solch ein Verhalten sogar eher als schwach. Es könnte also durchaus sein, daß derselbe Vater von einer heterosexuellen Frau als stark empfunden würde und von einer lesbischen Frau als schwach oder ambivalent. Auch reagierten Lesben in der Regel anders als Heterosexuelle auf ihre Väter, nämlich widerständig.

Hier ein Beispiel:

LQ: »Der Vater war konservativ, obrigkeitsgläubig, angepaßt, er konnte sehr wenig in Frage stellen. Man konnte nie etwas offen gegen ihn sagen. Ich war diejenige, die sich das geleistet hat. Ich habe gelernt, ihn zu durchschauen, dann hat mich sein Verhalten nicht mehr beeindruckt.«

Manchmal gab es ein Komplott gegen den Vater:

LI: »Ich habe den Vater immer als streng empfunden, so kontrollierend, beobachtend. Es gab keine Atmosphäre von Lockerheit bei uns. Er hatte immer so etwas Pädagogisches. Ich sollte immer Zöpfe und Kleider tragen, was ich überhaupt nicht mochte. Auch sollte ich nur Dinge tun, die Mädchen tun. Ich wollte reiten lernen, das durfte ich nicht. Dafür mußte ich Klavier spielen lernen. Da habe ich nur am Wochenende gespielt, wenn er da war. Sonst nicht. Da haben Mutter und ich ihn gemeinsam belogen.«

LL: »Als der Vater kam, wollte er uns rumkommandieren. Da haben Oma und ich uns widersetzt. Wir kamen ja auch ohne ihn gut aus.«

LN und LH erlebten den Vater eher schwach:

LN: »Er war ein sehr weicher Mensch, sehr gefühlvoll. Er hat seine Liebe zu mir sehr verzweifelt gezeigt. Er hat sich so an mich rangepreßt, daß ich dachte, jetzt ersticke ich gleich. Er hatte keine Worte dafür. Ich habe ihn sehr geliebt. Bei Entscheidungen fiel der Vater aus. Er wurde von der Mutter immer vor vollendete Tatsachen gestellt.«

LH: »Der Vater war der Schwächere. Die Mutter setzte sich ihm gegenüber durch. Er war labil, konnte niemand abweisen.«

Die Mehrzahl der Lesben erlebten also ihre Väter eher schwächer und abwesender als die Heterosexuellen. Ob die Väter wirklich so anders waren, kann damit nicht beantwortet werden. Aber es scheint so, daß sich Lesben ihrem Vater gegenüber stärker, weniger ausgeliefert, weniger abhängig fühlten als Heterosexuelle, daß sie offenbar auch weniger von ihm erwartet beziehungsweise bekommen haben, sich weniger nach seiner Liebe gesehnt haben. Auch empfanden Lesben dominantes Verhalten des Vaters weniger angenehm als Heterosexuelle, die daraus häufig Schutz, Sicherheit und Geborgenheit bezogen. Interessant ist, daß diese Worte nur in den Vater-Beschreibungen der Heterosexuellen auftauchten. Keine einzige Lesbe hat diese Worte bezüglich ihres Vaters benützt. Auch bei der Vaterbeziehung ist letztlich nicht festzustellen, ob die Väter wirklich schwächer und weniger liebevoll gewesen sind oder ob die prälesbischen Mädchen den Vater weniger attraktiv empfanden und sich weniger auf ihn eingelassen haben als präheterosexuelle Mädchen.

Wenn es stimmen sollte, daß Lesben in ihrer Liebe, in ihrer erotischen Bestätigung und in ihrem Bedürfnis nach Geborgenheit und Schutz weniger auf den Vater angewiesen sind, dann wohl deshalb, weil sie diese lebensnotwendigen Bedürfnisse anderswo – nämlich bei der Mutter oder weiblichen Bezugsperson – schon in einem genügenden Ausmaß erfahren durften. Offenbar war die Beziehung zur Mutter für die Frauen nicht so unbefriedigend, daß sie sich mit all ihrem Begehren dem Vater zugewandt hätten. Mit dieser an der Mutter erfahrenen Alternative im erotischen Erleben sind sie nun vielleicht immuner gegen die Forderungen der »Weiblichkeitserziehung« (Passivität, Abhängigkeit, Hingabe, Unterordnung) des Vaters und der Umwelt. Dadurch wirkten die Erziehungsversuche des Vaters auf die prälesbischen Mädchen weniger intensiv. Sie widersetzten sich ihm mehr, als dies präheterosexuelle Mädchen taten. Sei es wegen der schon erreichten Ichstärke der Töchter oder wegen der schwächeren Durchsetzungskraft des Vaters, jedenfalls internalisierten prälesbische Mädchen in dieser Phase die gesellschaftlichen Weiblichkeitsnormen weniger intensiv als präheterosexuelle Mädchen.

Die Weichenstellung bezüglich sexueller Orientierung in dieser Lebensphase liegt also darin, daß eine ehemals stark und sinnlich erlebte Mutter das allzu offensichtliche erotische Werben des Mädchens zurückweist. Dieses wendet sich dann an den Vater, um den Verlust ersetzt zu bekommen. Der Vater erweist sich jedoch als nicht attraktiv genug, um der Tochter einen vollgültigen Ersatz zu bieten. Die Beziehung zur Mutter bleibt in ihrer Stärke erhalten, erfährt jedoch eine gewisse Umwandlung. Die Liebesbeziehung zwischen Mutter und Tochter wird von beiden verdeckter gestaltet. Der Vater scheint eher ein zur Mutter-Tochter-Gemeinschaft Hinzukommender zu sein, der die Gemeinschaft belebt und bereichert, sie manchmal auch zu zerstören versucht, an den jedoch seltener der Wunsch nach Befriedigung grundlegender Liebesbedürfnisse herangetragen wird.

LA: »Den Vater empfand ich nie als besonders wichtig. Er hat halt da so mitgelebt. Manchmal war er der totale Störfaktor zwischen uns.«

Präheterosexuelle Mädchen wenden sich auch nicht völlig von der Mutter ab. In der Regel wird die liebevolle Beziehung zu ihr fortgesetzt. Auch sie erleben den Vater als Hinzukommenden, von dem sie die Erfüllung ihres zu wenig befriedigten erotischen Begehrens erhoffen. Auch er kann es häufig nur ungenügend erfüllen, weil er zu selten da, zu distanziert ist oder den Sohn bevorzugt. Häufig vermischt sich seine Zärtlichkeit mit handfesten egoistischen sexuellen Interessen, wodurch er zur massiven Bedrohung für die Tochter wird. Aus dieser Phase erben Heterosexuelle wohl weniger befriedigendes libidinöses Anerkennen durch den Vater, sondern eher die Sehnsucht danach.

Kindheit bis Pubertät
das jungen- und das mädchenhafte Mädchen

In der Folgezeit bis zur Pubertät und darüber hinaus kann das prälesbische Mädchen in seinem Begehren zwischen Mutter und Vater hin und her schwanken, wird jedoch wegen der ehemals befriedigend erlebten Mutterbeziehung eher wieder zur Mutter tendieren. Je nach bereitliegenden Rollenerwartungen wird die Tochter ihre Funktion als Freundin, Partnerin, Sohn- oder Mannersatz der Mutter gegenüber ausbauen. Je nachdem, welche Schwierigkeiten die Mutter in dieser Zeit mit ihrem Partner oder im Beruf erlebt, wird sie das Angebot der Tochter mehr oder weniger intensiv in Anspruch nehmen.

Allerdings waren die Ehen bezüglich Harmonie bei beiden Gruppen gleich. Jeweils 50 Prozent der Lesben und Heteras beschrieben die Ehen ihrer Eltern als schlecht. Die Mütter der heterosexuellen Frauen fanden jedoch offenbar andere Formen, mit dem Ehefrust fertig zu werden. Manchmal wandten sie sich an den geliebteren Sohn, manchmal holten sie sich Liebhaber. Jedoch tauchten diese Formen der Krisenbewältigung, wenn auch seltener, auch bei den Müttern der Lesben auf.

Mangels Alternativen, denn die Mutter war als erotisches Objekt wenig verfügbar, scheinen präheterosexuelle Mädchen sich in den nächsten Jahren mehr auf die vom Vater und der Gesellschaft geforderte Geschlechtsrolle einzulassen als lesbische Mädchen. Sie spielten mehr mit Mädchen Familie, fanden es bald nicht mehr so schick, auf Bäume zu klettern und Indianer zu spielen, hatten mehr Lust, den Lippenstift der Mutter auszuprobieren. Denn sie registrierten, wie Väter und Männer zu »gewinnen« sind. Bald werden sie alle »Listen der Ohnmacht« (Honegger, 1984) erlernt haben, die es ihnen ermöglichen, vom Vater und von Männern wenigstens einige ihrer Sehnsüchte erfüllt zu bekommen.

Und überall, wo sie hingehen, ins Kino, zu Veranstaltungen, alles, was sie lesen, die gesamte Umwelt bestätigt ihnen, daß solches Verhalten zu ihrer weiblichen Entwicklung gehöre. Mangels Alternativen erleben sie sich auf dem »richtigen« Weg in die Weiblichkeit, wenn sie sich den Wünschen des Vaters und der Männer anpassen, wenn sie sich passiv, reaktiv und unterordnend verhalten und ihre erotische Kraft ausschließlich dem Mann zur Verfügung stellen. Sie hoffen, die schmerzliche Sehnsucht der Kindheit dem Vater gegenüber einmal durch einen Mann befriedigt zu bekommen.

Frühere AnalytikerInnen hielten die Entwicklung hin zur Passivität für einen notwendigen Entwicklungsschritt, um »reife« Weiblichkeit zu erlangen. Dies ist eine Weiblichkeit, die sich als komplementäres Objekt dem Mann präsentiert, die alle eigenen Wünsche, einen eigenen Willen und ein eigenes Lebenskonzept aufgegeben hat. Die meisten heterosexuellen Frauen bis in die sechziger Jahre unseres Jahrhunderts unterwarfen sich den patriarchalen Weiblichkeitsnormen, ernteten dadurch eine gewisse Anerkennung durch den Mann, um den Preis der Aufgabe eines selbstzentrierten Lebens.

Erfreulicherweise haben alle der von mir interviewten heterosexuellen Frauen diese Weiblichkeitsreife kaum oder nicht in ihrem vollen Ausmaß angenommen. Denn auch deren Mütter lebten schon wenigstens teilweise ihr selbstgestaltetes Leben, wodurch auch sie ein »brüchigeres« Weiblichkeitsbild, mit mehr Kanten und Schattierungen erfahren haben. Jedoch sehnten sie sich als Mädchen mehr nach der Liebe und Anerkennung des Vaters als prälesbische Mädchen. Vielleicht waren sie wegen ihren früheren Erfahrungen mit asexueller Symbiose, erotischer Leere und einem mütterlichen Vorbild, das wenig Erotik zwischen Mutter und Tochter zulassen konnte und mehr auf den Vater verwies, auf die Liebe des Vaters besonders angewiesen. Dadurch waren sie auch offener und bereiter, die Bedingungen des Vaters und der Gesellschaft anzunehmen, sich den Normen der Weiblichkeit mehr zu fügen als prälesbische Mädchen. Allerdings ging es in meiner Untersuchung eher um Nuancen in der Entwicklung als um krasse Unterschiede. Ich habe ja auch versucht, im Lebensstil – außer der sexuellen Orientierung – möglichst ähnliche lesbische und heterosexuelle Frauen miteinander zu vergleichen.

Prälesbische Mädchen behielten in der Regel in dieser Zeit ihre gewohnten Aktivitäten bei. Sie spielten immer noch häufig mit Jungen die sogenannten »Jungenspiele« oder mit Mädchen, die genauso wild und lebhaft waren wie sie selbst. Jedoch mit »weiblichen Mädchen«, die sich nun immer mehr um ihre Figur, ihre Kleider und ihre Wirkungen auf Jungen kümmern, konnten sie wenig anfangen. Frühere AnalytikerInnen (Deutsch, 1948) meinten, daß sie sich dem »Passivitätsschub« widersetzen aus Angst vor der »masochistischen Gefahr«, der sich Heterosexuelle offenbar aussetzen müssen. Dadurch hätten sie ein Entwicklungsdefizit erlebt. Ich denke, daß prälesbischen Mädchen bis zur Pubertät bezüglich ihres aktiven »untypischen« Verhaltens mehr Freiheit gewährt wurde als präheterosexuellen Mädchen beziehungsweise daß sie sich diese nahmen. Häufig bekamen sie für dieses Verhalten von mindestens einem Elternteil besondere Anerkennung. Sie verwirklichten vielleicht die unerfüllte Sehnsucht der Mutter nach einem unabhängigen Leben. Oder sie sollten auf Gebieten erfolgreich sein, auf denen der Vater versagt hat. Pagenstecher (1987) meint, daß Lesben einen unbewußten Emanzipationsauftrag ihrer Mütter verwirklichen.

Ich meine, daß es nicht nur um die »heimlichen« Ideale der Mütter geht. Häufig verwirklichen sie auch die Wünsche des Vaters nach einem erfolgreichen Sohn und einer emanzipierten Frau in einer Person. Es scheint so, daß prälesbische Mädchen mehr für ihr individuelles Sein, für ihre Person Bestätigung erhalten, die Normen der Geschlechtsrolle sind in diesem Alter noch nicht wichtig. Präheterosexuelle Mädchen scheinen mehr für ihr weibliches Rollenverhalten Bestätigung zu erhalten, weshalb diese sich mehr danach sehnen, bald so zu werden, wie attraktive Frauen sind, wie sie der Vater mag.

Daß sie mit ihrer Aktivität und ihren Wünschen nicht zu den geforderten Geschlechtsrollennormen passen, das merken prälesbische Mädchen in schmerzhafter Weise, je näher sie den Körperveränderungen der Pubertät kommen. Sie hatten auch früher schon Mühe, geeignete weibliche Identifikationsobjekte zu finden, also Mädchen, die genauso wild und selbständig waren wie sie selbst. Aus dieser Not heraus begannen manche sich mit Jungen oder Männern zu identifizieren, nicht weil sie ihr Geschlecht ablehnten, sondern weil sie keine Weiblichkeitsbilder fanden, die sie in ihrer Aktivität und ihren Sehnsüchten hätten spiegeln können. Auf meine Frage, ob sie meint, die lesbische Orientierung sei angeboren oder eher ein Produkt der Sozialisation, schilderte LP das Dilemma dieser Phase sehr beeindruckend:

»Ein Teil könnte schon angeboren sein, meine Aktivität, meine Begabungen. Aber da ist auch ein Teil, wo ich mich als Kind nirgends habe wiederfinden können. Wenn ich Geschichten gelesen habe, dann war ich nicht die Prinzessin, sondern der Prinz, der etwas tat, der das Schwert in die Hand nahm... Ich fühlte mich nicht so schwach und hilflos wie die Mädchenfiguren, die mir vorgeführt wurden. Ich war immer schon stark, vital, sportlich, technisch begabt, war gut in Mathematik, das waren alles Männerdinge. Das hängt mit den Einteilungen in dieser Gesellschaft zusammen, die in meiner Kindheit alles so strikt in Frauen- und Männerdinge getrennt hat. Das einzige Buch, wo ich mich mit einem Mädchen habe identifizieren können, war ›Die rote Zora‹. Das ist ein Buch, wo ein Mädchen was macht, aktiv und intelligent ist. Sonst hatte ich keine Bilder von aktiver Weiblichkeit. Da habe ich mich mit diesen Männern identifizieren müssen. Das geht gut, solange sie kämpfen. Aber in diesen Geschichten lieben sie ja auch, und da lieben sie immer eine Frau. Was mache ich damit? Was das bewirkt – keine Ahnung. Was kriege ich mit, was setzt sich da im Kopf fest, wenn ich meine Aktivität leben will, selbst für mein Leben hinstehen will? Da muß ich eine Frau lieben, wäre eigentlich logisch. Trotzdem wollte ich eine Frau sein, ich wollte einen Mann lieben und Kinder haben. Das war total verquer alles.«

In der Pubertät driftet für viele prälesbische Mädchen die Schere zwischen persönlicher und Geschlechtsrollenidentität bis zur Zerreißprobe auseinander.

7. Identitätsbildung in der Pubertät

Richtung Homosexualität:
Es hat sich halt gut angefühlt mit einer Frau

Mit Beginn der Pubertät, etwa ab zehn Jahren, erleben viele prälesbische Mädchen einen Einbruch in ihr bis jetzt relativ kontinuierlich verlaufendes Leben. Alle Untersuchungen (Brauckmann, 1986, Akkermann und Betzelt, 1987, Palzkill, 1990) bestätigen dies. Nun, durch die wachsenden Veränderungen des Körpers, kann niemand mehr übersehen, daß eine Frau heranwächst. Die gesamte Umgebung reagiert nun auf das Mädchen mit zum Teil stichelnden, wohlwollenden oder abfälligen Bemerkungen. Von allen Seiten empfindet die Tochter nun den Druck, endlich die für sie vorgesehene Rolle anzunehmen. Der Rollendruck des Vaters wird nun besonders klar wahrgenommen.

LA: »Er hat mir viel verboten, hat dauernd meine Bilder von der Wand gerissen. Er kritisierte, wie ich ging, ich sollte aufrechter gehen, sollte meine Haare zusammenbinden, sollte keine Jeans tragen, sollte nach der Tanzstunde pünktlich heimkommen. Er hat mir meine Liebesbriefe aufgemacht, hat also meine Welt überhaupt nicht respektiert. Aber ich habe mich durchgesetzt.«

LD: »Der Vater hat sehr deutlich gemacht, daß ich Röcke anziehen soll. Die Mutter hat das dann halt mit durchgezogen. Er wollte mich nun als Mädchen haben. Daß ich das nicht will, da habe ich mich so reingesteigert, daß ich bis zwanzig keinen Rock angezogen habe.«

Die Frauen vermittelten auch gleichzeitig, daß der Vater kaum Chancen hatte, mit seinen Forderungen durchzukommen.

Pubertät und Wechseljahre der Mutter fallen häufig zusammen. Die Frauen erzählten, daß die Mutter wegen ihrer Beschwerden nun mehr mit sich selbst beschäftigt gewesen sei. Ob es wirklich die Wechseljahre waren oder ob ihnen das Verhalten ihrer Töchter wieder einmal unheimlich wurde, ist unklar. Jedenfalls erleben viele prälesbische Mädchen in dieser Zeit einen zweiten Rückzug der Mutter. Der erste wurde mit Beginn des Spracherwerbs und mit Wahrnehmung des Geschlechtsunterschieds registriert und führte zu einer verstärkten Hinwendung zum Vater, zu Brüdern oder Spielkameraden. Der jetzige Rückzug unterstützt die alterstypische Öffnung nach außen, allerdings mit der besonderen Tendenz zu Mädchen hin. Er könnte mit dem nun noch offensichtlicher werdenden geschlechtsuntypischen Verhalten des Mädchens zusammenhängen. Die anderen Mädchen wollen nun kurze Röcke tragen, wollen sich schminken, wollen in die Disco gehen, nur ihre Tochter offenbar nicht.

Das kann eine heterosexuelle Mutter sehr verunsichern und in Schuldgefühle stürzen. Vielleicht denkt sie, daß sie die Tochter doch zu sehr an sich gebunden hat, daß sie sie für eigene Zwecke zu sehr gebraucht hat, was sie nun durch den Rückzug »wiedergutmachen« will. Oder sie versucht, das Mädchen in Richtung Heterosexualität zu beeinflussen, was diese mit Streit und Bruch quittiert. Daß die Tochter sich dem heterosexuellen Rollenangebot widersetzt, wird von den Eltern nun häufig als Kränkung erlebt. Als Folge davon distanzieren sich die Eltern mehr von ihrer Tochter.

LF: »In der Zeit fühlte ich mich sehr alleine. Ich fuhr dann stundenlang mit dem Fahrrad durch die Gegend. Die Eltern merkten oft gar nicht, daß ich länger weg war.«

Die Geschlechtsrollenerwartungen werden nun nicht nur von der Familie, sondern auch von der Schule, von Freundinnen, von allen Menschen an sie herangetragen. Wenn sie weiterhin mit ihrer Jungenbande unterwegs ist, kommt vielleicht eine Klassenkameradin vorbei und rümpft die Nase. Und vorbei ist es mit der Lust auf die Jungen. Die Spannung zwischen den eigenen Interessen und denen der Geschlechtsrolle werden immer größer. Aber auch die Jungen verändern sich. Sie sehen nun das Mädchen anders, wollen nicht mehr mit ihr Fußball spielen, sondern vielleicht mit ihr schmusen. Häufig kommt es dann zu einem Bruch mit der bisherigen Freundesgruppe:

LD: »Es hat mir gestunken, daß ich ein Mädchen bin. Denn nun wollten mich manche Jungengruppen nicht mehr haben. Ich wußte als Kind schon, daß ich nicht schwächer bin als Jungen, daß ich nicht unsportlicher bin als sie.«

LF: »Ich war in einer Jungenclique, wir haben viel Fußball gespielt. Das wurde von Mädchen verachtet. Ich war ein Mädchen und sollte mich an ihnen orientieren. Ich war aber von ihnen nicht geachtet. Ich hatte kaum Freundinnen. Mädchenthemen interessierten mich nicht. Ab dreizehn gab es einen Bruch. Die Spannungen wuchsen ungeheuer. Ich ging dann von einem Tag auf den andern aus der Jungenclique raus.«

LH: »Da kam dann die Zeit, wo man aufhörte, mit den Jungen zu spielen, weil die mit den Mädchen nicht mehr spielen wollten. Und die Mädchen haben mich nicht interessiert, was die erzählten, fand ich immer so langweilig. Das wurde dann immer schwieriger. Ich wollte die Jungen weiter als Kameraden haben. Wenn ich dann einen hatte, den ich nett fand, kam der irgendwann mit dem Wunsch rumzuschmusen. Das konnte ich noch bis zu 'ner gewissen Grenze verkraften. Aber das ist dem ja dann nicht genug. Der will ja dann seine Erfahrungen machen, und das wollte ich nicht.«

Nun beginnt eine meist schmerzhafte Phase, die sich manchmal bis zu einer gewissen Identitätsdiffusion steigern kann. Es ist die Zeit, in der den Mädchen selbst langsam klar wird, daß sie anders empfinden, anderes wollen als die Mehrheit der Frauen. Es ist eine Phase der Verunsicherung, Neuorientierung und Integration der eigenen Gefühle, die zu einer neuen, lesbischen Identität führen wird, wenn die enormen Schwierigkeiten dieses Prozesses einigermaßen bewältigt werden konnten. Manchmal dauert diese Phase Jahre oder sogar Jahrzehnte.

Manche AutorInnen nennen diese Phase die erste Stufe des »Coming out«. Damit ist der Prozeß gemeint, währenddessen dem Mädchen nicht nur klar wird, daß es offenbar andere Wünsche hat als die meisten übrigen Mädchen, sondern auch, daß die eigenen erotischen Impulse etwas mit der gesellschaftlichen Zuschreibung »lesbisch« zu tun haben. Jedoch konnte ich häufig einen Unterschied zwischen der eigenen sexuellen Identitätsbildung und den Phasen des »Coming out« feststellen. Viele lesbische Frauen erleben sich zunächst zwar anders als andere Frauen, mit dem Wort »lesbisch« können sie sich jedoch nicht identifizieren. Viele kennen das Wort nicht einmal. Sie definieren ihre spezifischen Impulse und Wünsche als ihre Eigenart, eventuell als ihre besonderen Schwierigkeiten. Erst wenn sie beginnen, über ihre Gefühle zu anderen zu sprechen, wenn sie sich mit den Meinungen der Umwelt bezüglich ihren Gefühlen konfrontieren, hören viele zum erstenmal das Wort »lesbisch« und meist in einem negativen Sinn. Nun müssen sie sich mit der gesellschaftlichen »Horrorvision« des Lesbisch-Seins auseinandersetzen. Das halte ich für den Beginn des »Coming-out-Prozesses«. Denn nun beginnt in der Konfrontation mit den gesellschaftlichen Zuschreibungen zum Begriff der »Lesbierin« ein erneuter, oft Jahre und Jahrzehnte dauernder Veränderungsprozeß der Identität, an dessen Ende die Akzeptanz liegen kann, eine lesbisch oder bisexuell lebende Frau in dieser Gesellschaft zu sein. Manchen gelingt wohl auch die Verdrängung oder Sublimierung dieser Gefühle, und es gelingt ihnen, heterosexuell zu leben.

Die Prozesse der sexuellen Identitätsbildung haben also mehr mit persönlichem Erleben zu tun, und die des »Coming out« mehr mit Auseinandersetzungen mit den gesellschaftlichen vermeintlichen oder realen Vorstellungen über Homosexualität. Allerdings können sich beide Prozesse überlagern und vermischen. Manche Frauen fanden Zugang zur lesbischen Lebensweise, indem sie sich erst jahrelang theoretisch mit der Situation der Frau und Lesbe im Patriarchat auseinandersetzten. Sie erlebten ihr Coming out also vor der sexuellen Identitätsbildung. Häufig begegnete mir jedoch der umgekehrte Fall. Jedenfalls hat die Zuschreibung »lesbisch« zunächst wenig mit dem individuellen Erleben der Mädchen zu tun. Sie ist ein gesellschaftliches Konstrukt, mit dem sich manche Frauen im Laufe ihres Lebens identifizieren und manche niemals. Trotzdem können letztere intensive Frauenfreundschaften pflegen. Sie sagen sich: Ich liebe diese Person, die nun einmal weiblich ist. Wäre sie männlich, würde ich sie auch lieben. Ich bin deshalb nicht lesbisch.

Das Erbe früherer Entwicklungsphasen von prälesbischen Mädchen ist ein brüchigeres, internalisiertes patriarchales Weiblichkeitsbild (so wie meine Mutter wollte ich nie werden!) und ein größeres aktiv-aggressives Triebpotential. Denn die Erziehung zur Passivität ist bei prälesbischen Mädchen weniger gelungen als bei präheterosexuellen Mädchen. Die erfolgreiche Abgrenzung von den Erwartungen des Vaters und der Gesellschaft bewirkte eine Stärkung und Ausdifferenzierung des Ichs, das jedoch nun ab der Pubertät der stärksten Belastungsprobe im bisherigen Leben ausgesetzt ist. Es ist eine Zeit der radikalen Veränderungen. Nicht nur die Einstellung zu Mutter und Vater und zur bisherigen Freundes- und Freundinnengruppe verändert sich, auch die Veränderungen des Körpers und die entsprechenden Reaktionen darauf müssen bewältigt werden.

Für prälesbische Mädchen mit ihrer internalisierten lesbischen Matrize des Liebens, ihrer »unangepaßten« weiblichen Identität und ihrer Ichstärke ist die Anpassung an die weibliche Geschlechtsrolle kaum attraktiv. Ihr sehnlichster Wunsch ist es, ihre intensiven Liebesgefühle Mädchen und Frauen gegenüber zulassen zu dürfen. Je mehr sie zu ihren Gefühlen stehen, desto schneller müssen sie zur Kenntnis nehmen, daß dies von aller Welt nicht erwünscht ist. Die langsam ausreifende eigene sexuelle Identität und die geforderte Geschlechtsrollenidentität beginnen auseinanderzuklaffen. Dieser Prozeß der Identitätsdiffusion und späteren neuen Identitätsbildung ist zeitlich nicht begrenzt. Er kann bis zur Adoleszenz und ins Erwachsenenleben hineinreichen. Übrigens muß er auch nicht bei allen in der Pubertät beginnen. Manche Frauen wachsen zunächst in eine heterosexuelle Welt hinein und erleben diesen Umwandlungsprozeß erst nach einigen Jahren heterosexueller Beziehungserfahrung.

Ich kann hier nicht alle Formen lesbischer Entwicklung beschreiben. Es gibt sicher alle Übergänge zwischen hetero- und homosexueller Sozialisation. Um jedoch etwas Übergreifendes erkennen zu können, muß ich das Erfahrene nach mir wesentlich erscheinenden Kriterien auswählen, zusammenziehen und verallgemeinern. Ich beschränke mich auf das, was mir am häufigsten begegnet ist, und postuliere, daß dies allgemeine Entwicklungstendenzen sein könnten. Wenn andere anderes herausfinden, um so besser, dann differenziert sich unser Blick auf das erotische Geschehen zwischen Menschen, und unsere Erkenntnisse über unsere emotionalen und sexuellen Erlebensmöglichkeiten werden noch reichhaltiger.

Die Körperveränderungen der Pubertät werden von prähomosexuellen Mädchen hauptsächlich als störend, lästig und sogar angsterregend registriert. Viele hoffen, eine Entwicklung zur weiblichen Geschlechtsrolle irgendwie verhindern zu können, was in manchen Fällen bis zur Magersucht führen kann. Dabei ist in der Regel nicht der weibliche Körper selbst gemeint. Sie erkannten, daß dieser veränderte Körper bestimmte Wirkungen bei anderen auslöst. Sie wollten diese Wirkungen verhindern, die ihnen lästig waren, die sie als Einschränkung ihrer bisher genossenen Freiheit erlebten. Und manche meinten, durch Rückgängigmachung der Körperveränderungen dies bewirken zu können. Sie wollten also letztlich die weibliche Geschlechtsrolle verweigern, die ihnen zu unattraktiv erschien.

LE: »Als sich mein Körper veränderte, hatte ich dazu kein Gefühl. Ich fühlte mich benachteiligt in diesem Körper. Einen männlichen Körper wollte ich allerdings auch nicht. Ich wollte so was dazwischen sein, so etwas Neutrales, das war ich wohl auch lange.«

LI: »Ich war immer sehr sportlich. Vielleicht hat sich durch das Schwimmen ein sehr stark ausgeprägter Busen gebildet. Das war für mich immer ein wahnsinniges Problem. Damit konnte ich mich nie identifizieren. Auf einer unbewußten Ebene war es wohl sehr schwierig für mich, eine Frau zu werden, weil ich es eigentlich ja nicht wollte. Aber das war nicht etwas, was ich bewußt dachte.«

Mit den ersten Verliebtheiten in Mädchen oder Frauen bekamen sie schnell den massiven Druck dieser Gesellschaft zu spüren, die alle ihr verfügbaren Mittel anwendet, um die Gefühle der Liebe in das starre Korsett der Heterosexualität zu zwingen. Für manche fing dieser Druck schon sehr früh an, wie zum Beispiel bei LH:

»Mit der Schule ging's los. Gleich in der ersten Klasse habe ich mich in ein anderes Mädchen verliebt. Der habe ich dann einen Liebesbrief geschrieben. Die ist mit dem Brief zu ihrer Mutter gerannt. Die ging dann zu meiner Mutter, und da wurde ich sehr verprügelt. Das war leider eine ganz böse Erfahrung. Da hörte ich von meiner Mutter zum erstenmal das Wort ›pervers‹. Das habe ich mir gemerkt. Ich lernte damals sofort, daß man solche Gefühle nicht äußern darf. Man darf also keine Liebesbriefe schreiben, dachte ich. Ich habe gar nicht gemerkt, daß es damit zu tun hatte, daß dieser Brief an ein Mädchen ging. Die ganze Schulzeit über habe ich mich dann immer wieder in Mädchen oder Lehrerinnen verliebt, dann aber immer heimlich. Ich habe das nie mehr jemand gesagt. Das habe ich also schnell gelernt, daß man das nicht sagen darf.«

LL: »Mit dreizehn Jahren habe ich mich in ein Mädchen verliebt. Ich wollte sie einfach streicheln. Die wollte das nicht. Da merkte ich, daß das offenbar was ganz Schlimmes ist, daß es total verboten ist.«

Interessant fand ich, daß viele in dieser Phase schon sehr klar und bewußt ihre erotischen Gefühle und auch das gewünschte Sexualobjekt erkannten, nämlich eine Frau. Die meisten heterosexuellen Frauen beschrieben in diesem Alter eher vage Gefühle. Dieses Ergebnis fand auch schon Brauckmann in ihrer Untersuchung acht Jahre früher. Manche homosexuellen Frauen haben also in der Regel schon recht früh damit begonnen, eine individuelle sexuelle Identität auszubilden, die ihnen jetzt, je intensiver sie danach leben wollen, zum Verhängnis werden kann.

LH: »Ich weiß, daß ich mit sechs Jahren so eine körperliche Sehnsucht hatte, ich wollte sie umarmen oder mich an sie schmiegen. Konkret Sexuelles hatte ich da noch nicht im Kopf, aber so eine vage Sehnsucht, die aber auf eine ganz bestimmte Person bezogen war. Dieses Mädchen ging mir fast nicht mehr aus dem Kopf.«

LI: »Mit elf Jahren habe ich mich spontan sehr in eine Lehrerin verliebt. Das war mir sehr klar, daß ich mich in sie verliebt habe. Das war ein absolut erotisches Gefühl. Das ist ein Gefühl, das sich bis zu meinem fünfunddreißigsten Lebensjahr nicht geändert hat. Ich habe die Frau über mehr als zwanzig Jahre sehr geliebt. Damals fragte ich einen Lehrer, ob ich lesbisch sei.«

LN: »Mit dreizehn Jahren war mir längst klar, daß ich Mädchen liebe. Weiche Knie, Herzklopfen, sexuelle Gefühle hatte ich nur bei Mädchen.«

Nicht nur vom Elternhaus, sondern von überall her erfahren nun die Mädchen den Druck in Richtung Heterosexualität, zum Beispiel von der Schule:

LF: »Bei Mädchen war ich nicht so beliebt, weil ich nicht so war wie sie. Ich hatte aber eine Herzensfreundin. In der Schule hat man uns bewußt getrennt, da habe ich sehr geweint, weil ich aus der Klasse raus mußte. Die Mutter hat sich dann für mich eingesetzt.«

Auch Freundinnen lösen Druck aus, weil sie ihr Verhalten verändern...

LD: »Ich habe begonnen, die anderen Mädchen zu beneiden, die Freunde hatten. Das wurde mir ja von allen Seiten vermittelt, daß das jetzt ansteht. Nicht, daß das unbedingt mein eigenes Bedürfnis gewesen wäre. Als meine beste Freundin anfing, sich zu schminken, da habe ich einen ganzen Tag geheult. Ich dachte, jetzt kann ich mich gar nicht mehr halten. Um dazuzugehören, muß ich jetzt auch solche Sachen machen.«

... oder sogar wegen ihrer neuen Freunde die Freundin verlassen.

LE: »Als drei Mädchen aus meiner Clique zu Männern gingen, war das ganz schlimm. Das war ein großer Verlust. Ich hatte kein Interesse an Männern, ich konnte also da nicht mitmachen. In der Tanzstunde sperrte ich mich am Ende ins Klo ein, damit ich nicht mit einem Mann nach Hause gehen mußte.«

Das Ergebnis ist eine große innere Zerrissenheit und eine ungeheure Verlassenheit, die zur Identitätsdiffusion führen kann.

LF: »Ich wollte kein Junge sein, aber auch kein Mädchen. Ich habe das, was von Mädchen erwartet wird, gegenüber den Jungen immer als ungerecht empfunden. Ich merkte, als Mädchen bin ich in einer ganz anderen Rolle drin. War schwer. Ich hatte auch in der Mutter keine Ansprechpartnerin mehr. Sie hat mir nicht mehr die Aufmerksamkeit gegeben, die ich gebraucht hätte.«

LG: »Ich habe das mitgekriegt, daß die Jungen dann plötzlich neugierig auf die Mädchen waren. Ich war auch neugierig auf Mädchen. Es war mir bewußt, daß ich da anders bin als die Mädchen. Ich dachte, daß ich nicht ganz gescheit im Kopf bin. Ich dachte, das gibt sich dann mal. Hat sich aber nicht gegeben.«

LH: »Wenn die Jungen gemerkt haben, daß ich bei ihren Annäherungsversuchen zumache, gingen sie zu einer andern. Ich war dann sehr alleine, hatte keine Vertrauensperson. Da kam ich dann in Schwierigkeiten mit mir selbst, dachte, ob an mir etwas nicht normal ist.«

In dieser Spaltung zwischen der eigenen, schon sehr ausgeprägten sexuellen Identität und den überall geforderten Geschlechtsrollen-Normen kann niemand lange leben, ohne krank zu werden. Lesbische Mädchen versuchen nun auf den verschiedensten Wegen diese Zerrissenheit aufzulösen, mit dieser Not, in die unsere einseitig heterosexistisch geprägte Gesellschaft sie gebracht hat, fertig zu werden.

Spagat zwischen Geschlechtsrollenforderung und sexueller Identität

Um nicht weiter verunsichert zu werden, ziehen manche sich für einige Jahre total zurück, was sicher nicht die günstigste Lösung ist, aber eine brauchbare, wenn keine anderen identitätsstärkenden Orte zu finden sind. LF schildert beeindruckend, wieviel innere Not ein lesbisches Mädchen, das noch kein tragendes lesbisches Netzwerk gefunden hat, aushalten muß.

LF:»Ich zog mich dann total zurück. Ich schrieb Tagebuch und fuhr mit dem Fahrrad stundenlang herum. Dann habe ich Sport gemacht und mit fünfzehn Jahren selbst eine Jugendgruppe geleitet. Aber eigentlich fehlte mir sehr eine Vertrauensperson. Ich suchte viel Liebe und Aufmerksamkeit und wußte nicht, woher ich die kriegen sollte. Es fehlte mir einfach, daß sich jemand um mich kümmert. Ich wollte auch nicht als Kind behandelt sein, sondern altersgemäß.«

LN: »Ich merkte, ich kann meine Gefühle nicht leben, weil die Mädchen, in die ich mich verliebt habe, das nicht wollten. Die haben immer von Freunden erzählt, und für meine Identität war da kein Platz. Ich habe dann sehr viel geträumt davon, habe mir so Wachträume konstruiert, die die Realität anders darstellten. Da saß ich auf einer Parkbank und legte meinen Arm um sie und so weiter.«

LH hatte das Glück, einen Freund zu finden, der sie sexuell in Ruhe ließ und durch den sie sich der Umwelt gegenüber geschützt fühlte.

LH:»Ich hatte dann kurz vor dem Abitur zum ersten Mal wirklich einen Freund, der von mir auch nicht mehr wollte als ich von ihm. Vielleicht war er schwul. Wir haben uns wirklich gut verstanden. Das war dann auch der erste, dem ich sagte, daß ich glaube, daß ich lesbisch bin. Das war das erstemal, daß ich das habe mit jemand besprechen können.«

Wenn die Mädchen in dieser Phase von nirgendwoher erfahren, daß es außer der Heterosexualität noch andere Lebens- und Liebesformen gibt, gehen viele eventuell jahrelang Beziehungen zu Männern ein, um nicht alleine zu sein. Die Hinwendung zu Frauen erfolgt dann oft erst nach Jahren heterosexuellen Lebens. Mit einer Ausnahme hatten alle meine Interviewpartnerinnen heterosexuelle Erfahrungen in unterschiedlichster Form. Bei manchen blieb es beim Petting, manche ließen den Koitus zu, kamen jedoch dabei nicht zum Orgasmus, manche hatten keinerlei sexuelle Schwierigkeiten mit Männern.

LM: »Die Beziehung zu dem Mann war schon schön. Der hat auch etwas in mir ausgelöst, aber es war nie so stark, daß ich mit ihm schlafen wollte. Er wollte mich heiraten. Er war so katholisch, daß er auch nicht vor der Ehe mit mir schlafen wollte. Das war ganz praktisch. Ich überlegte mir sogar, ob ich ihn heirate. Dann ist mir aber alles zu eng geworden. Dann zog ich weg von ihm in eine WG, wo ich eine Frau kennenlernte. Da merkte ich, daß das viel schöner war als alles, was ich mit Männern erlebt hatte. Das wurde ganz schnell eine sexuelle Beziehung. Damals hätte ich mich noch nicht als lesbisch bezeichnet. Ich fing dann erst an, mich mit dieser Lebensform auseinanderzusetzen. Vom Erleben her ging es mir halt so, daß es sich gut angefühlt hat.«

Manche wollten sich unbedingt ihre »Normalität« beweisen und ließen sich auf sexuelle Beziehungen zu Männern ein, obwohl sie wenig oder kaum sexuelle Gefühle spürten.

LK: »In der Pubertät hatte ich mich in ein Mädchen in meiner Klasse verliebt. Da dachte ich, Hilfe, hoffentlich bin ich nicht andersrum. Vor Jungen und Männern hatte ich unheimlich Angst. Ich wollte schon, daß mich auch mal einer mag, aber ich habe es auch total blockiert. Mit siebzehn gab es mal auf einer Reise eine erotische Situation mit einem Mann. Da war ich froh, daß ich das kann, daß ich einen Mann anziehen kann. Mit einundzwanzig Jahren habe ich mich in einen Ausländer verliebt. Mit dem habe ich dann geschlafen. Das war auch ganz gut. Damals hätte ich mich als heterosexuell definiert. Erst mit vierundzwanzig Jahren habe ich mich dann in eine Frau verliebt. Als ich zum erstenmal mit der geschlafen hatte, wußte ich ganz genau, wie das geht, obwohl ich ja noch nie mit einer Frau geschlafen hatte. Da war ich mir dann gleich sicher, daß es das ist, was ich wollte.«

LC: »Ich war in der Zeit sehr alleine. Dann habe ich gemerkt, ich kriege nur Kontakt, wenn ich mit einem dieser Typen zusammen bin. Ich merkte, Kontakt war nur über Sexualität möglich. Ich habe dann mit Typen rumgemacht. Das hab ich über mich ergehen lassen.«

LN: »Obwohl mir klar war, daß ich eigentlich Frauen mag, habe ich mit achtzehn Jahren geheiratet. Ich wollte mir beweisen, daß ich das kann. Ich wollte zu der Gesellschaft dazugehören. Ich war es satt, einsam durch die Gegend zu laufen. Ich habe mit ihm geschlafen, das hat mir zwar keinen Spaß gemacht, aber ich dachte, lieber diese Sexualität als gar keine.«

LL: »Die Freundin, in die ich mich verliebt hatte, wollte Männer. Dann wollte ich es auch mit Männern probieren. Die wollten mich aber immer gleich mit Haut und Haaren, das konnte ich nicht aushalten. Zum Orgasmus bin ich nie gekommen. Ich war auch nicht erregt, ich wollte es nur ausprobieren. Da entstand keine wirkliche Beziehung. Die waren mir immer zu klein, zu winzig und auf der anderen Seite so aufgeblasen. Es waren Kinder. Ich konnte da für eine Weile mitfühlen, aber sexuelle Erregung spürte ich nicht.«

Sexualität war der Preis, um sich normal und nicht alleine zu fühlen, jedoch waren die sexuellen Gefühle meist abgespalten. Manche Frauen lebten trotzdem jahrelang in heterosexuellen Beziehungen, in denen sie meinten, sexuell zufrieden zu leben, bis sie sich in eine Frau verliebten und merkten, welche Dimensionen an Gefühlstiefe, an Nähe und Zärtlichkeit ihnen in der heterosexuellen Beziehung gefehlt hatten.

LO hat 25 Jahre in einer Ehe gelebt. Dann verliebte sie sich in eine Frau und beschrieb das so:

»Ich hatte das Sexuelle schon abgeschrieben. Das war alles so routiniert und uninteressant, dann sagte ich meinem Mann, daß ich nicht mehr mit ihm schlafen würde. Viele meiner heterosexuellen Freundinnen meinten, das sei in dem Alter halt so. Nach außen waren wir ein gutes Ehepaar. Ich habe viele Spannungen durch tägliches Joggen bewältigt. Das war mir damals jedoch nicht bewußt. Nun, als ich mich in meine Freundin verliebte, war ich völlig überwältigt, was da an erotischen Gefühlen in mir drin war. Daß es das überhaupt gibt, hätte ich vorher nicht zu denken gewagt. Wenn du es nie spürst, sehnst du dich auch nicht danach. Nun weiß ich erst, zu welchen Gefühlen ich fähig bin. Jetzt merkte ich auch erst, in welcher emotionalen Leere ich vorher gelebt hatte.«

Erleichternd in dieser Zeit sind Kontakte zur lesbischen Subkultur. Jedoch finden wenige Mädchen schon in der Pubertät einen Zugang zu Lesbengruppen. Sich auf die Suche nach Lesben zu machen setzt ja voraus, daß das Mädchen sich selbst schon als lesbisch definiert. Meist hat es diesen Schritt zur lesbischen Identitätsbildung noch nicht vollzogen. Und es gibt wenige erwachsene Lesben, die sich mit pubertierenden und adoleszenten Frauen befassen. So bleiben lesbische Mädchen häufig auf sich selbst gestellt und versuchen ihre Neigungen eher zu verstecken als auszuleben.

Manche offenbaren ihre Gefühle ihrer Freundin und haben Glück. In fünfzig Prozent der Fälle entsteht daraus die erste lesbische Beziehung. Dann ist meist die schmerzhafteste Zeit vorüber.

LG: »Mit sechzehn war da ein Mädchen in meiner Klasse, die hatte zwar einen Freund, aber ich merkte, daß die doch anders zu mir war als die anderen Mädchen. Das fand ich toll. Auf einmal hatte die keinen Freund mehr. Sie fing dann an, mir Briefe zu schreiben. Dann haben wir eine Beziehung begonnen.«

LG hat also schon recht früh eine Freundin gefunden. Für sie war damit eine Stabilisierung in ihrer Identitätsentwicklung eingetreten. Die schmerzhaften Phasen des Alleinseins und Suchens nach Gleichgesinnten erfuhr sie weniger intensiv, so daß sie sich bis heute weniger traumatisiert, relativ sicher mit ihrer homosexuellen Identität in dieser Gesellschaft bewegen kann.

In dieser Phase sind also auch prälesbische Mädchen einer massiven inner- und außerfamiliären »Weiblichkeitserziehung« in die heterosexuelle Richtung ausgesetzt. Aufgrund der früheren Erfahrungen mit einem brüchigeren internalisierten Weiblichkeitsbild, mit dem Modell einer dominanten Mutter, den wenig gelungenen Unterwerfungsversuchen des Vaters kann sich das lesbische Mädchen erfolgreicher als das heterosexuelle Mädchen gegenüber den Erwartungen des Vaters und der Gesellschaft zur Wehr setzen und eine sexuelle Identität jenseits von kollektiven Rollenerwartungen ausbilden. Der Preis ist eine Phase schmerzhafter Identitätsdiffusion, die bis zur Bildung psychosomatischer Störungen führen kann. Um den lesbischen Lebensstil als realisierbare Alternative wahrnehmen zu können, müssen allerdings noch konkrete und einigermaßen befriedigende erotische Erfahrungen mit Frauen hinzukommen.

Die Weichenstellung dieser Phase in Richtung Hetero- und Homosexualität hängt davon ab, wie attraktiv oder unattraktiv die weibliche Geschlechtsrolle erlebt wird, wie intensiv der Widerstand gegen die massiv einsetzende Weiblichkeitserziehung von Familie und Gesellschaft gestaltet wird und ob dieser gelingt. Hinzu kommen müssen erste erotische Erfahrungen mit anderen Frauen. Chris Paul (1990) beschreibt beeindruckend, wie lesbische Liebe oft beginnt:

>>*Es fängt mit Herzklopfen an.*
Mit Schweißausbrüchen, Grinsen, Zittern und Hitzewellen.
Lesbischsein beginnt beim Begehren.
Eine Regung, die in manngemachten Moralsystemen keineswegs als wertgebend betrachtet wird.
Lesbischsein geht mit Herzklopfen weiter.
Nicht vor Aufregung, vor Erwartung und Lust.
Sondern aus Angst.
Angst vor Entdeckung, Angst vor Streit. Angst vor Ablehnung. Angst vor Strafe.
Denn die guten Sitten der beginnenden neunziger Jahre haben für die Lesben immer noch nicht viel übrig.
Wir lieben mit klopfendem Herzen – Begehren und Angst wie untrennbar verwoben. Von Mauern aus Mißtrauen umgeben, aus Unwissen und aus Ablehnung.
Ein Stein darin ist Mutters Wunsch nach Enkelkindern, der nächste Vaters drohender Herzinfarkt. Oma würde das sowieso nicht verkraften, was sollen die Nachbarn denken, wenn Tante Sofie das erfährt, enterbt sie dich, und wie kann denn so etwas passieren?... Sex unter Frauen, was für eine ekelhafte Vorstellung! Undsoweiterundsoweiter.<<
(S.101)

Diese Phase der Auseinandersetzung mit den »anderen« Gefühlen und der Konfrontation mit einer heterosexistischen Umwelt kann zu Rückzug und psychischer Krankheit führen. Wer sich ihr jedoch stellt, erfährt einen Wachstumsschub in Richtung innerer Stärke, Selbstbewußtsein und Unabhängigkeit, was in den folgenden Äußerungen von jungen Lesben, gesammelt von Margaret Schneider (1989), sichtbar wird:

»Mein Gefühl ist so natürlich. Ich glaube, ich traue meinen eigenen Gefühlen genug, um nicht an die negativen Äußerungen anderer zu glauben. Denn ich denke, wenn sie sagen, daß das, was ich tue, krank und schlecht sei, müssen sie krank und schlecht sein. Denn ich fühle mich sehr gut damit.« (Naomi, 18 Jahre)

»Ich beschloß, daß ich lesbisch bin, als ich noch sehr jung war. Nach dieser Entscheidung, die die härteste Sache war, die ich je erlebt hatte, hatte ich das Gefühl, jetzt ist mir alles möglich.« (Sarah, 20 Jahre)

»Als Lesbe mußt du auf dich selbst aufpassen. Heterosexuelle Frauen denken: ›Ich habe einen Mann, der mich beschützt.‹ Aber ich bin die einzige, die mich beschützt. Du mußt jeden Tag die eigene Kraft dazu benützen.« (Patty, 17 Jahre)

In einer Zeit, in der sich heterosexuelle Mädchen auf ihre Rolle als abhängige weibliche »Hälfte« an der Seite einer männlichen »Ergänzung« vorbereiten, um sich in der heterosexuellen Gemeinschaft sicher zu fühlen, versuchen lesbische Mädchen in ihrem Kampf um Durchsetzung ihrer Bedürfnisse ihr Ich zu bewahren. Sie können dadurch einen Zuwachs an Konfliktfähigkeit und innerer Autonomie gewinnen, wenn sie es schaffen, mit den realen und vermeintlichen Diskriminierungstendenzen umzugehen.

Richtung Heterosexualität: Das ergab sich halt so

Auch später heterosexuell lebende Frauen erleben die Pubertät als Zeit des Umbruchs, der Auseinandersetzungen mit den Eltern und einer Neuorientierung. Jedoch hatte ich den Eindruck, daß die geschilderten Konflikte im Vergleich zu den präslesbischen Mädchen weniger dramatisch verliefen. Einerseits wurde die nun geforderte Geschlechtsrolle auch von ihnen als unangenehm erlebt, andererseits bemühten sich die Mädchen, der neuen Situation möglichst gerecht zu werden, allen alles recht zu machen. Im Interview von HC sind die Widersprüche sichtbar, mit denen sie als Mädchen in diesem Alter konfrontiert war:

HC: »Mit zehn Jahren habe ich mich völlig distanziert. Ich wollte von den ganzen Mann-Frau-Geschichten nichts mehr wissen. Ich war stolz, daß mich das alles nicht mehr interessierte. Ich habe mich stark mit Jungen identifiziert, hab mich mit ihnen geprügelt, war stolz, wenn ich gewonnen habe. Ich habe mich als Mädchen nie eingeschränkt gefühlt, war nie neidisch auf sie. Das fing dann an, daß plötzlich irgendwelche Jungen vor dem Haus standen und mich abholen wollten. Das hat mir nicht gefallen.«

Ich: »Haben Sie bei sich selbst nicht irgendwelche erotischen Sehnsüchte gespürt?«

Sie: »Ich fand das spannend, mehr nicht.«

Für HE ist das Hineinwachsen in die heterosexuelle Rolle eher unproblematisch:

»Mit dreizehn Jahren schon habe ich mich ganz furchtbar in einen Jungen verliebt. Erotische Erfahrungen gingen über Küssen und Sich-in-den-Arm-Nehmen nicht hinaus. Aber das war sehr beeindruckend. Ich schrieb immer Briefchen, das fand ich romantisch, er wohl nicht so. Dann hat sich das einfach aufgelöst. Mit fünfzehn war ich dann in meinen Tanzpartner verliebt. Das war auch sehr schön.«

Jedes Mädchen ist mit den Reaktionen auf den sich ändernden Körper konfrontiert. Und sie scheinen die Wahrnehmung, daß ihr Körper offenbar nicht mehr ihnen gehört, sondern Objekt gesellschaftlicher Begutachtung ist, zunächst als unangenehm zu empfinden. Heterosexuelle Mädchen scheinen sich jedoch schneller damit abzufinden. Für den Wunsch, so zu sein wie alle, ja nicht aus der Rolle zu fallen, werden persönliche Unannehmlichkeiten verdrängt.

HC: »Ich wußte, daß nun bald die Mensis kam, das war aber kein Schock. Ich habe mich nicht darum gekümmert, daß sich nun mein Körper verändert. Habe zur Kenntnis genommen, daß nun die ersten Schamhaare wachsen. Meine Brüste empfand ich als zu groß, die habe ich dann unter weiten Pullovern versteckt.«

Bei vielen ist in diesem Alter offenbar schon die Ausrichtung auf den Mann verinnerlicht. Viele beurteilen ihre Körperveränderungen schon danach, ob sie wohl dem männlichen Blick standhalten können.

HI: »Das Gefühl zu meinem Körper war schwierig, weil der sich nicht so entwickelte, wie ich es gewollt hätte. Ich war sehr klein, man sagte, ich sei so flach wie ein Brett. Ich habe dies dem Vater (er ist Arzt) vorgejammert. Er hat mir dann Hormonspritzen verpaßt.«

HK: »Meine Mensis bekam ich erst mit sechzehn Jahren. Ich fühlte mich als absoluter Spätentwickler. Auch der Busen wuchs spät. Ich habe darauf gewartet, daß endlich mal die Mensis und der Busen kommen.«

Die Unzufriedenheit mit dem Körper lenkten die heterosexuellen Mädchen also gerade in die umgekehrte Richtung. Sie waren unzufrieden, wenn sie nach ihrer Ansicht dem gesellschaftlichen Rollenmodell nicht entsprachen. Möglichst perfekt die Geschlechtsrolle zu übernehmen und darin zu glänzen scheint ihr angestrebtes Ziel zu sein.

Das Sexuelle war für sie fraglos mit Heterosexualität verknüpft. Allerdings pflegten alle intensive Frauenfreundschaften, die jedoch nichts mit Erotik zu tun hatten, beteuerten sie. Viele erlebten sexuelles Verhalten insgesamt als mit massiven Tabus belegt, so daß sie lange Jahre keinerlei erotisches Begehren spürten, den »unteren Bereich« kaum wahrnahmen, kaum sich anzufassen trauten. Widerstände gingen also eher gegen das Tabu, das auf allem Sexuellen lag. Viele mußten darum kämpfen, überhaupt irgendwelche erotischen Äußerungen zulassen zu dürfen.

Wenn heterosexuelles Verhalten schon schwer durchzusetzen war, wäre es eine glatte Überforderung gewesen, doppelt tabuisierte homosexuelle Strebungen wahrzunehmen oder anzuerkennen. Trotzdem hatte die Hälfte meiner Interviewpartnerinnen mindestens einmal in ihrem Leben eine erotische Erfahrung mit einer Frau. Und keine berichtete, daß sie diese schrecklich, widerlich oder beängstigend fand. Diese Worte fielen relativ häufig bei der Beschreibung der ersten heterosexuellen Erfahrungen. Allerdings tauchten nach den homosexuellen Erfahrungen häufig massive Schuldgefühle auf, so daß »vom Kopf« her rigoros beschlossen wurde, diese Beziehung nicht weiterzuführen.

HE: »Mit neun Jahren hatte ich eine Freundin. Da kam es schon vor, daß wir zusammen im Bett lagen. Wir haben dann Lippen auf Lippen und Geschlecht auf Geschlecht gelegt. Das, fanden wir, ging dann zu weit. Dann haben wir Schluß gemacht. Später habe ich wieder einmal eine Frau getroffen, die ich sehr schön fand. Wir haben auch zusammen übernachtet. Dann fand ich, das ist jetzt zu viel an Gefühl, was da passiert. Sie hat mich vom Aussehen und von den Bewegungen her fasziniert. Das fand ich toll. Vom Kopf her hatte ich dann entschieden, daß dies nicht geht. Ich fürchtete die Normen. Es gab in der Verwandtschaft eine Tante, die mit einer Frau zusammenlebt. Ich fand das scheußlich, was da so über die geredet wurde. Dann dachte ich auch, das kann doch nicht alles gehen. Wie wäre das denn, wenn das alles ginge.«

Die Beziehung wird also nicht wegen zu wenig, sondern wegen zu viel an Gefühlen beendet. Die Angst vor dem gesellschaftlichen Druck wog mehr als das eigene Empfinden. Die Harmonie mit der Umwelt war offenbar wichtiger als die eigene Beziehungserfahrung. Auch Brauckmann (1986) fand, daß fast alle heterosexuellen Frauen in ihrer Kindheit und Pubertät intensive Freundinnenbeziehungen hatten, die sie häufig von Liebesbeziehungen nicht unterscheiden konnten. Wünsche, die Freundin zu küssen und zu umarmen, wurden wie selbstverständlich gelebt. Wenn jedoch in der Pubertät der Kontakt mit Jungen »angesagt« war, bekam die Mädchenfreundschaft für prälesbische und präheterosexuelle Mädchen eine jeweils andere Bedeutung. Die meisten Heterosexuellen begannen nun den Wert ihrer Freundinnen herunterzuspielen, obwohl diese psychisch oft immer noch ein wichtiger stabilisierender Faktor waren. Häufig benutzen sie nun die Freundin als »Sprungbrett in die Arme des erwarteten Mannes«. Die Erfahrung mit der Freundin darf nun keine erfüllende Funktion mehr haben, denn die Erfüllung muß laut gesellschaftlicher Definition vom Mann kommen. Obwohl häufig die Gefühle so intensiv erlebt wurden wie die zu einem Mann, durften sie diese nicht weiter ausleben. Das sexuelle Gefühl wurde von vielen ganz bewußt einer kognitiven Kontrolle unterzogen und dann in die gesellschaftlich vorgegebene Bahn gelenkt. Die Lenkung der Aufmerksamkeit auf Jungen war für viele kein natürliches »inneres« Bedürfnis. Die Beschäftigung mit Jungen war »angesagt«, damit versuchten die Mädchen die gesellschaftliche Forderung, »Weiblichkeit zu entwickeln«, gewissenhaft zu erfüllen.

Auseinandersetzungen mit den Eltern gingen nun eher darum, wieviel oder wie wenig des neuen Rollenverhaltens erlaubt war, wie häufig sie Jungen treffen, wie kurz die Röcke sein durften und so weiter. Das Sich-Wehren gegen mögliche weibliche Einschränkungen war in dieser Zeit bei den wenigsten spürbar. Sie kämpften offenbar nicht mit weiblichen Benachteiligungen in dieser Rolle. Im Gegenteil, manche erwarteten diese Rolle sehnsüchtig.

HD: »Meine ältere Cousine war mein großes Vorbild. Ich bin immer hinter ihr hergerannt und wollte alles das dürfen, was sie durfte. Sie durfte sich schon schminken, durfte Miniröcke tragen, länger aufbleiben, das wollte ich dann auch.«

Die weibliche Geschlechtsrolle wurde von den lesbischen Mädchen als Beschränkung ihrer Freiheit empfunden. Viele heterosexuelle Mädchen begrüßten sie als Zuwachs an Freiheit. Dies wirft ein Licht darauf, welchen Einschränkungen diese Mädchen in ihrer Kindheit ausgesetzt sein mußten, wieviel an weiblicher Anerkennung präheterosexuelle Mädchen offenbar in den früheren Jahren vermißt hatten.

Dies ist in unserer patriarchalen Gesellschaft ja nicht verwunderlich. Viele hatten erfahren, daß der Bruder mehr Freiheiten genoß, weniger im Haushalt mithelfen mußte als sie. Häufig hatte die Mutter ihn jahrelang mehr geliebt als die Tochter. Die Kämpfe um die weibliche Anerkennung durch die Mutter liefen in früheren Jahren und waren nun längst abgeschlossen. Von ihr wurde keine erotische Bestätigung mehr erwartet. Der Vater war für viele die Hauptbezugsperson. Jedoch fielen die emotionalen Kontakte eher dürftig aus, die Beziehung spielte sich häufig in der Phantasie des Mädchens ab. Oder aber der Vater versuchte die Tochter für seine unbefriedigte Sexualität zu mißbrauchen. In der Pubertät brachen viele die Vaterbeziehung ganz ab, da die Tochter sich anders entwickelte, als es der Vater wollte.

HI: »Als kleine Tochter fand mich mein Vater ganz klasse. Später nicht mehr, da bin ich so wie die Mutter geworden, das hat ihm nicht gefallen. In der Pubertät gab es einen Bruch mit Mutter und Vater. Da habe ich beide gehaßt, weil sie mich beide immer nur einschränken wollten.«

HK: »In der Pubertät gab es einen Bruch mit dem Vater. In der Kindheit war er noch ganz liebevoll. Der hat dann den Umschwung nicht richtig mitgemacht, daß wir jetzt keine kleinen Kinder mehr waren und daß man mit uns jetzt anders spricht. Dann wurde der Umgang einfach sachlicher. Da kam dann nicht mehr viel Zuwendung von ihm.«

Ich: »Wie hast du darauf reagiert?«

HK: »Ich habe das halt so hingenommen. Ich war nie so ein auflehnendes Kind, das was einfordert. Dann war's halt so.«

Die Widerständigkeit der heterosexuellen Mädchen gegenüber dem Vater ist geringer als die der lesbischen Mädchen. Dies ist bei der beschriebenen Vorgeschichte verständlich. Es kommt in diese Phase mit der Vorerfahrung einer Mutterbeziehung, in der das Mädchen kaum den bestätigenden erotischen Blick der Mutter erleben konnte, der ihm gesagt hätte, ja, du bist ein attraktives, schönes kleines Mädchen. Die Mutter verwies auf den Vater. Dieser war entweder zu weit entfernt oder zu egoistisch nahe, so daß das Mädchen einerseits immer auf der Suche nach dem erotischen Blick des Mannes war oder andererseits lebensbedrohende ängstigende Erfahrungen mit einem Mann gemacht hat.

Da die Möglichkeit, eine erotische Beziehung zu einer Frau zu haben, so früh und so tief verdrängt wurde, bleibt auch der sexuell mißbrauchten Tochter auf ihrer Suche nach Bestätigung ihrer Weiblichkeit nur der Weg zum Mann. Da sie in der Regel keine Wahl mehr hat, bleibt ihr nichts anderes übrig, als die Regeln des Vaters und der Männer hinzunehmen.

Auch diejenigen, die in einem toleranten, bestätigenden Familienklima aufgewachsen sind, merken in der Pubertät bald durch die Reaktionen der Umgebung, der Schule, der Medien, daß sie ein Mädchen sind, von dem anderes erwartet wird als von Jungen. Die guten Freundinnen von früher wenden sich nun Jungen zu. So gibt es auch für viele präheterosexuelle Mädchen in der Pubertät eine Phase, in der alle bisherigen wichtigen Bezugspersonen zu verschwinden drohen. Die Liebessehnsüchte konnten sie an niemand mehr richten. In dieser Not sind sie sehr offen für die neue Aufmerksamkeit, die von Jungen kommt. So war sehr spürbar, wie die meisten Interviewpartnerinnen diese neue Zuwendung der Jungen wie lange vermißte Nahrung eingesogen hatten und dabei oft nicht besonders wählerisch waren. Oft ging es weniger um das sexuelle Erleben an sich, das eher als Vehikel diente, um tiefer liegende, dringendere Wünsche zu transportieren. Das Sexuelle sollte die Löcher stopfen, die eine von der Mutter, vom Vater und von der gesamten Gesellschaft verweigerte weibliche Anerkennung geschlagen hatte. Sich einzulassen auf eine sexuelle Beziehung zu einem Mann ist der einfachste und leichteste Weg für jedes Mädchen, die vermißte Aufmerksamkeit und Achtung zu bekommen, denn die gesamte Gesellschaft erwartet nichts anderes von ihm. Sex war häufig der Preis für die Akzeptanz der Frau.

So begeben sich viele heterosexuelle Mädchen in der Pubertät in das gemeinsame Warten auf einen Mann, der ihr Schicksal sein soll. Und darin manifestiert sich häufig nicht ein starkes sexuelles Bedürfnis nach dem Mann, sondern eher der Wunsch nach Bestätigung der Identität, die man der geforderten Geschlechtsrolle angepaßt hat. Brauckmann fand, daß 71 Prozent der Frauen sich auf Sex mit einem Mann einließen, um ihn nicht zu verlieren. Nur 16 Prozent taten es aus Neugierde. Für nur 58 Prozent der Mädchen und dagegen 86 Prozent der Jungen brachte der Koitus sexuelle Befriedigung.

Heterosexuelle Mädchen erlebten also auch eine spezifische Not, sie war anders als die der lesbischen Mädchen. Es war die Not des nicht genügend Wahrgenommen-Werdens als attraktive, unabhängige Person. Offenbar erhielten viele präheterosexuelle Mädchen weder vom Vater noch von der Mutter in der Familie die nötige Aufmerksamkeit, die sie zur Ausbildung einer eigenen sexuellen Identität gebraucht hätten. Lesbische Mädchen fühlten sich in der Regel wenigstens von einer Person als wertvoll »erkannt«, meist von einer weiblichen.

Offenbar verhindert die weibliche Sozialisation zur Heterosexualität die Bildung einer gefestigten persönlichen und sexuellen Identität. Das innere Vakuum über die eigene sexuelle Potenz erzeugt Unsicherheit, die dazu führt, daß man sich an das Angebot der Geschlechtsrolle wie an einen Rettungsring klammert, um überhaupt erotische Bestätigung zu finden und so etwas wie eine Identität zu entwickeln.

HD hatte eine eher schlechte Vater-Beziehung. Sie sehnte sich immer sehr danach, von ihm bestätigt und begehrt zu werden. Diese unerfüllte Sehnsucht wird nun auf Jungen und Männer übertragen.

HD: »Ich interessierte mich immer für die attraktivsten Jungen. Da wollte ich unbedingt akzeptiert werden als eine, die sich auskennt und die toll ist. Das hat mich dazu gebracht, viel mit mir machen zu lassen und selber zu machen. Ich habe das nicht genossen. Den Sex als erotisches Erlebnis genossen habe ich viel, viel später. Ich habe das sehr früh mitgemacht aus Neugier und Anerkennungssucht. Ich wollte begehrt sein. Hab mich entsprechend angezogen und verhalten und hatte dann große Chancen auf dem Markt. Ich habe immer sehr viel dafür getan, geliebt zu werden.«

Auch HH läßt sich aus innerer Not auf Sex mit Männern ein. Sie sucht in ihren Kontakten wohl eher grundsätzliche mütterliche Geborgenheit, die sie von der Mutter kaum erhielt.

HH: »Ich hatte das Gefühl, ich muß ganz viel dafür tun, daß mich überhaupt jemand nimmt. Ich hatte Angst vor Sexualität. Denn ich bin vom Vater mißbraucht worden und von einem Nachbarn. Da hatte ich eine schwere Krise mit circa fünfzehn Jahren. Immer wenn der Vater von der Mutter abgewiesen wurde, kam er zu mir. Da war aber auch viel Sehnsucht, daß da jemand ist, der mich in den Arm nimmt, der an meiner Seite ist. Wenn man da nicht mitmacht, dann läuft ja bei einem Mann nichts. Ich wollte nicht zickig sein, hatte aber furchtbare Angst vor einer Schwangerschaft.«

HG wurde nach einigen Jahren in einer Selbsterfahrungsgruppe bewußt, daß ihr Begehren sich eigentlich auf die vermißte Mutter richtet:

»Ich vermute, daß ich bei Männern immer etwas gesucht habe, was sie nicht geben können, nämlich mütterliche Geborgenheit, die ich als Kind nicht bekommen habe. Und die kriegt man bei einem Mann nicht. Das ist nicht etwas, was mit Sexualität zu tun hat, jedenfalls nicht mit dieser (heterosexuellen): Eigentlich möchte ich eine Person, die mich mütterlich in den Arm nimmt und hält.«

Ich: »Warum hast du das dann bei Männern gesucht und nicht bei Frauen?«

Sie: »Ja, das wußte ich bis vor kurzem noch nicht. Da bin ich erst jetzt drauf gekommen.«

Allerdings gab es auch unproblematische Übergänge in das Sexualleben Erwachsener. HE erlebte die Beziehung zu ihrem Vater befriedigender. Sie konnte bei Problemen zu ihm kommen. Er hörte ihr zu und beriet sie. Sie hatte das Gefühl, von ihm als wichtige Person ernstgenommen zu werden. Dadurch wuchs in ihr ein Gefühl von Authentizität, ein Gefühl ihres eigenen Wertes, das sie nun auf ihre Beziehungen zu Männern übertragen konnte. In ihren ersten erotischen Erfahrungen mit Jungen erlebte sie sich entsprechend selbstbewußt:

HE: »Meine ersten sexuellen Erfahrungen waren schön. Ich hatte keine Angst vor der Jungfernhäutchengeschichte. Das war mir schon beim Eislaufen gerissen. Es war ein schönes Miteinander-Reinwachsen in diese Welt. Wir haben immer jeden Schritt zusammen reflektiert. Ich hatte auch nie Orgasmusschwierigkeiten.«

HP zeigt in typischer Weise, wie wichtig es den präheterosexuellen Mädchen ist, dabeizusein, nicht aus der Umgebung herauszufallen, möglichst normal zu sein und alles richtig zu machen. Offenbar ist ihnen das Bedürfnis, in der Gruppe akzeptiert zu bleiben, wichtiger als den präslesbischen Mädchen. Vielleicht bewirkte das in frühester Kindheit ausgeprägte asexuelle, eher fürsorgliche emotionale Grundmuster bei ihnen ein verstärktes Bindungsbedürfnis an die Bezugsgruppe. Diese war früher die Familie, heute ist es die Gesellschaft, aus der man nicht herausfallen darf. Eigene Wünsche, eigenes Begehren, die Suche nach einer eigenen Lebensgestaltung, unabhängig von den Erwartungen der Umgebung, was lesbischen Frauen so wichtig ist, scheint Heterosexuellen zumindest in der Jugendzeit weniger zu bedeuten, als in der Gruppe/Familie/Gesellschaft akzeptiert zu sein. Da das sexuelle Begehren eher vage erfahren wird, kann es leicht in die Richtung gelenkt werden, aus der die umfassendste Bestätigung kommt, nämlich aus der Welt der Heterosexualität.

Daher gehen sie, vielleicht nach einigen Anfangsschwierigkeiten, doch relativ schnell den von der Gesellschaft vorgezeichneten Weg.

HP: »Meine Freundin hatte erst einen Freund. Dann war ich übrig. Da habe ich schnell jemand gesucht, das war nicht so glücklich… Aber ich wollte nicht alleine in der Clique sein… Inzwischen waren alle in Pärchenbeziehungen, wenn ich mich da bewegen will, dachte ich, geht das auch nur so.«

Die eigene Person, eigene Gefühle, eigenes sexuelles Erleben wird dabei oft rigoros übergangen.

HD: »Beim sexuellen Kontakt war damals im Grunde irgend etwas in mir nicht beteiligt. Ich wollte es gut machen und für den Mann optimal. Aber mich hingeben und meine eigene Lust entdecken, da war ich total behindert. Ich wollte immer schnell herausfinden, was der will, wie ich mich verhalte, wann ich zu stöhnen habe, daß alles richtig ist. Daß ich selbst gesagt hätte, das will ich so und so, das ging damals nicht. Zum Orgasmus bin ich beim Beischlaf damals nie gekommen. Ich hätte auch nicht verlangt, daß er so lange weitermacht, bis ich komme. Ich habe dann aufgehört, wenn er aufgehört hat.«

HH: »Ich habe mit neunzehn Jahren geheiratet, nur um von zu Hause wegzukommen. Sexuell ging das gar nicht. Das Küssen mochte ich auch nicht. Ich habe mich aber nicht getraut, das zu sagen. Hab es halt über mich ergehen lassen.«

HG: »Ich habe einen Mann geheiratet, weil meine Schwester mich von sich weggestoßen hat. Ich war damals sehr depressiv und hatte gehofft, daß meine Schwester mir hilft. Ich habe dann den Mann über meine Schwester kennengelernt. Ich war nicht verliebt in ihn. Das war so ein Notfall. Wir haben uns aneinandergeklammert, dann war ich nicht mehr alleine. Eigene sexuelle Gefühle spürte ich kaum.«

Sie waren bereit, sich zum leeren Spiegel für den Mann zu machen, nur um ein bißchen Anerkennung ihrer Weiblichkeit zu erhalten. Diese Sexualität ist kein sexueller Austausch von zwei gleichwertigen Menschen. In solchen Begegnungen genießt der Mann sich selbst mit Hilfe des Werkzeugs eines Frauenkörpers. Mädchen, die bereit sind, sich so zum Werkzeug des Mannes machen zu lassen, zeigen damit das typische heterosexuelle Leiden. Aus ihrer Sehnsucht danach, als wertvolle Person von einem anderen anerkannt zu werden, sind sie bereit, sich selbst als Person aufzugeben, womit sie sich auch hoffnungslos an diesen anderen ketten. Denn ohne ein Gefühl eines gewissen Wertes der eigenen Person kann kein Mensch leben. Solche heterosexuellen Beziehungen sind in ihrer Grundstruktur sadomasochistische Beziehungen (Benjamin, 1990).

Das sexuelle Begehren bildet sich dann allmählich in die gewünschte Richtung aus.

HC: »Bezüglich Erotik spürte ich da zunächst wenig. Ein Junge mochte mich sehr gerne, dadurch fühlte ich mich geschmeichelt. Mit siebzehn habe ich auf einem Schülerfest dann meinen ersten richtigen Freund kennengelernt.«

Ich: »Hatten Sie da erotische Gefühle gespürt?«

Sie: »Erst mal nicht, das ergab sich dann halt so.«

Häufig braucht es dazu einen Freund, der jahrelang sehr geduldig und behutsam mit der Frau umgeht, um sie langsam von den vorher erlebten Scheußlichkeiten mit Männern zu heilen. Erst in späteren Jahren erlebten auch manche heterosexuellen Frauen eine Art »Coming out«. Viele begannen nun, sich im Sexuellen zu artikulieren, zu sagen, was sie wollen und was nicht, ihr Leben selbst in die Hand zu nehmen und es für sich einigermaßen authentisch einzurichten.

Zusammenfassend fand ich: Die Kindheitsgeschichte jeder Frau im Patriarchat, ob sie später heterosexuell, homosexuell oder bisexuell lebt, ist die Geschichte des Managements von Zerrissenheit zwischen inneren Bedürfnissen und gänzlich gegenteiligen äußeren Forderungen. Die Zerrissenheit wird nur jeweils auf anderen Gebieten wahrgenommen und anders bewältigt. Auf der einen Seite (Richtung Heterosexualität) muß mit sexueller Leere und Unsicherheit bezüglich der eigenen Weiblichkeit umgegangen werden. Die Übernahme der angebotenen heterosexistischen Geschlechtsrolle wirkt dann wie eine Erlösung für die weibliche Identität.

Auf der anderen Seite (Richtung Homosexualität) versuchen Frauen, ihre sexuelle Identität zu bewahren um den Preis der Stigmatisation. Sie müssen Formen des Stigmamanagements erlernen, um das Auseinanderdriften zwischen Geschlechtsrollenerwartungen und eigenen Bedürfnissen zu bewältigen.

Bisexuelle haben es vielleicht leichter, wenn es ihnen gelingt, von beiden Richtungen das Positive herauszupicken, also die Vorteile der weiblichen Geschlechtsrolle mit erfüllenden Beziehungserfahrungen zu bereichern.

8. Sexuelle Lebensstile

Heterosexuell leben

Heterosexualität heute heißt für Frauen nicht mehr unbedingt, in einer Kleinfamilie mit mindestens einem Kind zu leben. Heterosexuell leben ist vielfältiger geworden. Von meinen sechzehn Interviewpartnerinnen lebte nur eine als nichtberufstätige Mutter in einer langjährigen Ehe. Allerdings suchte ich hauptsächlich berufstätige Frauen, um sie mit den lesbischen Interviewpartnerinnen, die in der Regel berufstätig sind, besser vergleichen zu können. Als ich jedoch speziell nach einigen nichtberufstätigen Müttern suchte, hatte ich große Mühe, diese zu finden. Drei sagten zu, von denen zwei kurze Zeit danach wieder absagten.

In einer langjährigen Partnerschaft (länger als drei Jahre) lebten neun Frauen, mit und ohne Kinder, davon nur fünf mit Trauschein. Ohne Partner lebten drei, und in einer kürzeren Beziehung lebten vier Frauen.

Heterosexuell in unserer patriarchalen Gesellschaft leben bedeutet für die meisten, lange Jahre, vielleicht das ganze Leben hindurch mit massiven inneren Widersprüchen zu leben. Da Widersprüche, die uns bewußt sind, uns ein Gefühl von Zerrissenheit und Unbehagen verursachen, versuchen wir, Wege zur Auflösung der Widersprüche zu finden, um uns als kongruente und harmonische Personen wohl fühlen zu können. Die Widersprüche, die das patriarchal organisierte Geschlechterverhältnis mit sich bringt, basieren auf sehr früh erworbenen internalisierten und vielfach unbewußt gewordenen Erfahrungen und werden täglich durch kollektive Prozesse neu stabilisiert, so daß es meist jahrelanger Bewußtwerdungsprozesse bedarf, sie wahrzunehmen und aufzulösen. Frauen, die sich in der heterozentristischen Welt einrichten wollen, bewältigen dies offenbar nur, indem sie sich blind machen für viele innere Bedürfnisse. Der Preis für die Aufrechterhaltung psychischer Gesundheit und innerer Kongruenz ist nach Brauckmann die ständige Erzeugung von Bewußtlosigkeit. Frauen dürfen sich nicht bewußt werden, welches ihre inneren Gefühle,

Erwartungen und Wünsche an den Mann sind, denn dann müßten sie schmerzhaft realisieren, daß dieser kaum fähig ist, sie zu erfüllen.

Die von mir interviewten heterosexuellen Frauen hatten früh die Geschlechtsrollenerwartungen verinnerlicht, denn dafür erhielten sie die meiste Bestätigung. Dafür konnten sie sich in der Familie, in der Schule, im Freundeskreis geborgen fühlen und hofften, dies auch später, in der Partnerschaft mit einem Mann zu können. Sie wollten alles richtig machen, sie wollten »gute« Frauen und Mütter sein. Dazu gehört aber, sich an den Wünschen des Mannes zu orientieren, ihn als die Ergänzung, Erfüllung ihres Lebens, als ihr »Schicksal« zu empfinden, die Sexualität mit ihm als wichtige Seinserfahrung zu definieren. Die Geschlechtsrolle ist ein von Männern ausgestaltetes und verordnetes Verhaltenspaket, das Frauen vermittelt, nicht autonom und eigenverantwortlich leben zu können, den eigenen Gefühlen und Bedürfnissen nicht vertrauen zu dürfen. Die häufigste Frage, die meine heterosexuellen Klientinnen immer wieder stellen, ist die, ob ihr Denken, Fühlen, Verhalten normal ist. Das heißt, sie überprüfen häufig, ob ihre Bedürfnisse zu ihrer Geschlechtsrolle passen. Wenn sie davon Abweichendes verspüren, dann kann das nicht »normal« sein. Dieser Grundwiderspruch, sich als weibliche Person einer männlich verordneten Weiblichkeit unterzuordnen, ohne zu erkennen, welche Amputationen das mit sich bringt, halte ich für das zentrale, heterosexuelle Dilemma.

Da es das Hauptinteresse dieser Frauen war, sich in der Gemeinschaft geborgen zu fühlen, bemühten sie sich geradezu darum, die Entwicklung eines individuellen Ichs zu vermeiden. Sie fragen eher danach, was sie tun müssen, um feminin zu wirken, also um einem kollektiven Ich zu genügen, und weniger danach, was sie tun können, um ihre Bedürfnisse zu verwirklichen. Sie versuchen sich einzubilden, die kollektive Geschlechtsrolle sei identisch mit ihren individuellen Bedürfnissen.

Die Gesellschaft bestätigt solche Mythologisierung. Es ist leichter für Mann und Frau, nach den Geschlechtsrollenerwartungen zu handeln, denn dabei weiß jeder, was ihn oder sie erwartet. Individualisierung ist nicht gefragt. So erkennen Mann und Frau auch wohl erst nach langer Zeit die Geschlechtsrolle aneinander. Es ist schwer, das Individuum dahinter wahrzunehmen. Trotzdem scheint es – zumindest bei Frauen – immer mehr durch. Immer weniger Frauen sind bereit, ihr ganzes Leben lang fraglos nach der Geschlechtsrolle zu leben.

Die Widersprüche zeigten sich in den Interviews zum Beispiel im Auseinanderklaffen zwischen der Sehnsucht nach Intimität, nach Austausch, nicht nur im Bett, und der Realität, wenig erfüllende Kommunikation mit dem Mann zu erleben.

Auf meine Frage, ob sie mit ihrem Freund über alles reden könne, sagte HF zuerst:

»Ja, ich kann über alles mit ihm reden. Es gibt keine Trennung, daß ich mit Frauen über anderes reden könnte als mit ihm.«

Auf meine Frage, ob die Qualität des Redens auch dieselbe sei, antwortete sie:

»Ich kann mit einer Freundin schon intimer reden als mit männlichen Freunden. Es gibt bei Männern Grenzen. Die verstehen manches nicht, weil sie keine Frau sind. Auch bei meinem Freund gibt es Sachen, die kann er nicht nachvollziehen. Auf der Gefühlsebene hat er Schwierigkeiten. Meine Ängste können Freundinnen besser nachvollziehen.«

Sie deutet also zunächst die Realität so, daß sie sich und mir glaubhaft machen möchte, daß sie befriedigenden Austausch mit dem Freund hat. Bei meinem Nachfragen muß sie sich erst versichern, daß Männer allgemein Grenzen haben, daß dies also normal ist. Erst dann kann sie zugeben, daß es bei ihr auch so ist.

Fast alle Frauen antworten in ähnlicher Weise, zum Beispiel:

HG lebt in einer zehnjährigen Beziehung:

»Ja, ich kann mit ihm über alles reden, aber er versteht vieles nicht. Über wichtige Probleme rede ich eher mit Frauen.«

Auch HH lebt seit zehn Jahren mit ihrem Mann zusammen:

»Was unsere Tochter betrifft und den Alltag, das kann ich gut mit ihm besprechen. Aber so könnte ich auch mit einer Freundin sprechen. Im Gegenteil, mit einer Freundin wäre das wohl noch intensiver. Wir sind heute eher eine Wohngemeinschaft, da ist alles nicht sehr intensiv.«

In längeren Beziehungen hatte frau sich offenbar arrangiert. Der emotionale Austausch war eher gering. Auch die Lebensbereiche, in denen sich jeder bewegte, waren sehr verschieden. Konflikte löste man offenbar durch sich aus dem Weg gehen. Die Frauen fühlten sich mit diesem Arrangement durchaus zufrieden. Ich beobachtete dabei häufig, daß sie sich in ihren langen, gewachsenen Beziehungen im Laufe der Zeit Freiräume geschaffen hatten, die sie zur Gestaltung ihrer Interessen verwendeten. Sie konnten also gut die Vorteile der traditionellen Ehe (relative finanzielle Sicherheit, Freiheit vom Erwerbsleben) zu ihrer Selbstentfaltung nutzen.

War der emotionale Austausch nach eigenen Worten wenig befriedigend, wollte ich wissen, was die Frauen trotzdem bei ihren Männern hielt. Dafür übernahm ich die Frage von Jutta Brauckmann: Was ist das Bedeutendste in der Beziehung zu Ihrem Partner? Die meisten gaben Sexualität an. Alles andere könnten sie auch und oft besser mit Freundinnen haben.

Das weitere Nachfragen ergab nun allerdings, daß in der Sexualität häufig Anspruch und Wirklichkeit auseinanderklafften. Die Antworten entsprachen den in der analytisch-feministischen Literatur häufig beschriebenen Unzufriedenheiten. Der Mann sei nur auf Penetration fixiert, sei zu wenig zärtlich, könne die Frau zu wenig als ganzheitliche Person wahrnehmen.

HA: »Meine sexuellen Kontakte mit Männern waren nicht gut. Die gingen kaum auf mich ein. Die waren so schnell aufs Genitale fixiert. Ich wollte sie am ganzen Körper streicheln und erleben. Für mich ist das auch schön, den ganzen Körper zu streicheln. Damit konnten die nicht viel anfangen. Ich habe immer vermißt, daß die mich nicht als ganze Person mit meinem ganzen Körper nahmen.«

Sie lebt seit acht Jahren in einer Frauen-WG ohne intime Beziehung zu einem Mann. Trotzdem bezeichnete sie sich als heterosexuell.

Auch die schon von Shere Hite (1977) berichteten Ergebnisse bezüglich Orgasmus bestätigten die interviewten Frauen. Zum Orgasmus kam nur eine Frau während der Penetration. Alle anderen erlebten ihn durch andere Stimulationen.

Exkurs über Orgasmus

In der analytisch-psychologischen Literatur wird Orgasmus meist als »kleiner Tod« beschrieben. Diese Beschreibung konnte ich nie richtig nachvollziehen. Deshalb fragte ich die Frauen, wie sie den Orgasmus erleben.

Alle Frauen meinten, daß sie beim Orgasmus sehr bei sich sind, daß es eigentlich ein Erleben für sich selbst sei, daß sie den Orgasmus nicht als »kleinen Tod« im Sinne von Sich-Auflösen, Sich-Verlieren, Mit-dem-Partner-Verschmelzen erleben.

HG: »Mit dem Begriff ›kleiner Tod‹ kann ich nichts anfangen. Ich würde es eher als Rauschzustand beschreiben. Da bin ich sehr bei mir, das ist eigentlich nicht partnerbezogen.«

HF: »Nein, so fühle ich nicht. Hinterher ist ein gutes Gefühl da, keine Leere. Ich fühle mich leicht und entspannt. Während des Orgasmus fühle ich mich irgendwie abgehoben, es sind so Wellen, so schwebend.«

Eine Frau kommt mit ihrer Beschreibung dem näher, was vielleicht unter »kleiner Tod« zu verstehen ist.

HD: »Da wird etwas in mir berührt, was selten hochkommt, oft 'ne ganz immense Trauer. Es kommen Tränen, es ist eine tiefe Grundtrauer, da bin ich unheimlich sensibel und könnte durchgehend heulen. Das ist wohl eine Sehnsucht nach Geborgenheit, die ich früher in der Familie zu wenig gehabt habe. Da will ich ganz angenommen werden. Da fühle ich mich zutiefst verwundet. Aber da bin ich eigentlich doch ganz bei mir.«

Auch ihr Erleben hat wenig mit Sich-Auflösen oder Verschmelzen zu tun. Ich denke, daß die Vorstellungen vom »kleinen Tod« entweder Beschreibungen männlichen Erlebens sind, die Autorinnen unkritisch zur Beschreibung weiblichen Erlebens übernommen haben, oder es sind mythische Bilder, Idealisierungen, die mit realem Erleben wenig zu tun haben. Was HD beschreibt, ist eine durch den Orgasmus ausgelöste Regression zu im Alltagsleben verdrängten Teilen ihrer Person. So gesehen, kann das sexuelle Geschehen in uns Charakterpanzerungen auflösen und uns zu uns selber weniger bekannten Seiten in uns führen.

Interessant fand ich auch, wie vielfältig manche Frauen das sexuelle Geschehen beschrieben:

HG: »Sex ist so eingeengt zwischen Männern und Frauen, so auf das Bumsen beschränkt. Ich denke, Frauen können da mehr erleben als Männer. Sie sind nicht so auf das Bumsen fixiert. Männer nehmen sich viel weniger Zeit, um zu versuchen, etwas anderes zu machen. Ich denke, es gibt viele tausend Möglichkeiten, Sex zu erleben, mit oder ohne Partner oder Partnerin. Es gibt auch vielfältige Formen des Orgasmus, zum Beispiel mit Wasser oder Wind. Es gibt sexuelle Erregung in Naturerlebnissen oder beim Tanzen. Für mich ist Bauchtanz eine große Befriedigung.«

Dies bestätigt, was ich immer wieder wahrnehme, daß das Sexuelle eine relativ unabhängige, äußerst flexible Erlebensdimension ist, die meist sehr idealistisch verzerrt beschrieben wird. Zumindest Frauen scheinen sich im Sexuellen eher ganz bei sich und weniger mit dem Partner verschmolzen zu erleben. Es würde sich lohnen, sie als unabhängige Variable menschlichen Verhaltens zu begreifen und zu untersuchen.

»Coming out« in der Heterosexualität

Nun noch einmal zurück zum Dilemma der Heterosexualität: der Sehnsucht, einerseits in der Geschlechtsrolle, andererseits mit individuellen Bedürfnissen Bestätigung vom Mann zu bekommen. Einen Unterschied zu Brauckmanns Ergebnissen, die sie vor acht Jahren zusammengetragen hat, fand ich im Bewußtwerden der Widersprüche. Ich hatte den Eindruck, daß vielen meiner Interviewpartnerinnen die widersprüchlichen Wünsche langsam klarwerden. Manche können deshalb jedoch noch nichts verändern. Sie versuchen, die Widersprüche auszuhalten.

HI: »Ich brauche von einem Mann das Gefühl, geliebt zu werden.«

Ich: »Haben sie dir das gegeben?«

Sie: »Nein, das war nur 'ne Sehnsucht, die Hoffnung wurde nie erfüllt. Trotzdem suche ich immer danach, diese spezielle Form der Bestätigung zu kriegen. Wenn ein Mann mir sagt, daß er meinen Körper schön findet, hat das für mich eine größere Bedeutung, als wenn meine Freundin das sagen würde. Ich brauche die Einschätzung durch den Mann.«

Ich: »Traust du ihm zu, daß er das besser einschätzen kann?«

Sie: »Nein, das traue ich ihm nicht zu. Ich schludere da so auf der normalen Welle, daß eher Männer die Beurteilungsschemata gesetzt haben über Frauenkörper. Da kann ich zwar darüber reflektieren und Analysen machen, deswegen ist das trotzdem wichtig.«

Manche versuchen daraus in kreativer Weise befriedigende Konsequenzen zu ziehen.

HC zum Beispiel lebt seit vier Jahren mit einem Mann zusammen. Zuerst wohnten sie in einer Wohnung. Nach zwei Jahren zog der Mann aus. Jetzt lebt sie unter der Woche für ihre Arbeit und mit Freundinnen, und das Wochenende verbringt sie mit dem Freund.

Auch ihr sind ihre Widersprüche sehr bewußt. Auf meine Frage nach dem Bedeutendsten in ihrer Beziehung antwortet sie:

»Kann ich erst einmal bei der Frau anfangen? Ich merke immer wieder, daß ich mich mit Frauen viel schneller verständigen kann. Bei Männern merke ich, es sind zwei total verschiedene Kulturen oder Denkweisen, als würde jeder auf einem anderen Stern leben. Die Wahrnehmungen sind völlig anders als bei Frauen.«

Ich: »Trotzdem leben Sie ja mit einem Mann zusammen. Was ist also daran das Wichtige?«

Sie: »Das ist wohl eher ein Traum, daß man das Gefühl hat, ein bißchen geschützt oder gestärkt zu sein. Das ist eher eine Vorstellung. Ich wüßte gar nicht, wenn es passierte, ob ich das zulassen kann. Da bin ich selber sehr widersprüchlich.«

Manchen ist auch bewußt, daß sie gerade die größere Distanz, die sie in der Mann-Frau-Beziehung erleben, brauchen und sich deshalb für eine heterosexuelle Beziehung entschieden haben. HG lebt seit zehn Jahren mit einem Mann zusammen. Sie hat auch sexuelle Erfahrungen mit einer Frau gemacht. Sie will bei dem Mann bleiben:

»Es ist für mich bedeutend, eine distanzierte Beziehung zu haben, da fühle ich mich freier. Ich glaube, ich brauche die Distanz in der Beziehung. Das kann ich mehr mit einem Mann machen. Dem komme ich nie so nahe. Er ist nie so wichtig, das Verständnis ist auch gering. Die wichtigste Beziehung ist die zu meiner Schwester, dann kommt die zu meiner Tochter, und dann erst kommt der Mann. Und da ist noch was. Bei einem Mann weiß ich, wie ich den an mich binden kann. Da kann ich die Beziehung so gestalten, daß der sich an mich gebunden fühlt. Der geht nicht so leicht davon.«

Ich: »Bei einer Frau kannst du dir das nicht so vorstellen?«

Sie: »Bis jetzt begegneten mir bei Frauen immer kürzere Beziehungen. Da ist viel mehr Nähe, Verständnis und Tiefe da. Da ist aber auch die Gefahr der Symbiose, das könnte dann zu eng werden. Vielleicht gehen deshalb die Frauen auch schneller wieder auseinander.«

Interessant fand ich, daß alle von mir interviewten Frauen einen jahrelangen Prozeß durchgemacht haben beziehungsweise noch mitten drin stehen, den ich das heterosexuelle »Coming out« nennen möchte. Ich verstehe darunter den Prozeß, sich von den Forderungen der internalisierten Geschlechtsrolle, die sie sich in der Pubertät mit mehr oder weniger großem Interesse und Begeisterung angeeignet hatten, langsam zu verabschieden, sich über ihre individuellen Bedürfnisse klarzuwerden und sie gegenüber dem Partner durchzusetzen. Denn sie empfinden mittlerweile den geforderten Einsatz, um die Anerkennung des Mannes zu bekommen, als zu hoch. Sie versuchen sich zumindest in gewissen Teilbereichen ein selbstzentriertes Leben einzurichten, um den Preis der Spannung in der Partnerbeziehung. Denn viele Männer waren offenbar bisher zu sehr mit sich selbst beschäftigt und haben daher die Veränderungen der Frauen verschlafen. Viele meinen immer noch, weiter in der für sie günstigen Geschlechtsrollen-Verteilung leben zu können. In den meisten Beziehungen der von mir interviewten Heterosexuellen tobte der Kleinkrieg um die Geschlechtsrollenerwartungen.

Wie schwierig es ist, immer wieder nach den eigenen Bedürfnissen zu schauen und nicht den regressiven Prozessen unserer archaischen unbewußten Bilder anheimzufallen, die uns in die stereotypen Geschlechtsrollenerwartungen drängen (Sies und Nestler, 1990), schildert HG beeindruckend:

»Ich denke, daß viele Frauen nach dem Klischee leben, der Rolle, die man ihnen recht früh beigebracht hat, und eine Familie gründen und Kinder haben wollen. Dann denken sie, daß sie sich geborgen fühlen können. Mir ging das ähnlich. Das ist der vorgezeichnete Weg, und es ist ganz leicht, in diesen Weg zu verfallen. Immer wenn ich mich schwach fühle, wenn ich nicht kämpfen und aufpassen kann, wenn ich ein bißchen loslasse, dann läuft schon alles in den traditionellen Bahnen. Wenn ich aus der Rolle raus will, muß ich immer dafür kämpfen, um jeden Schritt. Dann bin ich immer dran, mich zu wehren und zu schauen, daß ich mich nicht überrumpeln lasse. Denn für mich sind diese Rollengeschichten zu einengend. Da werde ich ganz unzufrieden, die würden eine Hälfte von mir abschneiden. Aber es ist so leicht, da reinzufallen, wenn du nicht immer aufpaßt. Es gibt sicher Frauen, die sind gerne Hausfrau und Mutter, aber bei mir ist das nicht der Fall. Meine Schwangerschaft war eine Erfahrung, aber ich kann nicht sagen, daß es die erfüllendste Erfahrung war. Ich bezweifle, daß Frauen sich durch ihr Muttersein besonders verwirklichen können. Das ist etwas, was man halt so sagt.«

Erfreulich finde ich, daß manche Frauen sich schon so selbstbewußt und autonom erlebten, daß sie meine Frage, ob der Mann ihnen Sicherheit oder Selbstbewußtsein gibt, gar nicht verstanden. Sie bezogen ihr Selbstbewußtsein aus einem erfüllten Berufsleben und aus einem vielfältigen FreundInnenkreis.

HD (Schauspielerin): »Wir vertrauen einander, aber wir brauchen uns nicht unbedingt. Sicherheit gibt er mir nicht, die gebe ich mir selbst. Manchmal kriege ich sie auch von ihm, aber nur dann, wenn ich sie mir auch selbst geben kann, sonst kommt diese tiefe Bestätigung nicht.«

So scheinen doch schon viele heterosexuelle Frauen in einer Art Übergangszeit zu leben, in der sie die traditionelle weibliche Geschlechtsrolle nicht mehr als einzige Verwirklichungsmöglichkeit für sich begreifen. Sie versuchen sie in jahrelangen Prozessen abzuschütteln oder so zu verändern, daß sie in der Partnerschaft autonom und mit ihrer eigenen Sexualität leben können. Es ist aber ein schwieriger Weg mit vielen Rückfällen in die vorgestanzten Rollenbilder. Jede muß begreifen, daß sie sich nicht als »Hälfte« eines größeren Ganzen zu definieren braucht, sondern daß sie selbst ein Ganzes ist und immer schon war, daß die Geschlechtsrolle sie zur »Hälfte« reduzieren will, um ihr zu suggerieren, daß sie den Mann brauche. Und jede ist darin Einzelkämpferin, jede muß die für sie spezifische, individuelle Neugestaltung ihres Lebens finden. Denn außerhalb der traditionellen Geschlechtsrollen gibt es auch für Heterosexuelle keine Vorbilder. Insofern erfahren sie das gleiche Schicksal wie lesbische Frauen. Und manche Frauen, die jahrelang in einer heterosexuellen Beziehung lebten, wählten als ihren Weg der Befreiung die Beziehung zu einer Frau.

Lesbisch leben

»Das eigene Wollen dem von außen gesetzten Sollen vorzuziehen« (Chris Paul, 1990, S.102) ist eine wesentliche Komponente des lesbischen Lebens. Dies ist für Frauen im Patriarchat nicht vorgesehen. Der kollektiven Rolle werden die Wünsche des Individuums entgegengesetzt. Ja noch mehr, allein die Tatsache, daß Lesben existieren, daß es sexuelle Liebe außerhalb der Mann-Frau-Beziehung gibt, entlarvt viele bisherige »Wahrheiten« über das Geschlechterverhältnis als Mythenbildung.

»Zwei Frauen, die einander begehren, heben die alte Wirklichkeit auf. Nehmen die Lügen weg. Von den zwei Hälften, die ein Ganzes bilden, von der Notwendigkeit, sich mit Fremdheit zu verbinden, von der Natur, die sie uns vorschreiben und die nichts mit uns zu tun hat«, schreibt Chris Paul (1990, S.103).

Deshalb ist der lesbische Lebensstil eine Provokation für die heterozentristische Gesellschaft, die sich auch heute noch mit abwertenden Mythenbildungen über Homosexualität dafür rächt.

So muß sich jede Frau, die sich für ein lesbisches Leben entscheidet, mit den gesellschaftlichen Vorurteilen bezüglich Homosexualität auseinandersetzen und dazu Stellung nehmen. Dieser Prozeß des »Coming out« wurde vielfach beschrieben. Meist wird er in bestimmte Phasen eingeteilt, die jedoch nicht starr hintereinander ablaufen, sondern sich gegenseitig durchdringen können. Auch muß nicht jede Frau alle Phasen durchlaufen. Manche erleben nur eine oder zwei und richten sich darin ein. Der Prozeß muß auch nicht bei Phase 1, sondern kann bei jeder Phase beginnen.

Die erste Phase möchte ich als »Verwirrung« bezeichnen. Es ist ein Gewahr-Werden, daß die bisher wie selbstverständlich gelebten Gefühle für Frauen nicht dieselben sind, die andere Frauen für Frauen empfinden, daß im Kontakt mit Männern kaum Anziehendes, Sexuelles gespürt wird, daß das Begehren einer Frau gegenüber stärker ist als das Begehren einem Mann gegenüber und daß man damit offenbar von der Norm abweicht. Die Frauen oder Mädchen werden unsicher und beginnen sich zu fragen, ob sie lesbisch sind. In diese Phase fällt auch die erste Konfrontation mit der eigenen verinnerlichten Homophobie.

Denn sehr früh werden jedem Mädchen heterosexuelle Normen eintrainiert und damit auch die Vorurteile über Homosexualität. Das Mädchen hat schon längst mitbekommen, daß gleichgeschlechtliche Liebe unnormal, ja ekelhaft und sündhaft ist, wenn nicht verbal, so doch sicher atmosphärisch. Unbewußt sind schon längst die antihomosexuellen Bilder etabliert, oft bevor das Mädchen sich zum erstenmal in eine Frau verliebt. So erlebte es sich vielleicht bis jetzt konform mit der Umgebung und findet Homosexuelle ekelhaft und wider die Natur lebend. Und plötzlich muß es überlegen, ob es vielleicht selbst zu dieser »abscheulichen« Gruppe gehört.

Dieser Prozeß kann zu massiven Identitätskrisen mit verschiedenem Ausgang führen: Die Frau kann versuchen, ihre Gefühle zu unterdrücken, und bewußt den Kontakt mit einem Mann suchen, um sich zu beweisen, daß sie »normal« ist. Sie wird ein mehr oder weniger zwanghaftes heterosexuelles Leben führen. Die internalisierte Homophobie ist sehr stark. Möglicherweise wird sie sogar eine öffentliche Kämpferin gegen Homosexualität, nur um ihre Abwehr gegen die eigenen Gefühle aufrechterhalten zu können.

Sie kann sich sagen, daß sie nicht homosexuell ist, daß sie nur »zufällig« diese Frau liebt. Diese hätte auch ein Mann sein können. Damit lebt sie zwar ihre lesbischen Gefühle im »Innenraum«, aber ohne sich selbst so zu definieren. Nach außen versucht sie, ihre Gefühle zu verstecken und sich wie Heterosexuelle zu verhalten. Solche Frauen versuchen oft jahrelang mit einer Selbstlüge ihr Selbstbewußtsein aufrechtzuerhalten. Auch sie setzen sich nicht eigentlich mit Homosexualität auseinander. Die internalisierte Homophobie ist stärker als die Identität mit dem eigenen Begehren.

Die zweite Phase könnte »Selbsterforschung« genannt werden. Frauen in dieser Phase halten es für möglich, daß sie lesbisch sind. Sie beginnen, mit sich zu experimentieren. Sie lesen vielleicht Bücher darüber, gehen zu Veranstaltungen über Homosexualität, lassen sich auch auf Männer ein, um zu testen, wo sie mehr empfinden. Es ist meist eine Phase der Isolation. Frau weiß nicht mehr so recht, wo sie hingehört. Alles, an was sie sich bisher geklammert hatte, stimmt nicht mehr. Sie fühlt sich in heterosexueller Gesellschaft nicht mehr wohl. Sie kann sich kaum mehr mit ihren bisherigen FreundInnen austauschen. Sie kennt auch noch kaum andere

Lesben oder Orte lesbischer Kultur. Sie meint vielleicht, daß sie die einzige in ihrer Umgebung ist, die solche Gefühle hat.

Nun gibt es wiederum verschiedene Möglichkeiten:

1. Sie kann zu dem Schluß kommen, daß sie doch nicht lesbisch ist.

2. Sie kann zwar ihre lesbischen Gefühle wahrnehmen, findet sie jedoch schrecklich und will sich nicht damit identifizieren. Sie beginnt vielleicht eine Therapie. Sie ist sehr mit Selbsthaß beladen und wird vielleicht phobisch oder depressiv oder Alkoholikerin. Bei ihr scheinen die internalisierte Homophobie und ihre erotischen Gefühle etwa gleich stark ausgeprägt zu sein, was zu einer großen inneren Zerrissenheit führen kann.

3. Sie versucht sich mit den homophoben Urteilen in sich selbst und in ihrer Umgebung auseinanderzusetzen. Dann erreicht sie vielleicht die dritte Phase.

Die dritte Phase kann »Akzeptanz der lesbischen Identität« genannt werden. Nun ändern die Frauen häufig ihren Lebensstil, ihren FreundInnenkreis und suchen nach anderen Lesben und den Orten der lesbischen Subkultur, um Selbstbestätigung bei Gleichgesinnten zu erhalten. Es ist eine Phase der Konsolidierung und Aufhebung der Isolation. Meist wird nun sehr genau ausgewählt, wem man was über sich sagt. Manche vermeiden immer mehr heterosexuelle Kontakte, da diese sie noch sehr verunsichern können, ziehen sich vielleicht in eine lesbische Landkommune zurück. Manche fühlen sich überlegen und stolz, eine Lesbe zu sein, und versuchen, andere zu missionieren. Manche engagieren sich vielleicht in politischen Gremien für die lesbische Lebensweise. Die meisten Lesben dieser Phase finden einen Kompromiß zwischen Tarnung und offenem lesbischen Leben. Sie bejahen ihr lesbisches Begehren im privaten Bereich. Die engen FreundInnen wissen um ihre Gefühle. Im Beruf und öffentlichen Bereich halten sie sich jedoch zurück oder geben sich heterosexuell.

LI (Lehrerin): »Ich finde mein Lesbisch-Sein einen ganz wichtigen Aspekt in meinem Leben. Das gehört zu mir, wie wenn jemand verheiratet wäre oder Kinder hat. Ich lebe aber dadurch in zwei verschiedenen Welten. Da ist die Berufswelt, wo ich die Frau bin, die nicht verheiratet ist, und wo vielleicht spekuliert wird. Und in meinem Privatleben hab ich eigentlich fast ausschließlich Kontakte zu lesbischen Frauen. Diese getrennten Welten sind für mich tagtäglich präsent. Wenn ich zum Beispiel durch die Straßen gehe und da ein Pärchen schmusen sehe, denke ich oft, das möchte ich auch gerne mit meiner Freundin machen können. Oder in der Werbung: Weder auf Plakatwänden noch in Büchern oder Zeitungen siehst du homosexuelle Paare. Also da wird mir immer klargemacht, daß ich zu einer Minderheit gehöre, zu der ich zwar gerne gehöre, aber ich gehöre halt nicht zu der Mehrheit.«

Die vierte Phase nenne ich »Integration in den gesamten Lebensstil«. Damit meine ich einen selbstverständlichen Umgang mit dem lesbischen Begehren, und zwar sowohl im privaten als auch im öffentlichen Bereich. Lesbische Liebe ist in dieser Phase nicht mehr etwas »Besonderes«, das entweder idealisiert oder versteckt werden muß. Es ist eine Seite der Persönlichkeit, zwar eine sehr wichtige, aber eben nur eine Seite unter anderen. Diese Phase dauert ein Leben lang und ist in einer heterozentristischen Umgebung vielleicht immer nur annähernd zu erreichen. Die Frauen dieser Phase heben ihr Lesbisch-Sein zwar nicht besonders hervor, jedoch verstecken sie sich auch nicht mehr. Damit machen sie sich jedoch für viele angreifbar. Und in einer homosexualitätsfeindlichen Umgebung ist es manchmal sinnvoller, sich zu verstecken, wenn frau sich nicht zur Märtyrerin auserwählt fühlt.

Manchen Frauen genügt es, ihr Leben lang in der dritten Phase zu verharren. Jedoch mit zunehmender innerer Stabilität entsteht das Bedürfnis, das ummauerte private Lebensfeld auszuweiten, die eigene Lebensweise in immer weiteren Kreisen sichtbar zu machen, sich auch im Beruf und in der Familie nicht mehr zu verstecken. Denn das Verstecken bedingt die Ausbildung eines Doppellebens. Dies fordert Energie, setzt innere Blockierungen, die die psychische Gesundheit belasten können.

Nach Falco (1991) dauert es in der Regel neun Jahre, die zwischen der ersten lesbischen Verliebtheit und der Akzeptanz einer lesbischen Identität liegen. Es dauert acht Jahre, bis Frauen ihre lesbischen Gefühle Freunden erzählen, zehn Jahre, bis sie sich der eigenen Familie offenbaren, und etwa zwölf Jahre, bis sie darüber auch im Beruf sprechen können. Und noch länger dauert es wohl, bis Lesben auch ein öffentliches »Coming out« wagen. Diese relativ langen Zeiten geben ein Gespür davon, mit wie vielen und wie starken Selbstzweifeln und Unsicherheiten, mit wieviel Mißtrauen

Lesben zu kämpfen haben, bis sie zu einer relativen inneren Ausgeglichenheit finden. Diese Zeiten hängen sehr mit der jeweiligen gesellschaftlichen Toleranz Homosexuellen gegenüber zusammen. In Ländern, in denen Homosexualität nicht verpönt ist, wird ein »Coming-out«-Prozeß wahrscheinlich gar nicht nötig sein.

Die innere Selbstzufriedenheit und psychische Gesundheit steigt, je mehr sich Lesben trauen, die engen Verstecke ihrer Gefühlswelt zu verlassen und öffentlich zu ihrer Orientierung zu stehen. Das ist zwar ein Prozeß voller Angst vor Zurückweisung, vor Isolation, vor Beschämung, vor beruflichen Nachteilen. Ja nicht selten tauchen vor jedem neuen Schritt des »Coming out« Todesängste auf. Denn es ist ja noch nicht so lange her, daß in Deutschland Homosexuelle vergast wurden. Und im kollektiven Bewußtsein von Lesben sind diese Ereignisse noch sehr präsent. Auch kann man sich auf die Toleranzphasen unserer Gesellschaft bezüglich Homosexualität noch kaum verlassen. Sie schwanken je nach politischem Klima und können sehr schnell wieder vorüber sein. Ich denke zum Beispiel an die Clause 28 in England, die jede öffentliche Unterstützung der Homosexualität verbietet. Demnach darf in England in Schulen, in Büchern, in Vorträgen nicht über Homosexualität gesprochen werden. Homosexuelle Vereinigungen dürfen nicht unterstützt werden. Und dieses Gesetz wurde Anfang der Neunziger verabschiedet!

Die Risiken beim »Coming out« sind auch heute noch hoch. Frau kann die Familie, gewisse Freunde, die eigenen Kinder oder den Job verlieren. Die Risiken des Versteckt-Lebens sind jedoch nicht geringer. Versteckt lebende Lesben müssen ein inneres, gut funktionierendes Überwachungssystem entwickeln, das ständig alle Gedanken, Gefühle und Handlungen kontrolliert, damit nichts »Verdächtiges« nach außen dringt. Spontanes, unkontrolliertes Leben hört beim Verlassen ihrer Wohnung auf. Sie leben »gebremst«. Solcherart blockiertes Leben kann sich auf ihr Selbstbewußtsein auswirken. Sie hören von außen, daß mit Homosexuellen etwas nicht stimmt, und indem sie sich verstecken, verhalten sie sich auch so, als ob etwas mit ihnen nicht stimme.

Wer sich anderen nicht mitteilt, kann auch nicht mit positiven Reaktionen rechnen, die ja auch möglich sind. So entsteht ein Negativkreislauf an mangelnder Bestätigung, Selbsterniedrigung und innerer Gespaltenheit. Das versteckte lesbische Leben schützt vermeintlich vor Erniedrigung, der Preis sind jedoch niederes Selbstbewußtsein, emotionale und gedankliche Blockierungen und eine ständige Angst, doch entdeckt zu werden.

Die homosexuelle Abwertung läßt bei Menschen nach, die direkten Kontakt zu Homosexuellen haben. Wer also zum lesbischen Leben steht, hat gute Chancen, weniger mit Abwertung konfrontiert zu werden, als wer sich versteckt. Allerdings sollte jede lesbische Frau die Vor- und Nachteile eines möglichen »Coming out« sorgfältig vorher prüfen. In einer hetero-sexistischen Gesellschaft ist es legitim, die lesbische Orientierung nicht preiszugeben, wenn daraus ernsthafte Nachteile erwachsen. Allerdings erleben viele Lesben unrealistisch übertriebene Ängste, die aus ihrer ver-innerlichten Homophobie stammen.

Wer sein Leben so eingerichtet hat, daß die Phase 3 gelebt werden kann, wird mit einem enormen Zuwachs an Selbstbewußtsein, Autonomie, Ich-stärke belohnt. Eine lesbische Frau, die ihr Lesbisch-Sein irgendwann ein-mal akzeptiert hat, hat einen Entwicklungsprozeß durchlaufen, der sie nun befähigt, relativ eigenständig, unabhängig von der öffentlichen Meinung zu leben, der ihr zu einer differenzierten Wahrnehmung ihrer selbst und anderer verholfen hat. Das Anders-Sein wirft die Frauen aus kollektiven, unbewußten Prozessen geradezu hinaus. Um psychisch gesund zu bleiben, müssen Lesben sehr wach und bewußt mit den eigenen Gefühlen und mit andern umgehen. Daher kann das akzeptierte lesbische Leben den Indi-viduationsprozeß einer Frau erleichtern und vorantreiben.

Verschiedene Untersuchungsergebnisse zeigen, daß viele Lesben mit ihrem Körper, mit ihrer Sexualität, mit ihrem Frausein und ihren Beru-fen zufriedener sind als Heterosexuelle, daß sie sogenannte weibliche und männliche Fähigkeiten gleichermaßen ausgebildet haben und daher sich insgesamt ganzheitlicher fühlen und ihr Leben autonomer bewältigen als Heterosexuelle (Falco, 1991). Ich denke, daß es nicht allen Lesben so geht, jedoch hatten sich wahrscheinlich zu diesen Untersuchungen nur Lesben gemeldet, die zumindest die Phase 3 des »Coming-out«-Prozesses erreicht hatten. Alle meine Interviewpartnerinnen kann ich dazu zählen. Die meisten leben in langjährigen Beziehungen. Sie haben sich ein lesbisches

Umfeld geschaffen, in dem sie sich wohl fühlen können und durch das sie eine gewisse Sicherheit beziehen.

LA: »Also ich denke, die lesbische Identität hat in mir ein gewisses Frauenbewußtsein geweckt. Wenn ich mir jetzt vorstelle, ich müßte ausschließlich in einer Hetero-Umgebung leben, dann würde ich wahrscheinlich unheimlich viel leiden, weil ich dann die ganzen Männer in ihrem Macho-Gehabe und ihren unterdrückenden Mechanismen analysieren würde. Ich würde da wohl sehr anecken. Dadurch, daß ich in meinem Privatbereich kaum mit Männern zusammenkomme, muß ich mich auch nicht ständig auseinandersetzen.«

Eine lesbische Beziehung wirkt natürlich identitätsstärkend. Denn die Partnerin bestätigt gerade das Verhalten, das vielleicht in der Umwelt als unweiblich, als nicht rollenkonform erlebt wird. In der Beziehung werden ihre »männlichen« aktiven Seiten nicht abgelehnt, im Gegenteil, sie werden sogar begrüßt und bewundert. Genauso kann sie auch zeitweise weich und abhängig sein. Sie kann sich vielleicht zum erstenmal als Frau »richtig« fühlen mit ihren verschiedenen Wünschen nach Abhängigkeit und Autonomie, Stärke und Schwäche, Weiblichkeit und Männlichkeit und dabei die innere Gewißheit, eine Frau zu sein, jederzeit besitzen (Palzkill, 1990). So kann sie langsam die innere Zerrissenheit zwischen eigenen Wünschen und Geschlechtsrollenforderungen, das Erbe der Pubertät, auflösen und eine stabile Identität, unabhängig von den Zuschreibungen des Mannes, entwickeln.

Nicht das Fremde, das »Ergänzende« wird gesucht, sondern die Bestätigung des Eigenen. Auf meine Frage: Was ist das Bedeutendste in der Beziehung zu einer Frau? antwortete LA: »Daß die Frau die Welt so erlebt wie ich selber, nämlich als Frau. Und daß wir die Welt eben auch ähnlich empfinden und auch sonst im Gefühlsbereich und Körperlichen eine große Ähnlichkeit da ist. Also daß da wenig ist, was fremdartig ist.«

Wichtig ist auch das Gefühl, im individuellen So-Sein angenommen zu werden und nicht in einer Rolle, nicht, weil frau besonders weiblich oder männlich ist.

LC: »Ich bekomme in dieser Beziehung ein ganz starkes Gefühl von Akzeptanz, also vom Gemocht-Werden, von ›wie ich auch bin, das ist o.k.‹. Da gibt es schon Auseinandersetzungen, aber trotzdem ist da so ein Gefühl, daß sie mich akzeptiert. Einfach mit meinem Sein akzeptiert zu sein, das ist sehr wohltuend.«

LD: »Das Sich-geborgen-und-verstanden-Fühlen, das ist mir das Wichtigste in der Beziehung. Dann kommt die Zärtlichkeit, die ist auch wichtig.«

LE lebte auch längere Zeit mit einem Mann zusammen. Ihr ist das Wichtigste mit einer Frau:

»Die Frau ist für mich noch einmal Ich. Ich habe die Möglichkeit, noch einmal mehr über mich zu erfahren. Es ist so, daß ich noch einmal zu mir komme, wenn ich zu ihr komme, auch noch einmal meinen Körper zu erleben, wenn er variiert... Es ist 'ne ganz andere Nähe und Vertrautheit möglich, die habe ich mit Männern noch nie erlebt, auch nicht mit Thomas, den ich sehr geliebt habe. Er war immer der ganz andere, der mich nicht verstanden hat. Er war immer draußen.«

Ein wesentlicher Unterschied zu heterosexuellen Beziehungen ist das Gefühl von Nähe und Verstandenwerden in der Beziehung, das sich Lesben gegenseitig erfüllen und das Heterosexuelle häufig vermissen. Natürlich gibt es auch Probleme in Lesbenbeziehungen, die jedoch kaum mit den Problemen der Heterosexuellen zu vergleichen sind. Während Heterosexuelle sich häufig mit Rollenkonflikten und ungerechter Aufgabenverteilung herumschlagen müssen, geht es in Lesbenkonflikten häufiger um Angst vor zuviel Nähe, Angst, die eigene innere Autonomie zu verlieren. Während Heterosexuelle um Nähe kämpfen, kann die Nähe in Lesbenbeziehungen zuviel werden. Dann gibt es Kämpfe darum, wer was bestimmen darf, wer wann wieviel Zeit für sich selbst beanspruchen darf, es geht dann also oft um Abgrenzung, um ein Stück Distanz. Dagegen sind die alltäglichen Aufgaben zum Beispiel des Haushalts meist gleichberechtigt verteilt. Rollenverhalten, wie es häufig in heterosexuellen Beziehungen auftaucht, konnte ich bei Lesbenpaaren nicht finden. Die Machtkämpfe in Lesbenbeziehungen betreffen häufig subtilere Gebiete als in heterosexuellen Beziehungen. Aber zunächst erfüllen sich Lesben erst einmal ihre Nähe- und Vertrautheits- und Zärtlichkeitsbedürfnisse in einem Ausmaß, wie es in heterosexuellen Beziehungen kaum möglich ist. Und dies kann einige Jahre dauern.

Wichtig erschien den lesbischen Frauen, die ich interviewte, immer die Bewahrung des Ichs, auch gegen die gesellschaftliche Norm.

LK: »Daß ich nicht so bin wie andere Frauen, habe ich an meiner Mutter gemerkt. Die ging ganz in ihrem Haushalt auf. Das wollte ich nie. Das war für mich nichts Schlimmes, lesbisch zu leben. Wichtig war für mich, daß ich meine Kraft für mich gesammelt habe. Ich merkte immer, wenn ich mich zu sehr auf andere einlasse, daß ich dann verlorengehe. Ich habe dann sehr aufgepaßt, daß ich von mir ausgehe und es nicht zulasse, daß sie über mich hinweggehen.«

Und einen diesbezüglichen Unterschied glaubten sie auch zwischen sich und heterosexuellen Frauen zu erkennen.

LE: »Ich glaube, Lesben sind mehr bei sich, nicht so ausgerichtet auf außen.«

Der lesbische Blick auf die Gesellschaft

Wer sich bewußt und bejahend auf einen lesbischen Lebensstil einläßt, wird manche gesellschaftlichen Vorstellungen in einem anderen Licht sehen. Diese lesbische Sichtweise kann manche »unumstößlichen« Wahrheiten relativieren und manchen Wissenschaften neue Denkanstöße geben.

Wenn zum Beispiel in der Psychologie über »das Paar« geschrieben wird, wenn Liebe, Sexualität, Intimität oder Familienfragen verhandelt werden, geht die psychologische Wissenschaft wie selbstverständlich von Mann-Frau-Beziehungen aus. Es ist interessant zu fragen, was sich auf diesen Gebieten ändern muß, wenn der homosexuelle Lebensstil nicht mehr als »Normabweichung« ausgegrenzt wird.

Homosexuelle Menschen leben in zwei Kulturen. In der Kindheit eigneten sie sich die »Normen« der Heterosexualität an, später »lernten« sie die Sichtweise von Homosexuellen. Daher neigen sie eher zu Standpunkten des »Sowohl-als-auch« und weniger zu »Entweder-oder-Aussagen«, meint Laura Brown (1989). Sie könnten also in der Psychologie ein Denken im »Kontinuum« forcieren, das die Psychologie durch eine vielfältigere und differenziertere Sichtweise bereichern könnte. So betonten hauptsächlich lesbische Frauen die Vorstellung von einem sexuellen Kontinuum. Sie verdeutlichen die einengende Sichtweise des Heterozentrismus auf vielen Gebieten. Sie könnten zum besseren Erkennen von gesellschaftlichen Vorurteilen beitragen.

Homosexuelle Menschen leben als randständige Gruppe mit einem Abstand zur heterosexuellen Gesellschaft, der den Blick für Probleme schärfen kann. So haben viele lesbische Frauen zur Bewußtmachung des Problems des sexuellen Mißbrauchs in der Kindheit beigetragen. Andere lesbische Frauen forderten unsere Erkenntnisse in der feministischen Psychotherapie. Sie problematisieren die »Selbstverständlichkeiten« der patriarchalen Familie, indem sie in Frage stellen, daß zur Kindererziehung immer ein Mann und eine Frau nötig sind, daß Elternschaft ausschließlich von zwei Personen ausgeübt werden kann und daß nur sexuelle Lebensgemeinschaften akzeptabel sind, an denen zwei Personen, Mann und Frau, beteiligt sind.

Lesbische Frauen haben in ihren Beziehungen keinen Rollenerwartungen zu genügen. Sie leben in einem geschlechtsrollenfreien Feld, in dem ihre Kreativität angekurbelt wird, neue Beziehungsformen zu schaffen. Könnte es nicht möglich sein, daß wir eines Tages feststellen, daß die lesbischen Beziehungsformen erfüllender und gesünder sind als manche heterosexuellen Formen? Masters und Johnson empfahlen heterosexuellen Paaren mit sexuellen Problemen, vom Verhalten lesbischer Frauen zu lernen, da diese zärtlicher miteinander umgingen und sich für ihre Sexualität insgesamt viel mehr Zeit nehmen. Wir wissen heute, daß das ausschließliche Mutter-Sein, der Status, der den meisten Frauen immer noch als höchste Erfüllung ihres Lebens angepriesen wird, die psychische Gesundheit mehr gefährdet als andere Lebensformen. Warum also studieren wir nicht gute lesbische Beziehungsformen?

Wenn lesbisches Leben nicht mehr unter dem Blickwinkel der Abweichung studiert wird, sondern als Lebensmöglichkeit genauso ernsthaft erforscht wird wie heterosexuelles Leben, werden wir dadurch ein tieferes und komplexeres Verständnis von menschlicher Sexualität, von interpersonalen Beziehungen, von Entstehungsprozessen der Identität und Geschlechtsrolle und von Familiendynamik gewinnen. Notwendig dafür ist, daß nicht nur Lesben, sondern alle Frauen ihre persönlichen Wünsche und

Erfahrungen ins Zentrum ihrer Aufmerksamkeit rücken, sie absolut ernst und wichtig nehmen, sie nicht als »individuelle Schwierigkeit« abwerten und sich nicht durch äußere Soll- und Mußvorschriften blenden lassen, selbst wenn sie von der Wissenschaft angepriesen werden. Was Frauen erleben, ist frauengemäß und damit menschengemäß.

Freies Begehren

Phantasien von intensiven Liebesbeziehungen jenseits heterosexueller und homosexueller Rollennormen gehören in unserer Gesellschaft wohl ins Reich der Utopie. Wir sind häufig nur Liebesbeziehungen in ganz eng gestecktem, normiertem Rahmen gewöhnt. Die heterosexuelle Beziehung ist oft vollkommen durchkontrolliert bis hin zur gewohnten Missionarsstellung im Bett.

Auch lesbische Frauen unterliegen Normen, die um so rigider werden, je mehr lesbische Liebe in der Gesellschaft ausgegrenzt wird. Ja, man kann sich sogar fragen, ob die Bildung einer »lesbischen Identität« nicht ein Artefakt ist, entstanden, als lesbische Liebe ins Abseits, ins Unnormale, gedrängt wurde. Im 17. und 18. Jahrhundert hatten frauenliebende Frauen es nicht nötig, eine spezifische Identität auszubilden. Frauenliebe war eine akzeptierte Variante des Liebens. Die Ausbildung einer Identität bedeutet die Verinnerlichung gewisser Normen und Verhaltensregeln. Von Frauen mit einer lesbischen Identität ist es undenkbar zu erwarten, daß sie gelegentlich Männer lieben. Wenn in der lesbischen Szene bekannt wird, daß eine es doch tut, wird sie auch unter Lesben ausgegrenzt. So kann man auch von lesbischer Liebe nicht sagen, daß sie ein freies Begehren pflegt.

Ich möchte mit dem, was ich freies Begehren nenne, nicht noch ein weiteres Normensystem aufbauen. Es ist kein fertiges Gedankengebäude, keine vollendete Vision, die ich hier beschreiben möchte. Es sind lediglich ein paar Fragen und Denkanstöße, die mir im Laufe vieler Diskussionen und während eigener Erlebnisse gekommen sind.

Nach den neueren Erkenntnissen der Psychoanalyse scheinen wir mit einem multierotischen Potential auf die Welt gekommen zu sein, das sich zu einem ersten Höhepunkt in der präödipalen Phase oder der »alles einschließenden« Phase (Benjamin, 1996) entfaltet. Ab der »ödipalen« Phase scheinen viele Kinder dieses Potential unter dem Druck der strukturierenden Eltern wieder einzugrenzen, wodurch die eher identifikatorische Liebe meist dem gleichgeschlechtlichen und die Objektliebe eher dem gegengeschlechtlichen Elternteil gilt. Wenn wir die identifikatorische Liebe beiden Geschlechtern gegenüber mehr zulassen könnten, würde der »ödipale Druck« geringer ausfallen, und die Grenzen zwischen hetero- und homosexuell wären fließender.

Die Geschlechter würden sich gegenseitig besser verstehen. Männer und Frauen würden als Menschen wieder näher zusammenrücken. Sie würden sich nicht länger als ergänzungsbedürftige Hälften betrachten, sondern sich zwar als verschieden, jedoch trotzdem als gleich selbstbewußte, gleich unabhängige Personen empfinden.

Um dies zu erreichen, müßten Männer und Frauen verschiedene Verhaltens- und Empfindungsmöglichkeiten, die sie jetzt auf das Gegengeschlecht projizieren, wieder in sich selbst entwickeln. Sie müßten »männliche« und »weibliche« Seiten in sich selbst vereinigen. Das ist wohl damit gemeint, wenn Mystiker etwas blumiger von der »mystischen Hochzeit« sprechen. In unserer Zeit, in der Frauen sich immer mehr »Männerdomänen« aneignen und in den meisten Berufen gezeigt haben, daß sie ebensoviel leisten können wie Männer, erscheint die »Vereinigung« von männlichen und weiblichen Seiten in uns selbst keine Fiktion mehr zu sein.

Im Sexuellen werden Frauen sehr genau auf ihre Wünsche achten und um deren Durchsetzung entschieden kämpfen müssen. In ›Psychologie heute‹ (Februar 1993, S.18) wird von einer Untersuchung berichtet, in der nach der grundsätzlichen Gewalt der Männer über Frauen gefragt wird. Jeweils ein Mann wurde mit einer Frau zusammengebracht, von der der Mann wußte, daß sie keine Pornos mag. Auf dem Tisch lagen Dias von neutralem und sexuell-pornographischem Inhalt, die das Paar sich ansehen sollte. Bis zu 90 Prozent der Männer wählten Dias mit pornographischem Inhalt, obwohl sie wußten, daß die Partnerin diese nicht mag. Das heißt, daß bis zu 90 Prozent aller Männer bereit sind, sich über die Wünsche ihrer Partnerin hinwegzusetzen, was die Untersucher als Indiz für sexuelle

Gewalthandlungen ansahen. Ein Schritt zur sexuellen Gleichberechtigung für Frauen wird also sein, ganz klar und ganz entschieden nein zu sagen zu sexuellen Handlungen, die sie nicht wünschen.

Durch diese Unabhängigkeit beider werden die/der andere in jedem Moment anders handeln als erwartet, wodurch die Paare in kreativer, lustvoller Spannung und Neugierde aufeinander zusammenleben würden.

Mit Männern und Frauen, die sich gegenseitig unabhängig fühlen und ihre Wünsche klar zum Ausdruck bringen können, werden sich festgelegte Geschlechtsrollen kaum mehr verwirklichen lassen. Sie werden interessante, freie, aufregende Beziehungen miteinander haben, in denen nichts voraussehbar, kaum etwas berechenbar ist. Sie werden jeden Tag mit Neugierde aufeinander leben und immer wieder neu ausprobieren, was im Augenblick miteinander möglich ist. Und wenn nichts möglich ist, werden sie nicht wochen- oder jahrelang in sterilen Beziehungen aneinanderkleben, nur um nicht alleine zu sein. Denn sie haben keine Angst vor dem Alleinsein, sie wissen, daß sie ihr Leben allein bewältigen können, wenn es sein muß. Sie wissen jedoch auch, daß sie mit ihrem multierotischen Potential liebevolle Kontakte zur Nachbarin, zum Haustier, zu den Pflanzen, zu ihrer gesamten Umgebung pflegen können, und sie werden auch wissen, daß Gefühle immer im Fluß sind, daß auch ein Gefühl von Stillstand morgen schon wieder verändert sein kann.

Frauen, die Kinder bekommen wollen, werden sich nicht auf Kinder einlassen, weil eine Ideologie ihnen »weibliche Erfüllung« verspricht. Sie werden dies aus der Lust heraus tun, sich auf einen längeren Entwicklungsprozeß mit kleinen Menschen einzulassen, um diese und sich selbst mit den verschiedensten Gefühlszuständen tiefer zu erfahren.

Wie wäre es, wenn wir unsere Angst vor dem Sexuellen aufgeben könnten? Viele befürchten, wenn wir uns auf die tiefen Gefühle mehr einließen, die Erotik und Sexualität in uns auslösen, dann würden regressive Prozesse in uns entstehen, die uns in einen Strudel von gierigen und bedürftigen Wünschen hineinreißen, aus dem wir vielleicht nicht mehr herauskommen. Dann könnten wir abhängig werden, uns selbst verlieren oder gar psychotisch werden. Ich glaube, dahinter steckt eine tiefe Angst vor uns selbst, die Angst, sich mit den unangenehmsten, bedürftigsten, aggressivsten, egoistischsten Seiten unserer Person konfrontieren zu müssen. Da bleiben wir doch lieber in den seichten Gewässern der oberflächlichen Freundlichkeit. Sie erleichtert das Leben ja auch sehr.

Unter diesem tiefen, gefährlichen Einlassen verstehen viele Psychologen die »Sehnsucht nach der Rückkehr zum Einssein«. Und diese Rückkehr können sie sich nur durch einen Entdifferenzierungsprozeß der Person vorstellen. Wahrscheinlich steckt dahinter der Wunsch, zum Baby zu werden und in den Mutterleib zurückzukehren. Damit wird jedoch nur ein einziger Wunsch wahrgenommen. Die Liebe ist ein viel differenzierterer und reichhaltigerer Austauschprozeß. Benjamin (1990) spricht von einem Übergangsraum, der nicht scharf als innen oder außen empfunden wird, in dem die Ichgrenzen zeitweise verschwimmen können, der zur Grundlage für Kenntnis und Erkenntnis des andern werden kann. Wer sich einmal in dieser Weise auf die Liebe einläßt, auf alles, was an der eigenen und der geliebten Person wahrgenommen wird, und dies bewußt annimmt und zu integrieren versucht, diejenige wird gewahr werden, daß sie zwar durchaus in beängstigende regressive Prozesse hineingerissen werden kann, daß es da jedoch in der Regel[1] einen untersten Punkt gibt, an dem sie nicht mehr tiefer sinkt, an dem sie bei sich selbst, vielleicht dem wahren Selbst angekommen ist.

Die Angst vor Verschmelzung hindert uns, uns mehr hinzugeben, uns einzulassen. Vielleicht müssen wir diese Erfahrung einmal ganz bis zum Ende machen, um zu merken, daß ich mir letztlich nicht verlorengehen kann, wenn ich mich dem anderen/der anderen öffne. Die Liebe kann Prozesse auslösen, die uns über unsere altbekannte »Welt« hinausheben. Dabei geht es jedoch letztlich nicht um einen Selbstverlust, sondern eher um eine Selbsterweiterung.

Wenn wir die Angst vor den Liebesprozessen verlieren, werden wir viel häufiger Möglichkeiten zu erotischem Austausch wahrnehmen. Das müssen nicht immer sogleich Bettgeschichten sein. Ich meine damit gleichermaßen die Erlebnisse eines Blickes, einer Handbewegung, eines

---

1 In der Psychose, in der es vielleicht nicht möglich war, eine »Kernidentität« auszubilden, mag es anders sein.

Gespräches, die oft intensiver sein können als ein Koitus. Wir sind dann wohl auch nicht mehr neidisch auf unsere Partnerin/unseren Partner, der/die gerade eine tiefe Begegnung hatte und wir nicht. Denn wir wissen, daß auch wir immer wieder solch erfüllende Augenblicke erleben können.

Das Begehren nach tiefem erotisch-emotionalen Austausch wird sich nicht auf ein Geschlecht, ja nicht einmal auf Menschen eingrenzen lassen. Die Menschen werden allem anderen gegenüber offen sein für solch intensiven Austausch, egal welche Art Lebewesen ihnen begegnet. Wenn wir den tiefen sinnlich-emotionalen Austausch weiter fassen und uns nicht nur heterosexuelle Bettgeschichten darunter vorstellen können, werden wir erfahren, mit wem oder was alles tiefgreifende Liebeserlebnisse möglich sind.

Eine Kollegin, der ich meine Gedanken äußerte, erzählte mir plötzlich von ihren Rosen in ihrem Garten, zu denen sie eine tiefe sinnliche Beziehung hat. Eine andere Freundin erzählte mir von ihrem Efeustock. Er hat einige herunterhängende Blattgirlanden, die sich manchmal ineinander verhaken und manchmal nicht. Sie hat eine spezielle Beziehung zu diesem Stock, und sie glaubt festgestellt zu haben, daß sich die Blätter ineinander verhaken, wenn sie Besuch hat, der ihr wohlgesonnen ist. Wenn sie Besuch hat, der ihr nicht wohlgesonnen ist, dann bleiben die Blätter auseinander. So schaut sie jetzt bei jedem Besuch darauf, was die Blätter des Efeustocks machen, und ist entsprechend offen oder vorsichtig.

Diese Art Austausch ist »eigentlich« nicht schwer. Es gehört nur eine gewisse Offenheit für den Augenblick dazu, eine Offenheit, deren Blick nicht durch die vielen Ge- und Verbote unserer Normensysteme und Ideologien verstellt ist, vielleicht eine kindliche Offenheit, durch die wir die verschütteten Spuren zu unserem multierotischen Potential wiederfinden können. Trotzdem ist dieser Austausch zunächst schwer herzustellen, denn wir sind in unserem Sozialisationsprozeß so sehr zugerichtet worden, daß wir für vieles keine Ohren mehr haben zu hören und keine Augen zu sehen. Wenn durch das Lesen dieses Buches manche Augen, Ohren und andere, vielleicht noch kaum bekannte Sinne sich wieder für die Erotik mit der Welt geschärft haben, dann hat sich das Schreiben gelohnt.

Quellennachweis

Aus folgenden Werken wurde mit freundlicher Genehmigung der genannten Verlage zitiert:

Lilian Fadermann, *Köstlicher als die Liebe der Männer.* eco-Verlags AG, Zürich 1990.

Chris Paul, *Das eigene Wollen. Die Potenzen lesbischen Begehrens.* In: Femina Moralia, beiträge zur feministischen theorie und praxis, Heft 28/1990. Verlag beiträge zur feministischen theorie und praxis, Köln.

Literatur

Akkermann, Anke u. Betzelt, Sigrid (1987): *Die wahrgenommene Chance*, Diplomarbeit, Berlin.

Abbot, Sidney u. Love, Barbara (1972): *Sappho was a right-on Woman*, in: Fadermann (1990).

Balint, Michael (1968): *Therapeutische Aspekte der Regression*, Klett, Stuttgart.

Beauvoir, Simone de (1951): *Das andere Geschlecht*. Rowohlt, Hamburg.

Bell, Karin (1991): *Aspekte weiblicher Entwicklung*, Forum der Psychoanalyse, Bd.7, 2, S.111–126.

Bell, A.P. u. Weinberg, M.S. (1978): *Der Kinsey Institut Report über weibliche und männliche Homosexualität*, Goldmann, München.

Bell, A.P. u. a. (1981): *Der Kinsey Institut Report über sexuelle Orientierung und Partnerwahl*, Bertelsmann, München.

Benjamin, Jessica (1990): *Die Fesseln der Liebe*, Stroemfeld/Roter Stern, Basel.

Benjamin, Jessica (1996): *Phantasie und Geschlecht*, Frankfurt/M.

Bischof Norbert u. Preischoft (1980): *Geschlechtsunterschiede*, Beck, München.

Bleibtreu-Ehrenberg, Gisela (1981): *Homosexualität. Die Geschichte eines Vorurteils*, Fischer, Frankfurt/M.

Blumstein, P. u. Schwartz, P. (1983): *American Couples*, William Morrow, New York.

Brannock, J.C. u. Chapman, B.E. (1990): *Negative Sexual Experiences with Men among Heterosexual Women and Lesbians*, Journal of Homosexuality, Vol.19/1, S.105–110.

Brauckmann, Jutta (1986): *Die vergessene Wirklichkeit*, Selbstverlag, Münster.

Bressler, Lauren u. Lavender, Abraham (1986): *Sexual Fulfillment of Heterosexual, Bisexual and Homosexual Women*, Journal of Homosexuality, Vol.12, 3-4, S.109-122.

Brown, Laura (1989): *New Voices, New Visions*, in: Psychology of Women Quarterly, 13, S.445–458.

Brückner, Margrit (1990): *Zwischen Kühnheit und Selbstbeschränkung*, Zeitschrift für Sexualforschung, 3. Jg. Heft 3, S.195–217.

Butler, Judith (1992): *Das Unbehagen der Geschlechter*, Frankfurt/M.

Chasseguet-Smirgel, Janine (1974): *Psychoanalyse der weiblichen Sexualität*, Edition Suhrkamp, Frankfurt/M.

Chasseguet-Smirgel, Janine (1988): *Zwei Bäume im Garten*, Verlag internat. Psychoanalyse, München.

Chehrazi (1988): *Zur Psychologie der Weiblichkeit*, in: Psyche 4, 42, S.307–327.

Chodorow, Nancy (1978): *Das Erbe der Mütter*, Frauenoffensive, München.

Christie, Debbie u. Michale Young (1986): *Self-Concept of Lesbian and Heterosexual Women*, Psychological Reports 59, S.1279–1282.

Coleman, Emily u.a. (1983): *Arousability and Sexual Satisfaction in Lesbian and Heterosexual Women*, The Journal of Sex Research, Vol.19, 1, S.58–73.

Cotton, W.L. (1975): *Social and sexual relationships of lesbians*, The Journal of Sex Research, 11, S.139–148.

Dancey, Christine (1990): *The Influence of Familial and Personality Variables on Sexual Orientation in Women*, The Psychological Record, 40, S.437–449.

Dannecker, Martin (1989): *Zur Konstitution des Homosexuellen*, Zeitschrift f. Sexualforschung, 2, S.337–348.

Datenreport (1986): *Frauen in Baden-Württemberg*, Ministerium für Arbeit, Gesundheit, Familie und Sozialordnung.

Deutsch, Helene (1948/1988): *Psychologie der Frau*, Reprints, Psychologie Bd.31, Fachbuchhandlg. f. Psychologie, Eschborn.

Dinnerstein, Dorothy (1979): *Das Arrangement der Geschlechter*, Deutsche Verlags-Anstalt, Stuttgart.

Duffy, Saly u. Rusbult, Caryl (1986): *Satisfaction and Commitment in Homosexual and Heterosexual Relationships*, Journal of Homosexuality, 12, 2, S.123.

Eisenbud, Ruth-Jean (1982): *Early and later Determinants of Lesbian Choice*, in: Psychoanalytic Review, Vol. 69, 1, S.85–101.

Ellis, Havelock (1897): *Studies in the Psychology of Sex: Sexual Inversion*.

Engel, John u. Saracino, Marie (1986): *Love Preferences and Ideals: A Comparison of Homosexual, Bisexual, and Heterosexual Groups*, Contemporary Family Therapy, Vol. 8, 3, S.241–250.

Etringer, Bruce u.a. (1990): *The Influence of sexual Orientation on Career Decision-Making*, Journal of Homosexuality, Vol.19, 4, S.103–111.

Fadermann, Lillian (1990): *Köstlicher als die Liebe der Männer*, eco-Verlag, Zürich.

Falco, Kristine L. (1991): *Psychotherapy with Lesbian Clients*, Brunnen/Mazel Inc., New York.

Fausto-Sterling, Anne (1988): *Gefangene des Geschlechts?* Piper, München.

Fenichel, Otto (1975): *Psychoanalytische Neurosenlehre*, Bd.22, Walter, Freiburg.

Fliegel, Zenia Odes (1975): *Die Debatte über die weibliche Sexualität*, Psyche, 29/9, S.813–834.

Foucault, Michel (1977): *Der Wille zum Wissen*, Suhrkamp, Frankfurt/M.

Freud, Sigmund (1915/1973): *Triebe und Triebschicksale*, GW Bd.10, Fischer, Frankfurt/M.

Freud, Sigmund (1905/1973): *Drei Abhandlungen zur Sexualtheorie*, GW Bd.5, Fischer, Frankfurt/M.

Freud, Sigmund (1932/1973): *Die Weiblichkeit*, GW. Bd.15, Fischer, Frankfurt/M.

Freud, Sigmund (1917/1973): *Das menschliche Sexualleben*, GW Bd.11, Fischer, Frankfurt/M.

Freud, Sigmund (1920/1973): *Über die Psychogenese eines Falls von weiblicher Homosexualität*, GW Bd.12, Fischer, Frankfurt/M.

Freud, Sigmund (1912/1973): *Bemerkungen über einen autobiographisch beschriebenen Fall von Paranoia*, GW Bd.8, Fischer, Frankfurt/M.

Friday, Nancy (1991): *Befreiung zur Lust*, Bertelsmann, München.

Gambaroff (1987): *Sag mir, wie sehr liebst du mich*, Rowohlt, Reinbek.

Gindorf, Rolf (1989): *Homosexualitäten in der Geschichte der Sexualforschung*, in: Gindorf u. Haeberle: *Sexualitäten in unserer Gesellschaft,* de Gruyter, Berlin.

Gissrau, Barbara (1989): *Wurzelsuche – Psychoanalytische Überlegungen zur lesbischen und heterosexuellen Identitätsbildung,* in: Beiträge zur feministischen Theorie und Praxis, 25/26, S.133–146.

Gissrau, Barbara (1991): *»Wir waren von Kindheit an Rebellen« – Bausteine zu einer »normalen« lesbischen Identitätsbildung im Vergleich zur heterosexuellen weiblichen Entwicklung,* in: Camenzind u. Steinen: Frauen definieren sich selbst, Kreuz Verlag, Zürich.

Gissrau, Barbara (1991): *Weiblichkeitskonstruktionen in der Psychoanalyse heute*, in: Diana Vogt u.a.: *Von Frau zu Frau,* Reihe Frauenforschung Bd.17, S.103–114.

Gonsiorek, John (1977): *Psychological adjustment and homosexuality*, ISAS Catalogue of Selected Documents in Psychology 7, 2, M.S. available from the American Psychological Association.

Gonsiorek, John (1982a): *An Introduction to mental health issues*, American Behavioral Scientist. Vol.25, 4, S.367–384.

Gonsiorek, John (1982b): *Results of psychological testing on homosexual populations*, American Behavioral Scientist. Vol.25, 4, S.385–396.

Gooren, Louis J.G. (1988): *Biomedizinische Theorien zur Entstehung der Homosexualität: Eine Kritik*, Zeitschrift für Sexualforschung, Jg.1, Heft 2, S.132–145.

Greenglass, Esther (1986): *Geschlechtsrolle als Schicksal*, Klett, Stuttgart.

Groen-Prakken, Hin (1990): *Nicht sehen, nicht verstehen und die weibliche Identität*, Zeitschrift für psychoanalyt. Theorie und Praxis, Jg.5, 4, S.296–310.

Grossmann, Klaus (1976): *Verhaltensbiologische Voraussetzungen für die Entwicklung von Neugeborenen*, Conditio humana, Vandenhoeck & Ruprecht, Göttingen.

Grunberger, Bela (1974): *Beiträge zur Untersuchung des Narzißmus in der weiblichen Sexualität*, in: Chasseguet-Smirgel, Psychoanalyse der weiblichen Sexualität, Suhrkamp, Frankfurt/M.

Hagemann-White, Carol (1984): *Sozialisation männlich – weiblich*, Leske und Buderich, Leverkusen.

Heigel-Evers, Anneliese u. Weidenhammer, Brigitte (1988): *Der Körper als Bedeutungslandschaft*, Huber, Bern.

Hite, Shere (1976/1977): *Hite-Report. Das sexuelle Erleben der Frau*, Goldmann, München.

Honegger Claudia (1984): *Listen der Ohnmacht*, Syndikat, Frankfurt/M.

Horney, Karen (1926): *Flucht aus der Weiblichkeit*, Int. Zeitschr. f. Psychoanalyse, Bd.12/3, S.362–374, auch in: Die Psychologie der Frau, 1984, Fischer, Frankfurt/M.

Irigaray, Luce (1980): *Speculum, Spiegel des anderen Geschlechts*, Edition Suhrkamp, Frankfurt/M.

Jones, Ernest (1928): *Die erste Entwicklung der weiblichen Sexualität*, Int. Zeitschrift f. Psychoanalyse, 14, S.11–25.

Kerz-Rühling, Ingrid (1991): *Psychoanalyse und Weiblichkeit*, Zeitschrift für psychoanalytische Theorie und Praxis, Jg.6, 3, S.293–316.

Kestenberg, Judith (1988): *Der komplexe Charakter weiblicher Identität*, Psyche 4, Jg. 42, S.349–464.

Khan, Masud (1983): *Entfremdung bei Perversionen*, Suhrkamp, Frankfurt/M.

Krafft-Ebing, Richard von (1882): *Psychopathia Sexualis*.

Kuiper, P.C. (1966/1976): *Die seelischen Krankheiten des Menschen*, Huber/Klett, Stuttgart.

Künzler, Erhard (1992): *Der homosexuelle Mann in der Psychoanalyse*, Forum der Psychoanalyse, Bd.8, 3, S.202–216.

Kurdek, Lawrence A. (1987): *Sex Role Self Schema and Psychological Adjustment in Coupled Homosexual and Heterosexual Men and Women*, in: Sex Roles, 17, S.549–562.

LaTorre, Ronald u.a. (1983): *Psychological Characteristics of Bisexual, Heterosexual and Homosexual Women*, Journal of Homosexuality, 9, 1, S.87–97.

Lautmann, Rüdiger (1977): *Gesellschaft und Homosexualität*, Suhrkamp, Frankfurt/M.

Lerner, H. (1980): *Penis envy: Alternatives in conceptualization*, Bull. Menn. Clin. 44, S.39–48.

Loch, Wolfgang (1971): *Die Krankheitslehre der Psychoanalyse*, Hirtzel, Stuttgart.

Lützen, Karin (1990): *Was das Herz begehrt*, Kabel, Hamburg.

Mahler, Margaret (1975): *Symbiose und Individuation*, Klett, Stuttgart.

Masson, J. (1984): *Was hat man dir du armes Kind getan*, Rowohlt, Reinbek.

Masters u. Johnson (1970): *Die sexuelle Reaktion*, Rowohlt, Reinbek.

Masters u. Johnson (1979): *Homosexuality in perspective*, Little, Brown, Boston.

McDougall, Joyce (1978/1985): *Plädoyer für eine gewisse Anormalität*, Suhrkamp, Frankfurt/M.

McDougall, Joyce (1988): *Theater der Seele*, Verlag Internat. Psychoanalyse, München.

Meier-Seethaler, Carola (1988): *Ursprünge und Befreiungen*, Arche-Verlag, Zürich.

Mellart, James (1965): *Earliest Civilizations of the Near East*, Thames and Hudson, London.

Meredith, R.L. u. Riester R.W. (1980): *Psychotherapy responsibility and homosexuality: Clinical examination of socially deviant behavior*, Professional Psychology, 11, 2, S.174–193.

Miller, Judith u.a. (1980): *Comparison of Family Relationships: Homosexual versus Heterosexual Women*, Psychological Reports, 46, S.1127–1132.

Mitscherlich-Nielsen, Margarete (1978): *Zur Psychoanalyse der Weiblichkeit*, Psyche, 8/78, S.669–694.

Money, John (1988): *Homosexuell, bisexuell, heterosexuell*, Zeitschrift für Sexualforschung, Jg.1, Heft 2, S.123–131.

Morgenthaler, Fritz (1987): *Homosexualität, Heterosexualität, Perversion*, Fischer, Frankfurt/M.

Newcomb, Michael (1985): *The Role of Perceived Relative Parent Personality in the Development of Heterosexuals, Homosexuals and Transvestites*, Archives of Sexual Behavior, Vol.14, 2, S.147–164.

Nin, Anaïs (1980): *Die neue Empfindsamkeit*, Scherz, Bern, München.

Olivier, Christiane (1980/1987): *Iokastes Kinder*, Claassen, Düsseldorf.

Pagenstecher, Lising (1980): *Der geheime Auftrag der Mütter*, in: Psychologie Heute, Jg.7, Bd.6, S.22–26.

Pagenstecher, Lising (1987): *Lesbische Frauen in der Bundesrepublik: Soziale und psychische Lebensbedingungen*, in: Schlangenbrut Nr.17, 5, S.10–17.

Pagenstecher, Lising (1990): *Der blinde Fleck im Feminismus: Die Ignoranz der frauenwissenschaftlichen und frauenpolitischen Relevanz der lesbischen Existenzweise*, in: Beiträge zur feministischen Theorie und Praxis, 28, S.127–134.

Palzkill, Birgit (1990): *Zwischen Turnschuh und Stöckelschuh*, AJZ, Bielefeld.

Paul, Chris (1990): *Das Eigene Wollen. Die Potenzen lesbischen Begehrens*, in: Femina Moralia. Beiträge zur feministischen Theorie und Praxis, 28, S.101–105.

Pepleau, L.A. u.a. (1978): *Loving Women: Attachment and Autonomy in Lesbian Relationships*, Journal of Social Issues, 34, S.7–27.

Poluda-Korte, Eva (1993): *Der lesbische Komplex*, in: Eva-Maria Alves (Hg.): Stumme Liebe. S. 73–132.

Reiche, Reimut (1990): *Geschlechterspannung*, Fischer, Frankfurt/M.

Reinberg, Brigitte u. Roßbach, Edith (1985): *Stichprobe Lesben*, Centaurus, Pfaffenweiler.

Riess, Bernhard u. Safer, Jeanne (1974): *Psychological Test Data on Female Homosexuality*, Journal of Homosexuality, 1/1, S.71–85.

Risman, Barbara u. Schwartz, Pepper (1988): *Sociological Research on Male and Female Homosexuality*, Ann. Rev. Sociol., 14, S.125-147.

Rohde-Dachser, Christa (1991): *Expeditionen in den dunklen Kontinent*, Springer, Berlin.

Rusbult, Caryl u.a. (1986): *The Impact of Gender and Sex-Role Orientation on Responses to Dissatisfaction in Close Relationships*, Sex Roles, Vol.15, 1/2, S.1–20.

Saghir, M.T u. Robbins, E. (1969): *Homosexuality*, Archives of General Psychiatry, 20, 192, 201.

Sauer-Burgard, Brunhilde (1987): *Ficken und gefickt-werden. Zur Formung männlicher und weiblicher Heterosexualität in der modernen bürgerlichen Gesellschaft*, in: Beiträge zur feministischen Theorie und Praxis, 20, S.25–36.

Schäfer, Siegrid (1975): *Sexuelle und soziale Probleme von Lesbierinnen in der BRD*, in: E. Schorsch u. G. Schmidt: Ergebnisse der Sexualforschung.

Schneider, Margaret (1989): *Sappho was a right-on Adolescent: Growing Up Lesbian*, Journal of Homosexuality 17 Nr.1/2, S.111–130.

Schwanberg, Sandra (1985): *Changes in labeling homosexuality in health sciences literature: A preliminary investigation*, Journal of Homosexuality, Vol. 12/1, S.51–73.

Siegel, Elaine V. (1988): *Female Homosexuality*, The Analytic Press, London.

Siegelmann, Marvin (1981): *Parental Backgrounds of Homosexual and Heterosexual Women: A Cross-National Reprication*, Archives of Sexual Behavior, Vol.10.4, S.371–378.

Sies, Claudia u. Nestler, Veronica (1990): *Regressive Prozesse bei Paaren unter patriarchalen Strukturen*, Konkursbuch 24, Gehrke, Tübingen.

Socarides, Ch.W. (1971): *Der offene Homosexuelle*, Suhrkamp, Frankfurt/M.

Sommer, Volker (1990): *Wider die Natur? Homosexualität und Evolution*, Beck, München.

Stern, D.N. (1992): *Die Lebenserfahrung des Säuglings*, Klett-Cotta, Stuttgart.

Stoller, R.J. (1977): *Primary feminity*, in: Blum: Female Psychology, New York.

Thompson, N. u.a. (1971): *Personal Adjustment of Male and Female Homosexuals and Heterosexuals*, Journal of Abnormal Psychology, 78, 2, S.237–240.

Thürmer-Rohr, Christina (1986): *Die Gewohnheit des falschen Echos*, Beiträge zur feministischen Theorie und Praxis, Bd.17, S.113–120.

Torok, Maria (1974): *Die Bedeutung des Penisneids bei der Frau*, in: Chasseguet-Smirgel: Psychoanalyse der weiblichen Sexualität, Suhrkamp, Frankfurt/M.

Warczok, Rainer (1988): *Correlates of Sexual Orientation in the German Democratic Republic*, Archives of Sexual Behavior, Vol.17/2, S.179–188.

Watters, Alan T. (1986): *Heterosexual Bias in Psychological Research on Lesbianism and Male Homosexuality (1979–1983); Utilizing the Bibliographic and Taxonomic System of Morin (1977)*, J. of Homosexuality, Vol.13, 1, S.35–58.

Werthmann, V. (1975): *Die zwei Dimensionen der psychoanalytischen Interpretation und der »unbewußte Begriff«*, Psyche 29, S.118–130.

Westphal, Carl Phillip (1869): *Die conträre Sexualempfindung. Symptom eines neuropathischen (psychopathischen) Zustands*, Archiv für Psychiatrie und Nervenkrankheiten, Bd. 2, Heft 1, S.73–108, Berlin.

Whitehead, Minnie M. u. Nokes, Kathleen M. (1990): *An Examination of Demographic Variables, Nurturance, and Empathy among Homosexual and Heterosexual Big Brother/Big Sister Volunteers*, Journal of Homosexuality, Vol.19, 4, S.89–101.

Wolff, Charlotte (1971/1973): *Psychologie der lesbischen Liebe*, Rowohlt, Hamburg.